Stanley Milgram

Das Milgram-Experiment

Zur Gehorsamsbereitschaft gegenüber Autorität

Deutsch von
Roland Fleissner

Rowohlt

Die Originalausgabe erschien unter dem Titel
Obedience to Authority. An Experimental View
im Verlag Harper & Row, New York
Schutzumschlag von Werner Rebhuhn

1.–8. Tausend September 1974

Gesetzt aus der Linotype-Garamond-Antiqua
Werkdruckpapier
Gesamtherstellung Clausen & Bosse, Leck/Schleswig
Printed in Germany
ISBN 3 498 04242 4

Meiner Mutter
und dem Andenken
meines Vaters
gewidmet

Inhalt

Vorwort 9

Danksagungen 13

1. Kapitel
Die Problematik des Gehorsams 17

2. Kapitel
Methodik der Untersuchung 30

3. Kapitel
Erwartetes Verhalten 43

4. Kapitel
Nähe des Opfers 48

5. Kapitel
Individuen in Konfrontation mit Autorität I 60

6. Kapitel
Weitere Varianten und Kontrollversuche 73

7. Kapitel
Individuen in Konfrontation mit Autorität II 92

8. Kapitel
Rollenwechsel 109

9. Kapitel
Gruppeneffekte 134

10. Kapitel
Warum Gehorsam? – Eine Analyse 145

11. Kapitel
Der Gehorsamsvorgang: Anwendung der Analyse auf das Experiment 158

12. Kapitel
Spannungszustände und Ungehorsam 179

13. Kapitel
Eine Alternativtheorie:
Aggression als Erklärung? 192

14. Kapitel
Methodologische Probleme 196

15. Kapitel
Epilog 207

Anhang I
Ethische Probleme in der wissenschaftlichen Forschung 221

Anhang II
Strukturelle Muster bei den Versuchspersonen 232

Anmerkungen 236

Bibliographie 245

Register 252

Vorwort

Gehorsam ist ein Allerweltsphänomen, und gerade deswegen wird er in der Sozialpsychologie als Gegenstand der Forschung nicht recht ernst genommen. Hat man aber keinen klaren Begriff von der Rolle des Gehorchens bei der Prägung des Handelns, wie sie der Mensch erfährt, so muß eine Fülle wesentlicher Verhaltensformen unverständlich bleiben. Denn eine Handlung, die auf Befehl hin ausgeführt wird, ist psychologisch etwas völlig anderes als eine spontan unternommene Handlung.

Derselbe Mensch, der aus innerster Überzeugung Diebstahl, Tötung und Körperverletzung verabscheut, wird sich vielleicht doch in Akte des Raubens, Tötens und Folterns verstricken, und zwar ohne nennenswerten inneren Widerstand, sofern eine Autorität ihm den Befehl dazu gibt. Ein Verhalten, das bei einem Menschen, der aus eigener Verantwortung handelt, undenkbar ist, wird vielleicht ohne die geringste Hemmung praktiziert, wenn ein Befehl es verlangt.

Das Problem der Gehorsamsbereitschaft gegenüber Autorität ist uralt, so alt wie die Geschichte von Abraham und Isaak. Die vorliegende Untersuchung greift das alte Problem auf und kleidet es in eine moderne Form, indem es hier zum Gegenstand einer experimentellen Analyse gemacht wird. Und zwar geschieht dies ausdrücklich mit der Absicht, zu einem besseren Verständnis der komplexen Zusammenhänge vorzudringen, und nicht, um von höherer Warte aus moralische Werturteile zu verkünden.

Im Rahmen einer psychologischen Erforschung des Gehorsams kommt es entscheidend darauf an, wie man es bewerkstelligt, Autorität begrifflich zu fassen und diese Begriffe in menschliche Erfahrung umzusetzen. In einer abstrakten Terminologie über die jeweiligen Rechte des Individuums und über Autorität zu reden ist eine Sache; eine völlig andere Sache ist es, eine moralische Entscheidung in einer realen Situation zu ergründen. Wir haben alle eine Vorstellung von den philosophischen Fragen zum Verhältnis von Freiheit und Autorität. Doch in jedem Fall, der nicht rein akademischer Natur ist, stellt sich das Problem immer so, daß es da ganz real einen Menschen gibt, der einer Autorität Gehorsam entgegenbringt oder verweigert, daß es da einen konkreten Augenblick gibt, in dem Gehorsam in Ungehorsam umspringt. Alles Theoretisieren ohne Rücksicht auf diesen Moment bleibt bloße Spekulation; denn es gibt keinen Akt des Ungehorsams, der nicht zum Ausdruck käme in einem solchen Augenblick bewußt entschiedenen Handelns. Die Versuche, von denen in diesem Buch die Rede ist, sind auf dieser Feststellung aufgebaut.

Sobald wir nun diese allgemeine Problematik im Laboratorium experimentell angehen, engt sie sich ein, sie spitzt sich zu auf die Frage: Unter welchen Bedingungen wird ein Mensch, dem ein Versuchsleiter aufträgt, mit zunehmender Härte gegen einen anderen Menschen vorzugehen, diesen Befehlen gehorchen, und unter welchen Bedingungen wird er den Gehorsam verweigern? Diese Fragestellung, die hier im Laborversuch geklärt werden soll, ist lebensnah, aufschlußreich und auf die Realität übertragbar. Sie ist keine Konstruktion außerhalb der echten Lebenswirklichkeit, sondern faßt bestimmte Kräfte, die im normalen Ablauf gesellschaftlicher Prozesse immer und überall wirksam sind, zusammen, hebt sie heraus und macht sie dadurch einer präzisen Beobachtung zugänglich, so daß sich am Ende eine klar logische, freilich extreme Schlußfolgerung ergibt.

Besteht nun, so muß man sich fragen, irgendein Zusammenhang zwischen dem, was wir im Laboratorium untersucht haben, und den Formen von Befehlsgehorsam, die unter der Naziherrschaft zu so schaurigen und verabscheuungswürdigen Exzessen führten? Die Unterschiede zwischen den beiden Situationen sind natürlich ganz gewaltig, aber vielleicht stellt sich der zunächst ins Auge springende Unterschied in der Größenordnung, in den Zahlenwerten und im politischen Umfeld als relativ unwesentlich heraus, solange sich nur bestimmte wesentliche Strukturmerkmale in beiden Situationen vergleichbar wiederfinden. Das Wesen des Gehorsams drückt sich in der Tatsache aus, daß ein Mensch dahin kommt, sich selbst als Werkzeug zu verstehen, das den Willen eines anderen Menschen ausführt, und sich selbst nicht mehr als verantwortlich anzusehen für das eigene Handeln. Dieser Seitenwechsel im Selbstverständnis ist der Angelpunkt der gesamten Gehorsamsproblematik: Hat ein Mensch erst einmal diese entscheidende Wendung vollzogen, dann treten bei ihm alle Wesensmerkmale des Gehorsams auf. Die Anpassung des Denkens, die Bereitschaft zur Teilnahme an grausamen Handlungen und die Kategorien der Rechtfertigung, die sich ein Mensch im Zustand des Gehorchens aufbaut, sind im wesentlichen ähnlich; die äußeren Umstände spielen dabei keine Rolle, mag es sich nun um ein psychologisches Laboratorium handeln oder um den Kontrollraum einer Abschußbasis für Interkontinentalraketen.

Die Frage, ob die experimentellen Befunde allgemeine Gültigkeit besitzen für Tatsachen im wirklichen Leben, läßt sich also nicht dadurch beantworten, daß man alle bestehenden und erkennbaren Unterschiede zwischen einem psychologischen Laborversuch und anderen Situationen aufzählt, sondern nur dadurch, daß man genau und umsichtig eine Situation aufbaut, die das Wesen des Gehorsams im Kern erfaßt – das heißt eine Situation, in der ein Mensch sich selbst einer Autorität ausliefert und den auslösenden Ursprung seines eigenen Tuns nicht mehr in der eigenen Person wahrnimmt.

Je stärker eine Situation gekennzeichnet ist durch eine entgegenkommende Einstellung und durch das Fehlen von Zwang, desto leichter vollzieht sich das Gehorchen in einer Stimmung des Kooperierens. Je stärker ein Mensch mit Gewaltandrohung und Strafmaßnahmen konfrontiert wird, desto eindeutiger wird er durch Furcht zum Gehorsam gezwungen. Unsere Untersuchungen befassen sich ausschließlich mit der Form des Gehorchens, die ein Mensch von sich aus entgegenbringt ohne die geringste Anwendung von Druck und Drohung. Bei unserem Experiment handelt es sich allein um solchen Gehorsam, den eine Autorität durch die schlichte Behauptung auslöst, sie besitze das Recht, über einen Beteiligten die Kontrolle auszuüben. Der ganze Zwang, den die Autorität – wenn überhaupt – in unseren Versuchen ausübt, ergibt sich aus Machtfaktoren, mit welchen die Versuchsperson gewissermaßen die Autorität ausstattet, und nicht aus irgendwelchen objektiv vorhandenen Drohungen oder der etwaigen Verfügung über greifbare Machtmittel zur Disziplinierung der Versuchsperson.

Für die Versuchsperson läuft alles auf das Problem hinaus, die Kontrolle über ihre Fähigkeit zur Selbststeuerung zurückzugewinnen, die sie zuvor dem Willen des Versuchsleiters preisgegeben hatte. Der Widerstand, mit dem ein Mensch dabei zu kämpfen hat, ist das schmerzliche und fast tragische Element in unserer Versuchsanordnung. Denn nichts ist so trostlos wie der Anblick eines Menschen, der in einer für ihn bedeutsamen Situation die Kontrolle über sein eigenes Handeln erringen will und es immer nur beinahe schafft.

Danksagung

Die hier vorgestellten Experimente gehen aus einer fünfundsiebzigjährigen Tradition des Experimentierens in der Gesellschaftspsychologie hervor. Boris Sidis führte 1898 ein Experiment über Gehorsam durch, und die Arbeiten von Asch, Lewin, Sherif, Frank, Block, Cartwright, French, Raven, Luchins, Lippitt und White – neben vielen anderen – haben meine eigene Arbeit gefördert, auch wo sie nicht speziell erwähnt sind. Die Beiträge von Adorno und seinen Mitarbeitern, von Arendt, Fromm und Weber sind Bestandteil des Zeitgeists, in dem Soziologen aufwachsen. Drei Arbeiten interessierten mich besonders. Die erste ist Alex Comforts scharfsichtiges Werk «Authority and Delinquency in the Modern State»; Robert Bierstedt schrieb eine glänzende Begriffsanalyse der Autorität, und Arthur Koestlers «Das Gespenst in der Maschine» entwickelte die Konzeption der gesellschaftlichen Hierarchie auf viel profundere Weise als mein vorliegendes Buch.

Die experimentelle Forschungsarbeit wurde während meiner Zeit an der psychologischen Fakultät der Yale University, in den Jahren 1960 bis 1963, durchgeführt und beendet. Ich bin der Fakultät dankbar dafür, daß sie mir mit Forschungseinrichtungen und gutem Rat geholfen hat. Besonders möchte ich Professor Irving L. Janis danken.

Der verstorbene James McDonough aus West Haven in Connecticut spielte die Rolle des Schülers, und seine unbeirrbare natürliche Begabung förderte diese Untersuchung sehr. John Williams aus Southbury in Connecticut spielte den Experimentator und wurde dieser anspruchsvollen Rolle mit Präzision gerecht. Mein Dank gilt ebenfalls Alan Elms, Jon Wayland, Taketo Murata, Emil Elges,

James Miller und J. Michael Ross für ihre Arbeit im Zusammenhang mit den Recherchen.

Den vielen Menschen in New Haven und Bridgeport, die sich als Versuchspersonen zur Verfügung stellten, bin ich zutiefst verpflichtet.

Die gedankliche und schriftliche Auseinandersetzung mit den Experimenten wurde noch lange nach deren Beendigung fortgeführt, und viele Einzelpersonen lieferten dazu die nötige Anregung und Unterstützung. Hervorzuheben sind unter ihnen André Modigliani, Aaron Hershkowitz, Rhea Mendoza Diamond und der verstorbene Gordon W. Allport, ebenso Roger Brown, Harry Kaufmann, Howard Leventhal, Nijole Kudirka, David Rosenhan, Leon Mann, Paul Hollander, Milton Erikson und Maury Silver. Frau Eloise Segal half mir bei der Abfassung mehrerer Kapitel, und meine Lektorin bei Harper & Row, Frau Virginia Hilu, bekundete einen bemerkenswerten Glauben an das Buch, stellte mir schließlich ihr Büro zur Verfügung und rettete das Buch aus den Händen des widerspenstigen Autors.

Dank gilt auch den Damen Mary Englander und Eileen Lydall an der City University of New York, die meine Sekretärinnen waren, und den Forschungsassistentinnen Frau Wendy Sternberg und Frau Katheryn Krogh.

Judith Waters, eine junge Wissenschaftlerin und erfahrene Künstlerin, lieferte die Grafiken für die Kapitel 8 und 9.

Ich möchte dem Institute of Jewish Affairs in London meinen Dank aussprechen für die Erlaubnis, umfangreiche Zitate aus meinem Artikel «Obedience to Criminal Orders: The Compulsion to Do Evil» verwenden zu dürfen, dessen Erstveröffentlichung in der Zeitschrift «Patterns of Prejudice» dieser Institution erfolgte.

Dank sei auch der American Psychological Association gesagt für die Erlaubnis zu umfangreichen Zitaten aus mehreren meiner Artikel, die zuerst in ihren Publikationen erschienen, nämlich «Behavioral Study of Obedience», «Issues in the Study of Obedience: A Reply to Baumrind», «Group Pressure and Action Against a Person» und «Liberating Effects of Group Pressure».

Die Forschungsarbeit wurde durch zwei Zuschüsse der National Science Foundation unterstützt. Die 1960 durchgeführten Forschungen wurden durch ein kleines Stipendium des Higgins-Fonds der Yale University erleichtert. Ein Guggenheim-Fellowship-Stipendium erlaubte es mir, ein Jahr lang, 1972/1973, in Paris zu arbeiten, fern von akademischen Verpflichtungen, was mir ermöglichte, dieses Buch zu vollenden.

Meine Frau Sasha stand seit den Anfängen dieser Experimente an meiner Seite. Ihre unwandelbare Einsicht, ihr unerschütterliches Verständnis bedeuteten mir sehr viel. In den letzten Monaten hieß dies einfach, daß nur sie und ich in unserem Appartement in der Rue de Rémusat in gemeinsamer Hingabe an einer Aufgabe arbeiteten, die jetzt – dank Sashas verständnisvoller Hilfe – beendet ist.

Paris, 2. April 1973 Stanley Milgram

1. Kapitel
Die Problematik des Gehorsams

Gehorsam gehört zu den offenkundigsten Grundelementen der Struktur gesellschaftlichen Lebens. Ein gewisses Autoritätssystem ist für jegliches Gemeinschaftsleben nötig, und nur der isoliert hausende Mensch ist nicht gezwungen, auf die Befehle anderer – durch Weigerung oder Unterwerfung – zu reagieren. Gehorsam als eine Verhaltensdeterminante ist für unsere Zeit von ganz besonders großer Bedeutung. Es ist eine gesicherte Tatsache, daß von 1933 bis 1945 Millionen unschuldiger Menschen auf Befehl systematisch umgebracht wurden. Es wurden Gaskammern gebaut, Todeslager bewacht, tägliche Leichenquoten mit der gleichen Effizienz produziert wie Geräte auf dem Fließband. Derart unmenschliche Prozeduren entsprangen vielleicht dem Gehirn eines einzelnen, doch konnten sie in solchem Ausmaß nur durchgeführt werden, wenn eine große Zahl von Menschen seinen Befehlen gehorchte.

Gehorsam ist der psychologische Mechanismus, durch den individuelles Handeln an politische Zwecke gebunden wird. Er ist der Zement, der die Menschen schon von ihrer Anlage her an Autoritätssysteme bindet. Tatsachen der jüngeren Geschichte und Beobachtungen im Alltagsleben legen die Vermutung nahe, daß Gehorsam für viele eine tiefverwurzelte Verhaltenstendenz darstellt, ja möglicherweise einen vorherrschenden Impuls, der das anerzogene ethische Empfinden und Mitgefühl und das Moralverhalten über den Haufen wirft. C. P. Snow weist darauf hin (1961), wenn er über die Bedeutung des Gehorsams schreibt: «Wenn man sich die lange und düstere Geschichte der Menschheit ansieht, entdeckt man, daß mehr scheußliche Verbrechen im Namen des Gehorsams begangen worden sind als jemals im Namen der Rebellion. Wer dies bezweifelt, sollte William Shirers ‹Aufstieg und Fall des Dritten Reiches› lesen. Das deutsche Offizierskorps wurde nach einem äußerst rigorosen Gehorsamskodex ausgebildet... Im Namen des Gehorsams waren diese Leute an den übelsten Massenaktionen der Weltgeschichte beteiligt und unterstützten sie» (S. 24 der Originalausgabe).

Die nazistische Vernichtungsaktion gegen die europäischen Juden ist das extremste Beispiel für ein abscheuliches und unmoralisches Verhalten, das Tausende im Namen des Gehorsams an den Tag legten. Doch in geringerem Maß tritt dieser Verhaltenstypus immer wieder auf: Gewöhnliche Bürger erhalten den Befehl, andere Menschen zu vernichten – und sie tun es, weil sie es als ihre Pflicht ansehen, Befehlen zu gehorchen. Auf diese Weise gewinnt die Gehorsamsbereitschaft gegenüber Autorität – die so lange Zeit als eine Tugend gepriesen wurde – neue Aspekte, da sie einer üblen Sache dient; keineswegs mehr mit dem Anschein der Tugend behaftet, verwandelt sie sich in eine verabscheuenswerte Sünde. Oder?

Das moralische Problem, ob man Befehlen gehorchen solle, wenn sie der eigenen Gewissensüberzeugung widersprechen, ist bei Platon abgehandelt worden, Sophokles dramatisierte es in seiner «Antigone», in jeder Epoche der Menschheitsgeschichte wurde es von Philosophen analysiert. Konservative Philosophen argumentieren, daß Ungehorsam die Struktur der Gesellschaft an sich bedrohe und daß es vorzuziehen sei, sogar eine moralisch üble Tat zu begehen, wenn sie von der Autorität befohlen wird, statt die Autoritätsstruktur zu untergraben. Thomas Hobbes etwa schrieb, daß eine auf diese Weise ausgeführte Tat keinesfalls unter die Verantwortung des Ausführenden falle, sondern allein unter die der anordnenden Autorität. Dagegen argumentieren die humanistischen Denker, daß in derartigen Fällen das individuelle Gewissen Vorrang habe, und bestehen darauf, das moralische Urteil des Individuums bei einem Entscheidungskonflikt über die Autorität zu stellen.

Die juristischen und die philosophischen Aspekte des Komplexes Gehorsam sind äußerst wichtig, doch der empirisch arbeitende Wissenschaftler kommt gelegentlich an einen Punkt, an dem er von der abstrakten Diskussion zur sorgfältigen Beobachtung konkreter Beispiele übergehen möchte. Um den Akt des Gehorchens eingehend zu untersuchen, baute ich an der Yale University ein einfaches Experiment auf. Mit der Zeit waren mehr als tausend Teilnehmer an diesem Experiment beteiligt, und es wurde später an mehreren Universitäten wiederholt. Meine Anfangskonzeption war recht einfach. Eine Person kommt in ein psychologisches Laboratorium und erhält den Befehl, eine Reihe von Handlungen auszuführen, die sie in wachsendem Maß in Gewissenskonflikte stürzen. Die Kernfrage ist, wie lange sich die Versuchsperson den Anordnungen des Versuchsleiters fügt, bevor sie sich weigert, die von ihm geforderten Handlungen auszuführen.

Allerdings muß man dem Leser etwas mehr Detailinformation über dieses Experiment geben. Zwei Leute betreten ein Psychologie-Labor, um an einer Untersuchung über Erinnerungsvermögen und Lernfähigkeit teilzunehmen. Einer von ihnen wird zum «Lehrer» bestimmt, der andere zum «Schüler». Der Versuchsleiter erklärt ihnen, daß sich die Untersuchung mit den Auswirkungen von Strafe auf das Lernen befaßt. Der Schüler wird in einen Raum gebracht, auf einen Stuhl gesetzt, seine Arme werden festgebunden, um übermäßige Bewegungen zu verhindern, und an seinem Handgelenk wird eine Elektrode befestigt. Man erklärt ihm, daß er eine Reihe von Wortpaaren zu lernen habe und daß er bei jedem Fehler einen Elektroschock von wachsender Stärke erhalten werde.

Im Mittelpunkt des Experiments steht die Versuchsperson als «Lehrer». Nachdem sie zugesehen hat, wie der Schüler festgeschnallt wird, bringt man sie in den Hauptexperimentierraum und läßt sie vor einem eindrucksvollen Schockgenerator Platz nehmen. Dessen Hauptcharakteristikum ist eine horizontale Anordnung von dreißig Schaltern, die bei einer Steigerung von jeweils 15 Volt mit 15 Volt bis 450 Volt bezeichnet sind. Darunter stehen noch Aufschriften, die von «leichtem Schock» bis zu «bedrohlichem Schock» reichen. Der Lehrer/Versuchsperson wird erklärt, daß sie den Schüler im anderen Raum einem Lerntest zu unterziehen habe. Wenn der Schüler eine richtige Antwort gibt, soll die Lehrer/Versuchsperson zum nächsten Fragepunkt übergehen; wenn er eine falsche Antwort gibt, soll die Versuchsperson ihm einen elektrischen Schock versetzen. Sie soll mit der niedrigsten Schockstärke (15 Volt) beginnen und sie graduell bei jedem Fehler erhöhen, also auf 30 Volt, 45 Volt und entsprechend weiter.

Der «Lehrer» ist eine echte, uninformierte Versuchsperson; sie kommt ins Labor, um an einem Experiment teilzunehmen. Der Schüler (oder «das Opfer») *spielt* nur seine Rolle und erhält selbstverständlich keinerlei Schock. Ziel des Experiments ist es, herauszufinden, wieweit ein Mensch in einer konkreten, meßbaren Situation geht, in der ihm befohlen wird, einem protestierenden «Opfer» zunehmende Qualen zuzufügen. An welchem Punkt wird sich die Versuchsperson weigern, dem Versuchsleiter weiter zu gehorchen?

Die Konfliktsituation wird deutlich, wenn das Opfer (der «Pseudo-Schüler») beginnt, Unbehagen auszudrücken. Bei 75 Volt murrt es, bei 120 Volt beklagt es sich ausdrücklich, bei 150 Volt bittet es darum, aus dem Experiment entlassen zu werden. Seine Proteste steigern sich, je höher die zugefügten Schocks steigen. Die Proteste werden heftiger und stärker emotional gefärbt. Bei 285 Volt kann die Reaktion nur noch als qualvolles Schreien bezeichnet werden.

Beobachter dieser Experimente äußerten übereinstimmend, daß ihre überzeugende Eindringlichkeit in der schriftlichen Darstellung nicht genügend zum Ausdruck komme. Für die Versuchsperson ist die gegebene Situation kein Spiel; ihr Konflikt ist heftig und deutlich erkennbar. Einerseits drängt die offenkundige Qual des Schülers sie dazu, die Sache aufzugeben. Andererseits befiehlt ihr der Versuchsleiter – also eine legitimierte Autorität, der sie sich in gewisser Weise verpflichtet fühlt –, das Experiment fortzusetzen. Jedesmal wenn sie zögert, den Schockknopf zu drücken, befiehlt ihr der Versuchsleiter fortzufahren. Um sich aus dieser Situation freizumachen, muß die Versuchsperson einen klaren Bruch mit der Autoritätsperson herbeiführen. Es war die Absicht meiner Untersuchung, herauszufinden, wann und auf welche Weise Menschen sich unter dem Eindruck eines deutlichen moralischen Imperativs gegen die Autorität auflehnen würden.

Es bestehen selbstverständlich enorme Unterschiede zwischen der Befolgung von Befehlen eines kommandierenden Offiziers in Kriegszeiten und dem Ausführen von Befehlen eines Versuchsleiters. Dennoch bleiben in beiden Fällen gewisse Beziehungen bestehen, da man die allgemeine Frage stellen kann: Wie verhält sich ein Mensch, wenn ihm eine legitimierte Autoritätsperson befiehlt, gegen eine Drittperson zu handeln? Wir können bestenfalls damit rechnen, daß die Machtbefugnis des Versuchsleiters beträchtlich geringer ist als die des Generals, da er über kein Machtmittel verfügt, um seine Anordnungen durchzusetzen, und da die Beteiligung an einem psychologischen Experiment wohl kaum Gefühle der Dringlichkeit und Hingabe hervorruft, wie dies die Teilnahme an einem Krieg bewirkt. Trotz dieser Einschränkungen hielt ich es für der Mühe wert, mit sorgfältigen Untersuchungen über Gehorsam selbst unter diesen bescheidenen Umständen zu beginnen, weil ich hoffte, neue Erkenntnisse anzuregen und zu allgemeinen Schlußfolgerungen zu gelangen, die auf eine Vielzahl von Umständen anwendbar sein könnten.

Die erste Reaktion des Lesers auf das Experiment ist möglicherweise die Verwunderung, daß ein Mensch mit gesundem Verstand überhaupt die ersten Schocks erteilen kann. Würde sich die Versuchsperson nicht vielmehr einfach weigern und das Laboratorium verlassen? Tatsache ist, daß keine dies jemals tut. Da die Versuchsperson in das Labor gekommen ist, um dem Experimentator zu helfen, ist sie durchaus bereit, mit der Prozedur zu beginnen. Daran ist gar nichts ungewöhnlich, besonders da die Person, der die Schocks verabreicht werden sollen, zunächst kooperativ, wenn auch ein wenig ängstlich wirkt. Aber überraschend ist, wie lange sich durchschnittliche Menschen den Anordnungen des Versuchsleiters fügen. Die Ergebnisse des Experiments sind so überraschend wie bestürzend. Trotz der Tatsache, daß viele Versuchspersonen Streßerfahrungen durchmachen, trotz der Tatsache, daß viele von ihnen gegenüber dem Versuchsleiter protestieren, macht doch ein bemerkenswerter Prozentsatz bis zum höchsten Schock auf dem Generator weiter.

Viele gehorchen dem Versuchsleiter, gleichgültig, wie heftig das Opfer unter Schock auch fleht, gleichgültig, wie schmerzhaft die Schocks zu sein scheinen, gleichgültig, wie sehr es darum bittet, erlöst zu werden. Dies zeigte sich bei unseren Untersuchungen immer wieder und wurde auch an anderen Universitäten, die das Experiment wiederholten, festgestellt. Diese Bereitschaft bei Erwachsenen, auf den Befehl einer Autoritätsperson nahezu alles zu tun – wie sie das Hauptergebnis unserer Studie zeigt –, ist eine Tatsache, die dringend der Erklärung bedarf.

Eine oft angebotene Erklärung lautet, daß die Versuchspersonen, die dem Opfer die Höchststufe an Schock zumuteten, Ungeheuer gewesen seien, sadistische Randerscheinungen der Gesellschaft. Aber wenn man bedenkt, daß beinahe zwei Drittel der Teilnehmer in die Kategorie der «gehorsamen» Versuchspersonen fallen und daß sie

Durchschnittsmenschen aus Arbeiter- und Angestelltenkreisen und freien Berufen waren, dann wird diese Behauptung recht zweifelhaft. In der Tat fühlt man sich stark an die Streitfrage erinnert, die sich nach der Veröffentlichung von Hannah Arendts Buch «Eichmann in Jerusalem» (1963) erhob. Frau Arendt behauptete, die Anstrengungen der Staatsanwaltschaft, Eichmann als ein sadistisches Ungeheuer zu zeichnen, hätten sich als fundamental falsch erwiesen; Eichmann sei viel eher ein fantasieloser Bürokrat gewesen, der einfach an seinem Schreibtisch saß und seine Arbeit erledigte. Für diese Ansicht zog sich Hannah Arendt beträchtliche Verachtung zu, man verleumdete sie sogar. Irgendwie hatten die Leute das Gefühl, die monströsen Taten, die Eichmann verübte, könne nur eine brutale, perverse, sadistische Persönlichkeit, eine Inkarnation des Bösen begangen haben. Nachdem ich in unseren Experimenten gesehen habe, daß sich Hunderte normaler Durchschnittsmenschen der Autorität unterordneten, gelange ich zwangsläufig zu dem Schluß, daß Hannah Arendts Konzept von der *Banalität des Bösen* der Wahrheit näherkommt, als man sich vorzustellen wagen würde. Die Durchschnittsperson, die dem Opfer Schocks versetzte, tat dies aus einem Gefühl von Verpflichtung heraus – aufgrund eines Konzepts von ihren Pflichten als Versuchsperson –, nicht etwa wegen besonders aggressiver Tendenzen.

Dies ist vielleicht die fundamentalste Erkenntnis aus unserer Untersuchung: Ganz gewöhnliche Menschen, die nur schlicht ihre Aufgabe erfüllen und keinerlei persönliche Feindseligkeit empfinden, können zu Handlungen in einem grausigen Vernichtungsprozeß veranlaßt werden. Schlimmer noch: selbst wenn ihnen die zerstörerischen Folgen ihres Handelns vor Augen geführt und klar bewußt gemacht werden und wenn man ihnen dann sagt, sie sollen Handlungen ausführen, die in krassem Widerspruch stehen zu ihren moralischen Grundüberzeugungen, so verfügen doch nur vereinzelte Menschen über genügende Standfestigkeit, um der Autorität wirksam Widerstand entgegenzusetzen. Eine Vielzahl von Hemmungen gegenüber dem Ungehorsam gegen Autorität spielt mit und sorgt erfolgreich dafür, daß einer nicht aufmuckt.

Vom bequemen Lehnstuhl aus fällt es leicht, das Verhalten der gehorsamen Versuchspersonen zu verurteilen. Aber wer ein Urteil über sie fällt, der mißt sie nur an seinen eigenen Fähigkeiten, hochherzige moralische Rezepte zu formulieren, und dies ist kaum ein fairer Maßstab. Viele Versuchspersonen empfinden im Rahmen ihrer geäußerten Meinungen genauso stark wie unsereiner die moralische Notwendigkeit, Zwangsmaßnahmen gegen ein hilfloses Opfer zu unterlassen. Auch sie wissen im allgemeinen, was getan werden sollte, und können bei Gelegenheit ihre Wertvorstellungen formulieren. Doch hat dies wenig, wenn überhaupt etwas mit ihrem tatsächlichen Verhalten unter dem Druck der Umstände zu tun.

Wenn man Menschen auffordert, ein moralisches Urteil darüber abzugeben, was in dieser Situation als anständiges Verhalten zu betrachten sei, bezeichnen sie unfehlbar den Ungehorsam als anständig. Aber Wertvorstellungen sind in einer sich aktuell entwickelnden Situation nicht die einzigen Kräfte am Werk. Sie sind nur ein schmales Band von Ursachen im Gesamtspektrum der Kräfte, die auf einen Menschen einwirken. Viele Versuchspersonen konnten bei ihrer Tätigkeit ihre Wertvorstellungen nicht realisieren und mußten feststellen, daß sie mit dem Experiment weitermachten, obgleich sie ihr eigenes Handeln mißbilligten.

Die Kraft, die vom Moralgefühl des Individuums ausgeht, ist weit weniger wirksam, als gesellschaftliche Mythen uns glauben lassen möchten. Obgleich Gebote wie «Du sollst nicht töten!» einen hervorragenden Platz in der Moralordnung einnehmen, besitzen sie in der seelischen Struktur des Menschen keineswegs den entsprechend unerschütterlichen Stellenwert. Ein paar Änderungen in den Schlagzeilen der Zeitungen, die Einberufung zum Militär, Befehle von einem Mann mit Epauletten – und man bringt Menschen ohne große Schwierigkeiten dazu, zu töten. Selbst die bei einem psychologischen Experiment aufgebotenen Kräfte können das Individuum in beträchtlichem Maß von seinen moralischen Kontrollen abbringen. Moralische Faktoren lassen sich durch eine kalkulierte Umstrukturierung des informativen und sozialen Feldes relativ leicht beiseitedrängen.

Was aber veranlaßt die Versuchsperson dazu, dem Versuchsleiter zu gehorchen? Es gibt zunächst einmal eine Reihe von «Bindungsfaktoren», die sie an die Situation ketten. Dazu gehören Faktoren wie ihre Höflichkeit, ihr Bestreben, das ursprüngliche Versprechen, dem Versuchsleiter zu helfen, wahrzumachen, und die Peinlichkeit des Ausscheidens. Zweitens findet in den Denkprozessen der Versuchsperson eine Reihe von Anpassungen statt, die ihre Entschlossenheit zum Bruch mit der Autorität schwächen. Diese Anpassungsmechanismen helfen ihr, die Beziehung zum Versuchsleiter aufrechtzuerhalten, während sie gleichzeitig den Druck verringern, der sich aus dem experimentellen Konflikt ergibt. Sie sind typisch für Denkprozesse, die bei gehorsamen Personen auftreten, wenn ihnen eine Autoritätsperson Handlungen gegen hilflose Dritte befiehlt.

Einer dieser Mechanismen ist die Tendenz, so stark in den engen technischen Aspekten der Aufgabe aufzugehen, daß man den Überblick über die umfassenderen Konsequenzen verliert. In dem Film «Dr. Seltsam, oder: Wie ich lernte, die Bombe zu lieben» wird in brillanter satirischer Weise dargestellt, wie sehr die Mannschaft eines Bombenflugzeugs von der anspruchsvollen technischen Prozedur des Abwurfs von Atombomben gefesselt ist. Ähnlich werden bei unserem Experiment die Versuchspersonen von den Prozeduren in Anspruch genommen: Sie lesen die Wortpaare mit vorzüglicher Aussprache und drücken die Schalter sehr sorgfältig. Sie wollen eine angemessene Leistung bieten, aber sie zeigen ein parallel verlaufendes Schrumpfen der moralischen Besorgnis und Anteilnahme. Die umfassenderen Aufgaben der Zielsetzung und moralischen Bewertung überlassen sie der Autoritätsfigur des Experiments, dem sie dienen.

Die weitestverbreitete gedankliche Anpassung bei einer gehorsamen Versuchsperson besteht darin, daß sie sich als nichtverantwortlich für ihre eigenen Handlungen betrachtet. Sie streift die Verantwortung ab, indem sie jegliche Initiative dem Versuchsleiter, also der legitimen Autorität zuschreibt. Sie sieht sich nicht als Person, die für ihre Handlungen moralisch haftbar ist, sondern als Werkzeug einer Autorität außerhalb ihrer. Bei den Interviews, in denen die Versuchspersonen im Anschluß an die Experimente gefragt wurden, warum sie weitergemacht hätten, war eine der typischen Antworten: «Ich selber hätte das ja nicht gemacht. Ich habe nur gemacht, was man mir befohlen hat.» Da die Versuchspersonen unfähig sind, sich der Autorität des Versuchsleiters zu widersetzen, übertragen sie alle Verantwortung auf ihn. Es ist die alte Geschichte, «nur seine Pflicht getan» zu haben, die man immer und immer wieder in den Aussagen der in den Nürnberger Prozessen Angeklagten als Verteidigung hören konnte. Es wäre falsch, wollte man dies für eine billige ad hoc zusammengebraute Entschuldigung halten. Es handelt sich eher um einen fundamentalen Denkmodus, den eine große Anzahl von Menschen entwickelt, sobald sie in untergeordneter Stellung in eine Autoritätsstruktur eingespannt ist. Das Verschwinden von Verantwortungsgefühl ist die am weitesten reichende Konsequenz der Unterordnung unter eine Autorität.

Obgleich ein Mensch, der nach den Befehlen einer Autorität handelt, Handlungen begeht, die Gewissensnormen zu verletzen scheinen, wäre es doch unrichtig zu behaupten, er verliere dadurch sein Moralgefühl. Er hat bei solchen Handlungen keinen Bezug zu moralischen Empfindungen. Seine moralische Sorge verlagert sich eher auf die Überlegung, wie gut er den Erwartungen entspreche, die die Autoritätsperson in ihn setzt. Im Krieg fragt sich ein Soldat nicht, ob es gut oder schlecht sei, ein Dorf zu bombardieren; er empfindet angesichts einer solchen Vernichtung nicht Scham oder Schuld, eher Scham oder Stolz, je nachdem, wie gut er die ihm übertragene Aufgabe erfüllt hat.

Eine weitere psychologische Kraft, die sich in solchen Situationen auswirkt, könnte man als «Gegen-Anthropomorphismus» bezeichnen. Seit Jahrzehnten diskutieren Psychologen über die primitive Tendenz im Menschen, unbeseelten Gegenständen und Kräften Eigenschaften der menschlichen Spezies zuzuschreiben. Andererseits jedoch besteht eine ausgleichende Tendenz, Kräften, die ihrem Ursprung und ihrer Aufrechterhaltung nach wesentlich menschlich sind, unpersönliche Eigenschaften beizumessen. Manche Menschen behandeln Systeme menschlichen Ursprungs, als existierten sie über und jenseits irgendeines menschlichen Täters, jenseits der Kontrolle von Stimmung oder menschlicher Gefühle. Das menschliche Element hinter Behörden und Institutionen wird geleugnet. Wenn also der Versuchsleiter sagt: «Das *Experiment* verlangt, daß Sie weitermachen», bekommt die Versuchsperson das Gefühl, es handle sich um einen Befehl, der größeres Gewicht habe als eine bloß menschliche Anordnung. Sie stellt die doch so naheliegenden Fragen nicht: «Wessen Experiment? Wieso muß dem Versuchsleiter gehorcht werden, wenn das Opfer dabei leidet?» Die Wünsche eines Menschen – des Gestalters des Experiments – sind Teil eines

Schemas geworden, das eine das Denken der Versuchsperson übersteigende Kraft ausübt. «Es *muß* doch weitergehen, es muß doch weitergehen», sagte eine Versuchsperson immer wieder. Sie konnte sich nicht klarmachen, daß es ein Mensch wie sie selbst war, der wollte, daß es weitergehe. Für sie war der menschliche Beweggrund aus dem Bild verschwunden, und «das Experiment» hatte eine eigene, unpersönliche Macht gewonnen.

Keine Handlung besitzt von sich aus eine unveränderliche psychologische Qualität. Ihre Bedeutung läßt sich ändern, indem man sie in spezifische Zusammenhänge setzt. Vor einiger Zeit wurde in einer amerikanischen Zeitung ein Pilot zitiert, der zugab, daß Amerikaner vietnamesische Männer, Frauen und Kinder bombardierten, aber glaubte, diese Bombardierungen geschähen für einen «edlen Zweck» und seien also gerechtfertigt. Auf ähnliche Weise sehen die meisten Versuchspersonen in unserem Experiment ihr Verhalten in einem größeren Zusammenhang, der positiv und für die Gesellschaft nützlich sei, als Erkundung von wissenschaftlicher Wahrheit. Ein Psychologie-Labor kann einen sicheren Anspruch auf Legitimität erheben und erweckt in Menschen, die es betreten, um dort zu arbeiten, Vertrauen und Selbstsicherheit. Eine Handlung wie etwa die, einem Opfer Elektroschocks zuzufügen, die isoliert als böse erscheinen würde, gewinnt in dieser Umgebung eine vollkommen andere Bedeutung.

Zumindest ein wesentliches Charakteristikum der Situation im Nazideutschland wurde hier nicht betrachtet: die starke Abwertung des Opfers, ehe Aktionen dagegen unternommen werden. Zehn und mehr Jahre lang bereitete eine heftige antijüdische Propaganda die deutsche Bevölkerung darauf vor, die Vernichtung der Juden hinzunehmen. Schritt für Schritt wurden die Juden aus der Kategorie der Bürger und Landsleute ausgeschlossen, bis man ihnen endlich den Rang als Menschen absprach. Die systematische Herabwürdigung des Opfers ist eine Maßnahme der psychologischen Rechtfertigung einer brutalen Behandlung des Opfers und läßt sich stets als Begleiterscheinung bei Massenmord, Pogromen und Kriegen feststellen. Aller Wahrscheinlichkeit nach wäre es unseren Versuchspersonen sehr viel leichter gefallen, dem Opfer die Schocks zuzufügen, wenn dieses Opfer überzeugend als brutaler Krimineller oder als perverser Mensch dargestellt worden wäre.

Jedoch ist die Tatsache von beträchtlichem Gewicht, daß viele Versuchspersonen das Opfer *als Ergebnis* ihrer Handlungen dagegen abwerten. «Er war so dumm und widerspenstig, daß er die Schocks verdiente», lautete häufig ihr Kommentar. Sobald sie Handlungen gegen das Opfer begangen hatten, fanden sie es nötig, in ihm ein unwürdiges Individuum zu sehen, dessen intellektuelle und charakterliche Mängel die Bestrafung unvermeidlich machten.

Viele Versuchspersonen unseres Experiments waren in gewisser Hinsicht gegen das, was sie dem Schüler antaten, und viele protestierten, noch während sie gehorchten. Aber zwischen Worten und Gedanken und dem entscheidenden Schritt des Ungehorsams gegenüber einer böswilligen Autorität liegt noch etwas anderes, nämlich die Fähigkeit, Überzeugungen und Wertmaßstäbe in Aktion umzusetzen. Manche Versuchspersonen waren vollkommen von der Unrechtmäßigkeit ihres Tuns überzeugt, konnten sich jedoch nicht zu einem klaren Bruch mit der Autoritätsperson entschließen. Andere gaben sich mit ihren gedanklichen Einwänden zufrieden, in der Überzeugung, daß sie – zumindest bei sich selbst – auf der Seite des Guten gestanden hätten. Dabei wurde ihnen nicht klar, daß für das vorliegende moralische Problem subjektive Gefühle weitgehend irrelevant sind, solange sie nicht in Aktion umgesetzt werden. Politische Kontrolle wird durch Aktion bewirkt. Die innere Einstellung der Wachposten in einem Konzentrationslager ist bedeutungslos, sobald sie zulassen, daß vor ihren Augen Unschuldige niedergemetzelt werden. Ähnlich war der sogenannte «geistige oder innere Widerstand» im nazibesetzten Europa – bei dem die Betroffenen durch einen gedanklichen Salto sich einredeten, sie hätten dem Feind Widerstand geleistet – nichts als ein bequemer und beruhigender psychologischer Mechanismus. Willkürherrschaft wird von unsicheren Menschen aufrechterhalten, die nicht genügend Mut besitzen, ihre Überzeugungen in Aktion umzusetzen. In unseren Experimenten mißbilligten die Versuchspersonen immer und immer wieder ihre Verhaltensweise, brachten jedoch nicht die Kraft auf, ihre Wertbegriffe in Aktion umzusetzen.

In einer Variante des Grundexperiments drückt sich ein noch weiter verbreitetes Dilemma aus als das eben beschriebene: Der Versuchsperson wurde nicht befohlen, den Schalter zu betätigen, der dem Opfer den Schock zufügte, sondern sie hatte nur die Aufgabe, eine Hilfsleistung zu erledigen (den Wortpaar-Test vorzunehmen), bevor eine weitere Versuchsperson dann die Schocks zufügte. Unter diesen Bedingungen gingen 37 von 40 Versuchspersonen aus dem Bezirk New Haven bis zum höchsten Schockgrad auf dem Generator. Wie zu erwarten, entschuldigten sie ihr Verhalten damit, die Verantwortung habe bei dem Mann gelegen, der den Schalter betätigte. Dies beleuchtet in etwa eine gefährlich typische Situation in der komplexen Gesellschaft: daß es nämlich psychologisch leicht ist, Verantwortung nicht wahrzunehmen, wenn man nur ein Zwischenglied in einer Kette übler Aktionen ist, sich aber von ihren letzten Konsequenzen weit entfernt befindet. Sogar ein Eichmann empfand Übelkeit, als er die Konzentrationslager besichtigte; doch um sich an Massenmord zu beteiligen, brauchte er nur an seinem Schreibtisch zu sitzen und Papiere hin und her zu schieben. Gleichzeitig konnte jedoch der Mann im Lager, der effektiv das Zyklon-B in die Gaskammer brachte, sein Verhalten mit der Begründung entschuldigen, er befolge ja nur Befehle von oben. Also ergibt sich hier eine Aufsplitterung der menschlichen Gesamtaktion; nicht einer allein beschließt die Durchführung der Untat und wird auch mit ihren Folgen konfrontiert. Der für die Aktion voll Verantwortliche hat sich verflüchtigt. Das stellt wahrscheinlich das am weitesten verbreitete Merkmal des gesellschaftlich organisierten Bösen in der modernen Gesellschaft dar.

Demzufolge ist das Problem des Gehorsams nicht ausschließlich psychologisch, die Form und Gestalt der Gesellschaft und ihre Entwicklungstendenzen spielen ebenfalls eine große Rolle. Vielleicht hat es einmal eine Zeit gegeben, in der der Mensch dazu fähig war, umfassend als Mensch auf jede Situation zu reagieren, weil er als menschliches Wesen umfassend von ihr in Anspruch genommen war. Doch sobald sich unter den Menschen die Arbeitsteilung einbürgerte, änderte sich dies. Von einem bestimmten Punkt an vermindert die Aufteilung der Gesellschaft in Individuen, die engbegrenzte und sehr spezialisierte Aufgaben erfüllen, die Humanqualität in Arbeit und Leben. Der Einzelne überblickt nicht mehr die Gesamtsituation, sondern nur einen kleinen Bereich von ihr und ist deshalb ohne eine Art übergeordneter Lenkung handlungsunfähig. Er beugt sich der Autorität, doch wird er eben dadurch seinen eigenen Handlungen entfremdet.

George Orwell erfaßte den Kern der Sache, als er schrieb: «Während ich dies schreibe, sitzen über mir hochzivilisierte Menschen in Flugzeugen und versuchen mich zu töten. Sie hegen gegen mich als Individuum keinerlei Feindschaft, wie ich nicht gegen sie. Sie ‹erfüllen nur ihre Pflicht›, wie es so schön heißt. Ich zweifle nicht daran, daß die meisten von ihnen gutherzige, gesetzestreue Männer sind, die im Privatleben nicht einmal im Traum daran dächten zu morden. Wenn es aber andererseits einem von ihnen gelingt, mich mit einer gutgezielten Bombe zu zerfetzen, wird er deswegen keineswegs schlechter schlafen.»

2. Kapitel
Methodik der Untersuchung

Einfachheit ist der Schlüssel zu erfolgreicher wissenschaftlicher Forschung. Dies gilt besonders für Forschungsobjekte mit psychologischem Gehalt. Ihnen ist schwer beizukommen, schon durch ihre Natur, und sie weisen meist sehr viel mehr Aspekte auf als zunächst ersichtlich. Komplizierte Verfahren stellen sich der klaren Untersuchung des Phänomens nur hinderlich in den Weg. Um also Gehorsam auf einfachste Weise zu untersuchen, müssen wir eine Situation schaffen, in der eine Person einer anderen eine Handlung befiehlt, die wir beobachten können, und wir müssen notieren, wann einem Befehl Folge geleistet wird und wann dies nicht der Fall ist.

Wenn wir die Stärke von Gehorsam und die Bedingungen untersuchen wollen, unter denen diese Stärke variiert, müssen wir ihn in einen zwingenden Bezug zu einem starken Faktor setzen, der in Richtung Ungehorsam wirkt und dessen menschliche Bedeutung leicht begreifbar ist.

Von allen Moralprinzipien kommt das folgende der universellen Gültigkeit am nächsten: daß man einer hilflosen Person, die einem selbst weder schädlich noch bedrohlich ist, keine Schmerzen zufügen soll. Dieses Prinzip wollen wir als Gegenkraft zum Gehorsam einsetzen.

Personen, die zu uns ins Laboratorium kommen, erhalten den Befehl, gegen eine andere Person in zunehmend strenger Weise vorzugehen. Dementsprechend soll sich der Druck erhöhen, der Ungehorsam bewirkt. Zu einem vorab nicht bekannten Zeitpunkt wird sich die Versuchsperson wahrscheinlich weigern, den Befehl auszuführen, und das Experiment abbrechen. Das Verhalten *vor* diesem Abbrechen wird als *Gehorsam* bezeichnet. Der Punkt, an dem abgebrochen wird, gilt als Akt des *Ungehorsams*; er kann früher oder später in der Befehlssequenz eintreten und bietet so die nötige Maßeinheit.

Der genaue Modus des Vorgehens gegen das Opfer hat keine zentrale Bedeutung. Aus technischen Gründen wählten wir für unsere Untersuchung die Verabreichung von Elektroschocks. Sie erschien uns brauchbar, erstens, weil man der Versuchsperson leicht klarmachen konnte, daß man Schocks graduell an Intensität steigern kann; zweitens, weil die Anwendung von Schocks zu der allgemeinen wissenschaftlichen Atmosphäre des Labors paßte; und weil es schließlich relativ leicht sein würde, die Verabreichung von Schocks im Labor zu simulieren.

Betrachten wir uns jetzt die Details der Untersuchung.

Wie wir Teilnehmer für die Untersuchung gewannen

Yalestudenten, die leicht verfügbar gewesen wären, hätten die bequemsten Versuchspersonen für unsere Untersuchung dargestellt; überdies ist es in der Psychologie Tradition, Experimente mit Studenten durchzuführen. Doch schien der Einsatz von Studenten einer Elite-Universität für dieses unser Experiment nicht ganz geeignet. Das Risiko, daß Versuchspersonen von Yale von Studienkollegen, die bereits an dem Experiment teilgenommen hatten, informiert würden, erschien uns als zu groß. Es schien also besser, die Versuchspersonen aus einem viel breiteren Spektrum auszuwählen, nämlich aus der ganzen, 300 000 Personen zählenden Gemeinde New Haven. Wir hatten einen weiteren Grund, New Haven der Universität vorzuziehen; die Studenten waren eine zu homogene Gruppe. Sie waren praktisch alle knapp unter oder Anfang zwanzig, hochintelligent und verfügten über gewisse Erfahrungen mit psychologischen Experimenten. Ich wollte eine große Zahl von Personen aus einem weiten Spektrum sozialer Schichten zur Auswahl haben.

Um Teilnehmer zu gewinnen, gaben wir in der Lokalzeitung eine Anzeige auf. Darin wurden Leute jeder Berufssparte aufgefordert, an einer Untersuchung über Gedächtnis und Lernvermögen teilzunehmen; eine Bezahlung von 4 Dollar und 50 Cents Fahrtkosten pro geleisteter Stunde wurde angeboten (s. Abb. 1). Insgesamt er-

Aufruf an die Öffentlichkeit

WIR BEZAHLEN IHNEN 4.00 DOLLAR FÜR EINE STUNDE IHRER ZEIT

Personen für eine Untersuchung über Gedächtnisleistung gesucht

Wir bezahlen fünfhundert Männer aus New Haven, die uns bei der Erstellung einer wissenschaftlichen Untersuchung über Gedächtnisleistung und Lernvermögen helfen. Diese Untersuchung findet an der Yale-Universität statt.

Jedem Teilnehmer werden 4.00 Dollar (plus 50 Cents Fahrtkosten) für etwa eine Stunde bezahlt. Wir brauchen Sie nur für eine Stunde. Weitere Verpflichtungen: keine. Sie können selbst entscheiden, wann Sie kommen möchten (abends, wochentags oder am Wochenende).

Spezielles Training, Erziehung oder Erfahrung nicht erforderlich. Wir suchen:

Fabrikarbeiter	Geschäftsleute	Bauarbeiter
Städt. Angestellte	Buchhalter	Verkäufer/Vertreter
Arbeiter	Freiberufliche	Büroangestellte
Friseure	Post-/Telefonang.	u. andere

Interessenten müssen zwischen 20 und 50 Jahre alt sein.

Oberschüler und Studenten scheiden aus.

Wenn diese Bedingungen auf Sie zutreffen, füllen Sie bitte untenstehenden Abschnitt aus und senden Sie ihn an Prof. Stanley Milgram, Psychologische Fakultät, Yale University, New Haven. Sie werden dann später vom genauen Zeitpunkt und Ort der Untersuchung informiert. Wir behalten uns vor, Bewerber abzulehnen.

Sie erhalten 4.00 Dollar (plus 50 Cents Fahrtkosten) bei Ihrem Eintreffen im Laboratorium.

TO: PROF. STANLEY MILGRAM, DEPARTMENT OF PSYCHOLOGY, YALE UNIVERSITY, NEW HAVEN, CONNECTICUT. Ich möchte mich an dieser Untersuchung über Gedächtnisleistung und Lernvermögen beteiligen. Ich bin über 20 und unter 50 Jahre alt. Ich erhalte eine Vergütung von 4.00 Dollar (plus 50 Cents Fahrtkosten), wenn ich teilnehme.

NAME (Bitte Druckschrift) ....

ANSCHRIFT ....

Tel. .... Am besten zu erreichen um: ....

ALTER .... BERUF .... MÄNN./WEIBL.

WANN KÖNNEN SIE KOMMEN:

WERKTAGS .... ABENDS .... AN WOCHENENDEN ....

Abb. 1: Anzeige in der Lokalzeitung zur Anwerbung von Versuchspersonen

hielten wir 296 Zuschriften. Da diese Zahl für das Experiment nicht ausreichte, ergänzten wir unser Werbeverfahren durch direkte briefliche Aufforderung. Die Adressen wurden dem Telefonverzeichnis von New Haven entnommen, mehrere tausend Einwohner wurden brieflich zur Teilnahme eingeladen. Die Antwortquote auf diese Einladung betrug etwa 12 Prozent. Die bereitwilligen Personen, bei denen wir über Geschlecht, Alter und Beruf informiert waren, bildeten ein Sammelbecken von Versuchspersonen, und die entsprechenden Teilnehmer wurden jeweils ein paar Tage, bevor sie an den Experimenten mitmachen sollten, besonders benachrichtigt.

Typische Versuchspersonen waren Schalterbeamte der Post, Oberschullehrer, Vertreter, Ingenieure und Arbeiter. Das Bildungsniveau reichte von einem, der die Highschool nicht beendet hatte, bis zu Leuten mit Doktortitel und anderen akademischen Auszeichnungen. Verschiedene experimentelle Bedingungen (Varianten des Grundexperiments) wurden in Erwägung gezogen, und von Anfang an hielt ich es für wichtig, jede Versuchsanordnung nach Alters- und Berufstypus abzuwägen.

Die berufliche Zusammensetzung für jedes Experiment war folgende: gelernte und ungelernte Arbeiter: 40 Prozent; Büroangestellte, Verkäufer, Geschäftsleute: 40 Prozent; Freiberufliche: 20 Prozent. Die Berufsgruppen waren in drei Alterskategorien aufgeteilt (Versuchspersonen über 20, über 30 und über 40 Jahren wurden jeder Versuchsanordnung im Verhältnis von jeweils 20, 30 und 40 Prozent zugeführt).

Örtlichkeit und Personal

Das Experiment wurde in dem eleganten Laboratorium für zwischenmenschliche Beziehungen der Yale-Universität durchgeführt. Dieser Umstand ist für die von den Versuchspersonen angenommene Legitimität des Experiments von Bedeutung. Bei einigen Variationen wurde in der Folge das Experiment von der Universität abgetrennt (s. Kapitel 6). Die Rolle des Versuchsleiters spielte ein 31 Jahre alter Biologielehrer einer Highschool. Während des gesamten Experiments verhielt er sich leidenschaftslos, seine Erscheinung wirkte ein wenig streng. Er trug den grauen Kittel eines Technikers. Das «Opfer» spielte ein siebenundvierzigjähriger Buchhalter, der für diese Rolle ausgebildet worden war; er war irisch-amerikanischer Abstammung, die meisten Beobachter fanden ihn freundlich und liebenswürdig (man vergleiche das Bildnis des «Opfers» auf Tafel 1).

Das Verfahren

In jedem Experiment gab es eine uneingeweihte Versuchsperson und das «Opfer». Wir mußten einen Vorwand finden, um die Verabreichung elektrischer Schocks durch die uneingeweihte Versuchsperson zu begründen. (Dies deshalb, weil in jedem Moment legitimer Autoritätsausübung die untergeordnete Person einen gewissen, selbst schwachen Konnex zwischen dem spezifischen Autoritätstypus und den erteilten Befehlen erkennen muß.) Der Versuchsleiter stellte die Versuchspersonen mittels der folgenden Instruktionen auf die Situation ein, in der er ihre Gehorsamsbereitschaft zu messen wünschte:

Die Psychologen haben mehrere Theorien entwickelt, die eine Erklärung für die Tatsache bieten, wie Menschen unterschiedliche Arten von Lernstoffen lernen.

Einige der bekannteren Theorien werden in diesem Buch abgehandelt. (Der Versuchsperson wird ein Buch über den Lehr-/Lernprozeß vorgelegt.)

Eine Theorie lautet, daß der Mensch etwas exakt lernt, wenn er für einen Fehler jedesmal bestraft wird.

Eine allgemeine Anwendung dieser Theorie ist etwa, daß Eltern ein Kind schlagen, wenn es etwas angestellt hat.

Die Erwartung geht dahin, daß Prügel als Bestrafung das Kind lehren werden, sich besser zu erinnern, daß sie es lehren werden, erfolgreicher zu lernen.

Wir wissen jedoch noch sehr wenig über den Einfluß von Strafe auf den Lernprozeß, weil es fast keine wirklich wissenschaftlichen Untersuchungen am Menschen darüber gibt.

Wir wissen zum Beispiel nicht, wieviel Strafe sich am günstigsten auf das Lernen auswirkt, und wir wissen nicht, welchen Unterschied die Person des Strafenden ausmacht – ob ein erwachsener Mensch am besten von einer jüngeren oder älteren Person als er selbst lernt – usw., usw.

Deshalb versammeln wir für unser Experiment eine Anzahl von Erwachsenen mit verschiedenen Berufen und von unterschiedlichem Alter und bitten einen Teil von ihnen, Lehrer zu sein, einen anderen Teil, Schüler zu spielen.

Wir wollen herausfinden, welche Auswirkungen verschiedene Menschen füreinander als Lehrer und als Schüler haben, und wir wollen auch herausfinden, welche Auswirkung *Bestrafung* in dieser Situation hat.

Deshalb werde ich jetzt einen von Ihnen beiden bitten, hier heute abend den Lehrer darzustellen, den anderen, die Rolle des Schülers zu übernehmen.

Zieht einer von Ihnen die eine oder andere Rolle vor?

(Versuchsperson und eingeweihte «Opfer» können ihre Vorliebe äußern.)

Also, ich glaube, es ist am fairsten, wenn ich auf zwei Zettel die Wörter «*Lehrer*» und «*Schüler*» schreibe und Sie beide losen lasse.

(Die Versuchsperson zieht zuerst, dann der Gehilfe des Versuchsleiters.)

Nun, wer von Ihnen ist was?

Gut. Und jetzt müssen wir zuerst einmal den Schüler in eine Lage bringen, in der er irgendwie bestraft werden kann.

Kommen Sie doch bitte beide mit ins Nebenzimmer.

Bei der Verlosung wurde natürlich gemogelt, damit die Versuchsperson immer Lehrer, der Helfer immer Schüler wurde (auf beiden Zetteln stand «Lehrer»). Sofort nach der Verlosung wurden Lehrer und Schüler in einen Nebenraum gebracht, wo der Schüler an eine an einen «elektrischen Stuhl» erinnernde Apparatur gefesselt wurde.

Der Versuchsleiter erklärte, die Fesseln dienten dazu, heftige Bewegungen zu verhindern, wenn der Schüler Schocks erhalte. Beabsichtigt war der Eindruck, daß es ihm unmöglich sein werde, sich aus dieser Situation zu befreien. Am Handgelenk des Schülers wurde eine Elektrode befestigt, Elektrodensalbe wurde aufgetragen, «um Blasen und Verbrennungen zu vermeiden». Der Versuchsperson wurde klargemacht, daß die Elektrode mit dem Schockgenerator im nächsten Raum verbunden sei.

Um die Glaubwürdigkeit zu steigern, erklärte der Versuchsleiter auf eine Frage des Schülers: «Obwohl die Schocks äußerst schmerzhaft sein können, verursachen sie keine bleibende Gewebsschädigung.»

Die Lernaufgabe

Die von der Versuchsperson geleitete Lektion bestand in der Aufgabe, Assoziationspaare zu lernen. Die Versuchsperson las dem Schüler eine Reihe von Wortpaaren vor und wiederholte dann den ersten Begriff des Wortpaars mit vier anderen Begriffen. Dem Schüler wurden etwa folgende Wortpaare vorgelegt:

Blau Schachtel
Schön Tag
Wild Vogel
usw.

In der Testsequenz wurde ihm dann vorgelegt:

Blau: Himmel Tinte Schachtel Lampe

Seine Aufgabe war, zu bestimmen, welches der vier neuen Wörter ursprünglich mit dem ersten Wort gepaart gewesen war. Die Antwort übermittelte er durch Drücken eines von vier Schaltknöpfen, die in einer bezifferten vierteiligen Antwortbox auf dem Schockgenerator ein Feld aufleuchten ließen.

Der Schockgenerator

Die Schalttafel bestand aus 30 Kippschaltern in waagrechter Anordnung. Jeder Kippschalter trug eine deutliche Voltbezeichnung, die von 15 bis 450 Volt reichte. Die Beschriftung zeigte, von links nach rechts, eine Spannungserhöhung von jeweils 15 Volt. Zusätzlich waren für je vier Kippschalter folgende Bezeichnungen von links nach rechts angebracht: «Leichter Schock», «Mäßiger Schock», «Mittlerer Schock», «Kräftiger Schock», «Schwerer Schock», «Sehr schwerer Schock», «Gefahr: Bedrohlicher Schock». Zwei Schalter nach dieser letzten Bezeichnung trugen nur die Markierung «XXX». (Vergleiche Tafel 2.)

Wenn ein Kippschalter betätigt wurde, leuchtete über ihm eine rote Kontrollampe auf; ein elektrisches Summen wurde vernehmbar; ein elektrisches Blaulicht mit der Bezeichnung «Spannungsverstärker» blitzte auf; der Zeiger auf dem Voltmeter schlug nach rechts aus; verschiedene klickende Relais waren zu hören.

In der linken oberen Ecke des Generators war eine Plakette mit der Aufschrift «SHOCK GENERATOR, TYPE ZLB, DYSON INSTRUMENT COMPANY, WALTHAM, MASS., OUTPUT 15 VOLTS-450 VOLTS».

Probeschock

Bevor sie ihre Aufgabe als Lehrer übernahm, wurde jeder Versuchsperson über den Schockgenerator ein Probeschock verabreicht. Er betrug stets 45 Volt und wurde durch Drücken des dritten Schalters auf dem Generator gegeben. Kontaktstelle war das Handgelenk der Versuchssperson, und der Stromstoß bestärkte ihren Glauben an die Echtheit des Generators.

Instruktionen zur Verabreichung der Schocks

Der Versuchsperson wurde aufgetragen, dem Schüler bei jeder falschen Antwort einen Schock zu verabreichen. Dabei – und dies war der Schlüsselbefehl – sollte sie «jedesmal, wenn der Schüler eine falsche Antwort gibt, auf dem Schockgenerator eine Stufe höher gehen». Außerdem wurde ihr gesagt, sie müsse vor Verabreichung des Schocks die Voltstärke ankündigen. Damit sollte sie beständig an die wachsende Heftigkeit der Schocks erinnert werden, die dem Schüler zugefügt wurden.[1] (Die hochgestellten Ziffern verweisen auf die Anmerkungen im Anhang.) Wenn die Versuchsperson bei der dreißigsten Schockstufe (450 Volt) angelangt war, wurde ihr befohlen, unter Anwendung dieser Maximalspannung mit den Aufgaben fortzufahren. Nach zwei weiteren Versuchen brach dann der Versuchsleiter den Versuch ab.[2]

Rückkopplung zum Versuchsleiter

Zu verschiedenen Zeitpunkten während der Experimente pflegten die Versuchspersonen sich dem Versuchsleiter zuzuwenden, damit er ihnen sage, ob sie in der Verabreichung von Schocks fortfahren sollten oder nicht. Oder sie ließen erkennen, daß sie nicht weitermachen wollten.

Darauf reagierte der Versuchsleiter mit einer Reihe von «anspornenden» Bemerkungen, wobei er so viele wie nötig verwendete, um die Versuchsperson wieder willfährig zu machen:

Ansporn 1: Bitte, fahren Sie fort! Oder: Bitte machen Sie weiter!
Ansporn 2: Das Experiment erfordert, daß Sie weitermachen!
Ansporn 3: Sie müssen unbedingt weitermachen!
Ansporn 4: Sie haben keine Wahl, Sie *müssen* weitermachen!

Diese anspornenden Bemerkungen erfolgten nacheinander; nur wenn die erste wirkungslos blieb, konnte die zweite eingesetzt werden. Wenn die Versuchsperson sich nach dem Ansporn 4 weigerte, dem Versuchsleiter zu gehorchen, war das Experiment beendet. Der Versuchsleiter sprach stets mit Bestimmtheit, aber nicht unhöflich. Die Anspornsequenz wurde jedesmal neu begonnen, wenn die Versuchsperson stockte oder zögerte, den Befehlen zu gehorchen.

Besondere Anspornmaßnahmen

Wenn die Versuchsperson fragte, ob für den Schüler die Gefahr einer dauernden körperlichen Schädigung bestehe, sagte der Versuchsleiter:

Die Schocks mögen schmerzhaft sein, sie hinterlassen aber keine bleibende Gewebsschädigung. Machen Sie also weiter! (Danach Ansporn 2, 3, 4, sofern nötig.)

Wenn die Versuchsperson sagte, der Schüler wolle nicht weitermachen, antwortete der Versuchsleiter:

Ob es dem Schüler paßt oder nicht, Sie müssen weitermachen, bis er alle Wortpaare exakt gelernt hat. Fahren Sie also fort! (Danach Ansporn 2, 3, 4, sofern nötig.)

Rückkopplung vom Opfer

Bei allen Versuchsanordnungen antwortete der Schüler mit einem vorherbestimmten Satz von Antworten auf den Wortpaartest, in der nach Plan auf etwa drei falsche Antworten eine richtige kam.

Die Antworten des Opfers bildeten ein Schlüsselelement für die Situation und mußten deshalb sorgfältig ausgearbeitet werden. In Voruntersuchungen wurde zunächst keine akustische Rückkopplung des Opfers verwendet. Wir waren der Ansicht, daß die Wort- und Voltangaben auf dem Generator genügend Druck erzeugen würden, um die Gehorsamsbereitschaft der Versuchsperson zu beschneiden. Dies erwies sich jedoch als falsch. Da vom Schüler kein Protest kam, machte in der Voruntersuchung beinahe jede Versuchsperson fröhlich bis zum Ende der Voltskala weiter, sobald man es ihr befohlen hatte, ohne anscheinend von den Wortbezeichnungen beeindruckt zu sein. Dies entzog uns eine brauchbare Basis für die Bemessung der Gehorsamstendenzen. Wir mußten eine Kraft einführen, die den Widerstand der Versuchsperson gegen die Befehle des Versuchsleiters bestärken und individuelle Unterschiede in der Verteilung der Abbruchmomente aufdecken würde.

Diese Kraft bot sich in der Form von Protesten seitens des Opfers. Anfangs setzten wir mäßige Proteste ein, doch sie erwiesen sich als unzureichend. In der Folge schoben wir in das experimentelle Verfahren heftigere Proteste ein. Zu unserer Bestürzung hinderten nicht einmal die schärfsten Proteste des Opfers viele Versuchspersonen daran, die härteste vom Versuchsleiter angeordnete Strafe vorzunehmen. Aber die Proteste führten zu einer gewissen Senkung des Durchschnitts der Höchstschocks und bewirkten eine größere Variationsbreite im Verhalten der Versuchspersonen; aus diesem Grund wurden Schreie des Opfers auf Tonband aufgenommen und in den regulären Ablauf des Experiments eingebaut.

Diese Situation beleuchtete mehr als deutlich die technischen Schwierigkeiten, die sich bei der Entwicklung eines brauchbaren experimentellen Verfahrens ergaben; sie ließ auch darauf schließen, daß Versuchspersonen sich in einem größeren Maß gehorsam gegen eine Autorität erweisen würden, als wir angenommen hatten. Es wurde uns außerdem deutlich, wie wichtig die Rückkopplung vom Opfer für die Kontrolle des Verhaltens der Versuchsperson war.

Alle vom Opfer geäußerten Laute und Worte waren einer besonderen Voltstufe auf dem Schockgenerator zugeordnet. In einem Buch ist es schwierig, den Gesamttenor der Reaktionen des Opfers zu vermitteln, da wir nicht über eine angemessene Notation weder für Stärke und Dauer der Lautäußerung noch für allgemeine Ausdrucksqualitäten verfügen. Allgemein jedoch gab das Opfer keinerlei Äußerung von Unbehagen von sich, bis der 75-Volt-Schock angewendet wurde, auf den es mit einem leichten Knurren antwortete. Ähnliche Reaktionen folgten auf den 90- und 105-Volt-Schock. Bei 120 Volt rief das Opfer dem Versuchsleiter zu, daß die Schocks jetzt schmerzhaft würden. Schmerzliches Stöhnen wurde bei Anwendung des 135-Volt-Schocks vernehmbar, und bei 150 Volt schrie das Opfer auf: «Versuchsleiter, holen Sie mich hier raus! Ich will bei diesem Experiment nicht länger mitmachen! Ich weigere mich weiterzumachen!» Schreie dieser Art setzten sich mit ständig wachsender Intensität fort, bis zum Beispiel bei 180 Volt das Opfer schrie: «Ich kann den Schmerz nicht aushalten!» Bei 270 Volt war die Antwort eindeutig ein qualvolles Brüllen. Kontinuierlich von 150 Volt aufwärts bestand das Opfer darauf, aus dem Experiment entlassen zu werden. Bei 300 Volt brüllte es verzweifelt, daß es keine Antworten auf den Gedächtnistest mehr geben werde.

An dieser Stelle – so fanden wir heraus – wendeten sich die Versuchspersonen gewöhnlich an den Versuchsleiter, um eine Anweisung von ihm zu erhalten. Der Versuchsleiter wies sie dann regelmäßig an, die nichtgegebene Antwort als eine falsche zu behandeln und den Schüler mit den entsprechenden Schocks zu bestrafen. Er empfahl ihnen, eine Toleranzzeit von 5 bis 10 Sekunden einzuräumen, bis sie keine Antwort als eine falsche bewerteten, und dann die Schockstärke um jeweils eine Stufe zu erhöhen, wenn der Schüler keine korrekte Antwort lieferte. Bei 315 Volt bestand das Opfer nach einem lauten Schrei verzweifelt und erneut darauf, daß es nicht länger mitmachen werde. Es gab keine Antworten mehr, schrie jedoch qualvoll auf, wann immer ein Schock zugefügt wurde. Nach 330 Volt hörte man nichts mehr von ihm, auf der vierteiligen Signalbox erschienen keine Antworten mehr.

Bewertungsmaßstäbe

Hauptbewertungsmaßstab für jede Versuchsperson war der Höchstschock, den sie zufügte, ehe sie sich weigerte weiterzumachen. Im Prinzip konnte die Bewertung von 0 (bei einer Versuchsperson, die sich weigerte, den ersten Schock zuzufügen) bis zu 30 (bei einer, die die höchstmögliche Schockstufe auf dem Generator anwendete) reichen.

Interview und Nachbesprechung

Ein wichtiger Aspekt in unserem Verfahren ergab sich nach Beendigung des Versuchs. Mit allen Versuchspersonen fand nach dem Versuch eine sorgfältig geführte Aussprache statt. Ihr Inhalt variierte je nach Versuchsanordnung und verhalf uns zu immer größerer Erfahrung. Als Minimum wurde jeder Versuchsperson klargemacht, daß das Opfer keine gefährlichen Elektroschocks erhalten hatte. Jede Versuchsperson hatte Gelegenheit zu einer freundschaftlichen Aussöhnung mit dem unversehrten Opfer und zu einem ausgedehnten Gespräch mit dem Versuchsleiter. Das Experiment wurde ungehorsamen Versuchspersonen in einer Weise erklärt, die ihren Entschluß zum Ungehorsam gegen den Versuchsleiter positiv unterstrich. Gehorsamen Versuchspersonen wurde versichert, daß ihr Verhalten ganz normal gewesen sei und daß andere Teilnehmer die gleichen Konflikt- oder Spannungsgefühle gezeigt hätten wie sie. Den Versuchspersonen wurde erklärt, daß sie nach Beendigung der Versuchsreihe einen umfassenden Bericht erhalten würden. In manchen Fällen wurden mit einzelnen Versuchspersonen zusätzlich noch ausführliche und detaillierte Gespräche über das Experiment geführt.

Nachdem die Versuchsreihe beendet war, erhielten die Versuchspersonen einen schriftlichen Bericht, in dem das experimentelle Verfahren und die Ergebnisse aufgeführt waren. Auch hier wieder war die Rolle, die die jeweilige Versuchsperson beim Experiment gespielt hatte, und ihr Verhalten taktvoll und mit Respekt behandelt. Alle Versuchspersonen erhielten einen Anschlußfragebogen über ihre Beteiligung an dem Forschungsprojekt, in dem sie erneut ihre Gedanken und Gefühle bezüglich ihres Verhaltens ausdrücken konnten.

Zusammenfassung

In unserer Experimentalsituation muß die Versuchsperson einen Konflikt zwischen zwei miteinander unverträglichen Forderungen der Gesellschaft lösen. Sie kann beständig den Befehlen des Versuchsleiters gehorchen und dem Schüler zunehmend stärkere Schocks zufügen, oder sie kann sich weigern, die Befehle auszuführen, und statt dessen auf das Flehen des Schülers achten. Die Autorität des Versuchsleiters operiert nicht in einem wertfreien Feld, sondern gegen den beständig zunehmenden Gegendruck der bestraften Person.

Diese Situation im Labor bietet uns den Rahmen, innerhalb dessen wir die Reaktionen der Versuchsperson auf den Hauptkonflikt unseres Experiments untersuchen können. Noch einmal: dieser Konflikt besteht zwischen der Forderung des Versuchsleiters, die Versuchsperson solle weiterhin die Elektroschocks anwenden, und den zunehmend dringlichen Bitten des Schülers, das Experiment abzubrechen. Die Schwierigkeit unserer Untersuchung liegt darin, daß die Faktoren, die wir als maßgebend für eine Änderung des Ausmaßes an Gehorsam vermuten, systematisch variiert werden müssen und daß wir herausfinden müssen, unter welchen Bedingungen Unterordnung unter Autorität am meisten wahrscheinlich ist und unter welchen Umständen Widerspruch gegen Autorität bewirkt wird.

Die Laborsituation konzentriert die Grundfaktoren, die bei Gehorsamsakten im normalen Lebensbereich auftreten, in einer Weise, daß sich die wesentlichen Bestandteile auf einem relativ begrenzten Schauplatz zeigen und hier wissenschaftlich genau untersucht werden können. Die Bedeutung der Laborsituation ergibt sich aus der Tatsache, daß wir in ihr (und die Versuchsperson an sich selbst) erfahren können, in welcher Weise sich gleichzeitige antagonistische Kräfte auswirken, die in einem normalen Lebensbereich kaum jemals im gleichen Moment auftreten.

3. Kapitel
Erwartetes Verhalten

Allzuoft wird der Wert einer sozialwissenschaftlichen Arbeit durch Betonung des selbstverständlichen Charakters ihrer Resultate heruntergespielt. Aber nur selten erhalten wir genaue Informationen über die Erwartungen von Menschen in bezug auf ihr Verhalten in einer gegebenen Situation. Wenn wir eine solche Information erhalten, können wir sie mit dem Ergebnis der Untersuchung vergleichen. Sie liefert uns eine Marke, an der wir ablesen können, wieviel oder wie wenig wir durch das Experiment lernen. Sollte sich ferner ein Unterschied zwischen den Erwartungen der Leute und dem tatsächlichen Geschehen herausstellen, dann stehen wir vor dem interessanten Problem, wie er zu erklären ist. Denn in diesem Fall erhält die Erwartung den Charakter einer Illusion, und wir müssen uns fragen, ob eine derartige Illusion zufälliger Ausdruck von Unwissenheit ist oder ob sie eine bestimmte Funktion im sozialen Leben hat.

Das Verfahren, mit dem wir diese Erwartungen ermittelten, ist einfach. In allen Fällen nahmen wir die Befragten aus einer Zuhörerschaft, die zu einem Vortrag über Gehorsamsbereitschaft gegenüber Autorität gekommen war. Das Experiment wurde detailliert beschrieben, jedoch ohne Hinweis auf die Ergebnisse. Die Zuhörer erhielten ein Schema des Schockgenerators, in dem dessen Beschriftung und die Angaben der Voltstärken eingetragen waren. Jeder Befragte wurde gebeten, über das Experiment nachzudenken und dann im Stillen zu notieren, wie er selbst sich dabei verhalten würde. Vorhersagen wurden von drei verschiedenen Gruppen geliefert: von Psychologen, Universitätsstudenten und von erwachsenen Zuhörern der Mittelschicht mit unterschiedlichen Berufen.

Tabelle 1 faßt die Abbruchpunkte zusammen, die von diesen drei Gruppen vorhergesagt wurden.

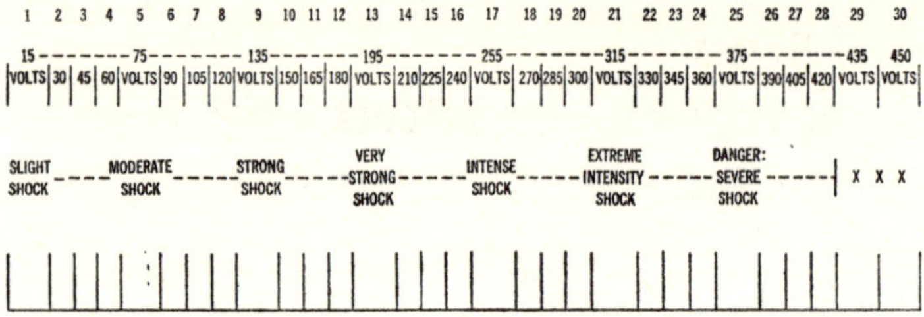

Abb. 2: Schema der Gradeinteilung auf dem Schockgenerator

Jeder einzelne unserer 110 Befragten behauptete, er würde dem Versuchsleiter an irgendeinem Punkt der Befehlsreihe den Gehorsam verweigern. Typische Erklärungen für diesen Ungehorsam waren etwa:

«... Ich habe selbst eine Heidenangst vor Schocks, und ich könnte Menschen, die dagegen protestieren, keine Schocks verabreichen, weil ja ich es wäre, der ihnen den Schmerz zufügt. Ich könnte einem mir vollkommen Fremden nicht absichtlich weh tun.» (Maximum: 90 Volt)

«Ich kann nicht glauben, daß irgendein Experiment es wert ist, einem Mitmenschen einen starken Schock zuzufügen. Die Tatsache, daß die Versuchsperson so reagierte, zeigte mir, daß sie an heftigen Beschwerden litt. Ich könnte nicht derjenige sein, der diese Schmerzen zufügt. In dem Augenblick, in dem der Betroffene darauf besteht, das Experiment abzubrechen, respektiere ich seine Entscheidung.» (Maximum: 135 Volt)

... Ich kann es nicht ertragen, wenn ich sehe, daß Leute leiden. Wenn der Schüler ausscheiden will, dann würde ich ihn befreien, um ihm nicht Schmerzen zuzufügen.» (Maximum: 150 Volt)

«... da der Versuchsteilnehmer sich freiwillig bereit erklärt hat und da ich mich freiwillig bereit erklärt habe und da der Versuchsleiter keine körperliche Gewalt über mich besitzt, sollte der andere Versuchsteilnehmer befreit werden, wenn er den Punkt erreicht, wo er darum bittet, und ich würde ihn befreien. (Maximum: 150 Volt)

«Der Grund, warum ich abbrechen würde, ist, daß die Person vor Schmerzen schreit. Da ich weiß, wie es mir geht, wenn ich mir bloß die Haut am Knie aufschürfe, würde ich dann mit dem Schüler Mitgefühl haben.» (Maximum: 180 Volt)

Diese Befragten glaubten, ihre Reaktionen würden von ihrem Einfühlungsvermögen, von ihrem Mitgefühl und ihrem Gerechtig-

Tabelle 1: Prognosen Befragter über ihren eigenen Abbruchpunkt

Schockstufe	Aufschrift und Voltangabe	Psychologen (n = 39)*	Studenten (n = 31)	Erwachsene der Mittelschicht (n = 40)
	Leichter Schock	2 †		3 †
1	15	1		
2	30			
3	45			1
4	60	1		1
	Mäßiger Schock			
5	75	6	4	7
6	90	1	3	1
7	105	4		1
8	120	4	1	3
	Mittlerer Schock			
9	135	1	3	2
10	150	14	12	9
11	165		1	2
12	180	2	6	3
	Kräftiger Schock			
13	195	2		1
14	210		1	
15	225			1
16	240			1
	Schwerer Schock			
17	255			1
18	270			
19	285			
20	300	1		3
	Sehr schwerer Schock			
21	315			
22	330			
23	345			
24	360			
	Gefahr! Bedrohlicher Schock			
25	375			
26	390			
27	405			
28	420			
	XXX			
29	435			
30	450			
Durschnittlich angegebene maximale Schockstufe		8.20	9.35	9.15
Prozentsatz vorhergesagter Gehorsamsverweigerung		100.00%	100.00%	100.00%

* *n* = Anzahl der Personen unter Versuchsbedingungen.

† Diese Personen gaben an, sie würden sich weigern, auch die niederste Schockstufe anzuwenden.

keitssinn abhängen. Sie stellten ein Konzept des Wünschenswerten auf und nahmen an, darauf werde die entsprechende Handlung folgen. Damit beweisen sie jedoch wenig Verständnis für die Verflechtung der Kräfte, die in einer tatsächlichen sozialen Situation wirksam werden.

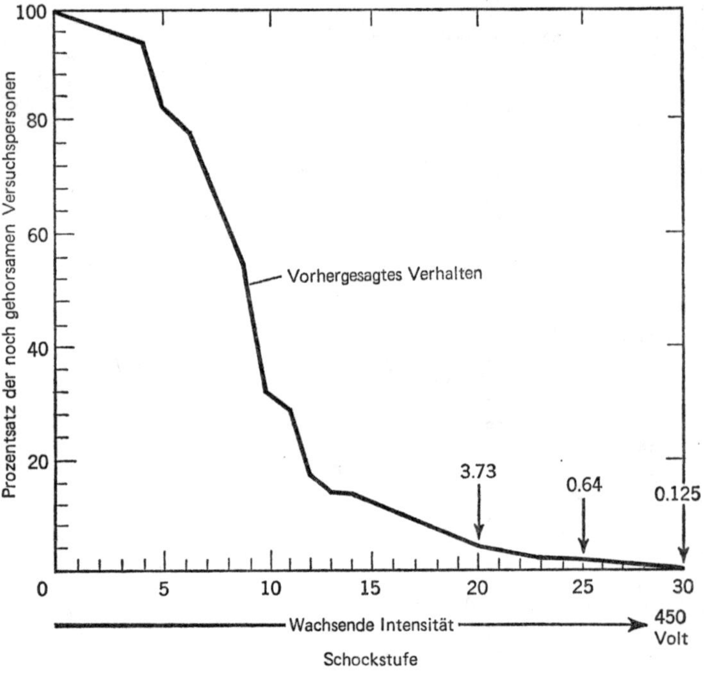

Abb. 3: Vorhersagen der Psychologen über das Verhalten im akustischen Rückkopplungsexperiment

Möglicherweise war die ihnen vorgelegte Frage unfair. Der Mensch sieht sich gern in einem möglichst günstigen Licht. Darum stellten wir auch eine etwas andersgeartete Frage, um die durch Eitelkeit bedingte Befangenheit auszuschalten. Wir baten um eine Vorhersage des Verhaltens anderer Menschen. (Speziell baten wir darum, die Streuung der Abbruchpunkte von huntert US-Amerikanern unterschiedlicher Altersgruppen und Berufe anzugeben.) Psychologen, Abiturienten und Dozenten der Verhaltensforschung, Studienanfänger und erwachsene Personen aus der Mittelschicht beantworteten die Frage, und es ergab sich eine bemerkenswerte Ähnlichkeit in den Vorhersagen der verschiedenen Gruppen. Sie sagten vorher, daß praktisch alle Versuchspersonen dem Versuchsleiter den Gehorsam verweigern würden; nur von einer pathologischen Randgruppe, die nicht mehr als ein oder zwei Prozent betragen würde, erwartete man, daß sie bis ans Ende der Schockskala gehen würde. Die Vorhersagen der Psychologen sind im Detail in Abb. 3 dargestellt. Sie sagten voraus, daß die meisten Versuchspersonen nicht über die 10. Schockstufe hinausgehen würden (150 Volt, der Punkt, an dem das Opfer zum erstenmal deutlich darum bittet, abbrechen zu dürfen); etwa 4 Prozent sollten die 20. Schockstufe erreichen, und ungefähr eine Versuchsperson unter tausend würde den höchsten Schock auf der Skala anwenden.

Welche Annahmen liegen diesen Prognosen zugrunde? Zunächst die, daß die Menschen im großen und ganzen anständig sind und nicht so leicht Unschuldigen wehtun. Zweitens, daß die Ursache des Verhaltens eines Menschen vornehmlich in ihm selbst liege, es sei denn, er werde durch physische Gewalt oder Drohung unter Druck gesetzt. Ein Mensch handelt in einer bestimmten Weise, weil er sich dazu *entschieden* hat. Die Aktion findet in einem physisch-sozialen Rahmen statt, doch ist dieser nur die Bühne für das Geschehen. Das Verhalten selbst entspringt dem inneren Kern der Person; innerhalb dieses Kerns werden persönliche Werte abgewogen, Befriedigungen ermessen und die daraus sich ergebenden Entschlüsse in Aktion übertagen.

Mit solchen Voraussetzungen beginnen die meisten, wenn man sie ersucht, über das Gehorsamsexperiment nachzudenken. Sie konzentrieren sich auf die Eigenschaft des Individuums als eines autonomen Wesens, nicht auf die Situation, in der es sich befindet. Mit diesen Ansichten fällt es ihnen leicht, die Erwartung zu äußern, daß nur wenige Versuchspersonen sich den Befehlen des Versuchsleiters fügen werden.

4. Kapitel
Nähe des Opfers

Sehen wir uns nun die tatsächliche Verhaltensweise der Versuchspersonen bei unserem Experiment an. Zunächst wollen wir die Ergebnisse der Variante «Fernrückkopplung» betrachten (Experiment 1). Sie unterscheidet sich von der gewöhnlichen Situation insofern, als vom Opfer keine mündlichen Beschwerden zu vernehmen sind. Das Opfer befindet sich in einem anderen Raum, die Versuchsperson kann es weder sehen noch seine Stimme hören; die Antworten blitzen nur stumm auf dem Signalkasten auf. Bei 300 Volt allerdings dröhnen die Wände des Labors, wenn das Opfer protestierend dagegenhämmert. Nach 315 Volt erfolgen keine Antworten mehr, das Hämmern hört auf.

Es ist instruktiv, hier die Bemerkungen der Versuchspersonen zum Zeitpunkt des Ungehorsams abzudrucken, wie wir sie vom Tonband abschreiben ließen:

> «Ich glaube, er will sich in Verbindung setzen, er klopft ... Also, es ist nicht fair, dem Mann Schocks zu geben ... Das sind scheußlich hohe Spannungen. Ich glaube, die Sache ist nicht sehr human ... O nein, ich kann da nicht weitermachen; nein, das ist nicht recht. Es ist ein verdammt blödes Experiment. Der Mann dort drüben hat doch Schmerzen. Nein, ich will nicht mehr weitermachen. Das Ganze ist verrückt.» (Die Versuchsperson weigert sich, weitere Schocks zuzufügen.)

> «Der klopft doch da drüben. Ich mach' nicht mehr mit. Ich möcht' ja schon weitermachen, aber ich kann das einem Menschen nicht antun ... Tut mir leid, aber ich kann das einem Menschen nicht antun. Ich bring ihm noch einen Herzschaden bei. Nehmen Sie Ihr Geld wieder zurück ... Nein, wirklich, ich könnte das nicht tun.»

Von den 40 Versuchspersonen dieser Variante gehorchten 26 den Befehlen des Versuchsleiters bis zum Ende, sie bestraften das Opfer immer weiter, bis sie die höchste auf dem Schockgenerator vorhandene Voltstufe erreichten. Nachdem die 450 Volt dreimal verabreicht wurden, brach der Versuchsleiter die Sitzung ab.

Die Versuchspersonen befanden sich häufig in einem Zustand der Aufregung. Gelegentlich war ihr verbaler Protest minimal, und sie erhoben sich einfach vom Stuhl vor dem Schockgenerator, wodurch sie ausdrücken wollten, daß sie das Labor zu verlassen wünschten. Manche gehorsamen Versuchspersonen äußerten ihr Widerstreben gegen die Anwendung von Schocks über 300 Volt und wiesen dabei ähnliche Spannungserscheinungen auf wie Versuchspersonen, die sich gegen den Versuchsleiter zur Wehr setzten.

Nach der Verabreichung der Maximalschocks, und nachdem der Versuchsleiter das Verfahren abgebrochen hatte, stießen viele gehorsame Versuchspersonen Seufzer der Erleichterung aus, wischten sich den Schweiß von der Stirn, rieben sich die Augen oder fummelten nervös nach einer Zigarette. Manche schüttelten – offenbar bedauernd – den Kopf. Einige blieben während des ganzen Experiments ruhig und ließen von Anfang bis zum Ende nur minimale Anzeichen von Spannung erkennen.

Wir holen das Opfer näher heran

Ein Experiment unterscheidet sich von einer Demonstration insofern, als man beim Experiment – sobald man eine Auswirkung festgestellt hat – die Möglichkeit besitzt, die Bedingungen, unter denen es stattfindet, systematisch abändern und auf diese Weise die relevanten Ursachen erfahren zu können.

Was wir bisher gesehen haben, trifft nur auf eine Situation zu, in der das Opfer außer Sicht war und unfähig, sich mit seiner Stimme bemerkbar zu machen. Der Empfänger der Strafe war außer Sicht und gab auch seine Wünsche nicht klar zu erkennen. Es gab das Hämmern gegen die Wand, doch hatte es eine verschwommene Bedeutung; möglicherweise verstanden einige Versuchspersonen das Klopfen nicht als Anzeichen für die Not des Opfers. Die gezeigte Gehorsamsbereitschaft kann vielleicht darauf zurückgeführt werden. Aber vielleicht würde es keinen Gehorsam geben, wenn das Opfer seinen Schmerz deutlicher mitteilte, wenn man dem Opfer gewissermaßen Gegenwart verlieh, wenn es gesehen, gehört und gespürt werden konnte?

Das Verhalten, das sich bei unseren Voruntersuchungen feststellen ließ, machte diese Überlegungen plausibel. Bei den folgenden Experimenten konnten die Versuchspersonen das Opfer undeutlich durch eine mit Folie beklebte Glasscheibe wahrnehmen. Sie wendeten häufig die Augen von dem Opfer ab, dem sie gerade einen Schock versetzten, sie verdrehten oft auffällig verlegen den Kopf. Einer erklärte: «Ich wollte nicht sehen, was für Folgen das hatte, was ich da tat.» Beobachter notierten:

... Vpp. wiesen ein Widerstreben auf, wenn sie auf das Opfer sehen wollten, das sie durch die Glasscheibe vor sich sehen konnten. Auf diese Tatsache hingewiesen, gaben sie an, es bereite ihnen Unbehagen, das Opfer in seinem Schmerz zu sehen. Wir halten jedoch fest, daß die Versuchsperson sich zwar weigert, das Opfer anzusehen, aber dennoch weiterhin die Schocks erteilt.

Dies ließ darauf schließen, daß das Näherrücken des Opfers das Verhalten der Versuchsperson in gewissem Maß reguliert haben könnte. Wenn es die Versuchsperson in ihrer Gehorsamsbereitschaft dem Versuchsleiter gegenüber für nötig befand, die Kontrolle seitens des Opfers zu vermeiden, könnte dann auch das Umgekehrte zutreffen? Würde die Gehorsamsbereitschaft abnehmen, wenn das Opfer der Versuchsperson immer deutlicher gemacht würde? Um diese Frage zu beantworten, bauten wir eine Gruppe von vier Experimenten auf. Die Anordnung «Fernrückkopplung» haben wir bereits beschrieben.

Das Experiment Nr. 2 (akustische Rückkopplung) entsprach genau dem ersten Experiment, nur daß wir akustische Proteste einsetzten. Wie bei der ersten Anordnung saß das Opfer in einem Nebenzimmer, doch seine Beschwerden konnten durch die Laborwand deutlich gehört werden.

Das Experiment Nr. 3 (Raumnähe) entsprach dem zweiten, nur saß das Opfer im gleichen Raum, ein paar Meter von der Versuchsperson entfernt. Es war also sowohl sichtbar als hörbar, und es wurden Worthinweise gegeben.

In Experiment Nr. 4 (Berührungsnähe) gab es gegenüber dem dritten Experiment folgende Änderung: Das Opfer erhielt nur dann einen Schock, wenn seine Hand auf einer Schockplatte lag. Bei der 150-Volt-Stufe bat das Opfer darum, freigelassen zu wer-

Tabelle 2: Maximalschocks bei den Experimenten Nr. 1–4

Schockstufe	Aufschrift und Voltangabe	Experiment 1 Fernraum (n = 40)	Experiment 2 Akustische Rück-kopplung (n = 40)	Experiment 3 Raumnähe (n = 40)	Experiment 4 Berührungs-nähe (n = 40)
	Leichter Schock				
1	15				
2	30				
3	45				
4	60				
	Mäßiger Schock				
5	75				
6	90				
7	105			1	
8	120				
	Mittlerer Schock				
9	135		1		1
10	150		5	10	16
11	165		1		
12	180		1	2	3
	Kräftiger Schock				
13	195				
14	210				1
15	225			1	1
16	240				
	Schwerer Schock				
17	255				1
18	270			1	
19	285		1		1
20	300	5 *	1	5	1
	Sehr schwerer Schock				
21	315	4	3	3	2
22	330	2			
23	345	1	1		1
24	360	1	1		
	Gefahr! Bedrohlicher Schock				
25	375	1		1	
26	390				
27	405				
28	420				
	XXX				
29	435				
30	450	26	25	16	12
Durchschnittlich gegebener Maximalschock		27.0	24.53	20.80	17.88
Prozentsatz gehorsamer Versuchspersonen		65.0%	62.5%	40.0%	30 0%

* Gibt an, daß bei Experiment Nr. 1 fünf Versuchspersonen einen Maximalschock von 300 Volt zufügten.

den, und weigerte sich, die Hand auf die Schockplatte zu legen. Der Versuchsleiter befahl daraufhin der Versuchsperson, die Hand des Opfers mit Gewalt auf die Schockplatte zu legen. Damit erforderte Gehorsam unter diesen Umständen den körperlichen Kontakt der Versuchsperson mit dem Opfer, um es bei der 150-Volt-Stufe oder darüber zu bestrafen.

In jeder Versuchsanordnung wurden 40 erwachsene Versuchspersonen untersucht. Die Ergebnisse – wie aus Tabelle 2 ersichtlich – zeigen klar, daß die Gehorsamsbereitschaft sich deutlich vermindert, je unmittelbarer und näher der Kontakt des Opfers zur Versuchsperson war. Der durchschnittliche Maximalschock ist in Abb. 4 dargestellt.

35 Prozent der Versuchspersonen widersetzten sich dem Versuchsleiter bei der Fernraum-Anordnung, 37,5 Prozent bei der aku-

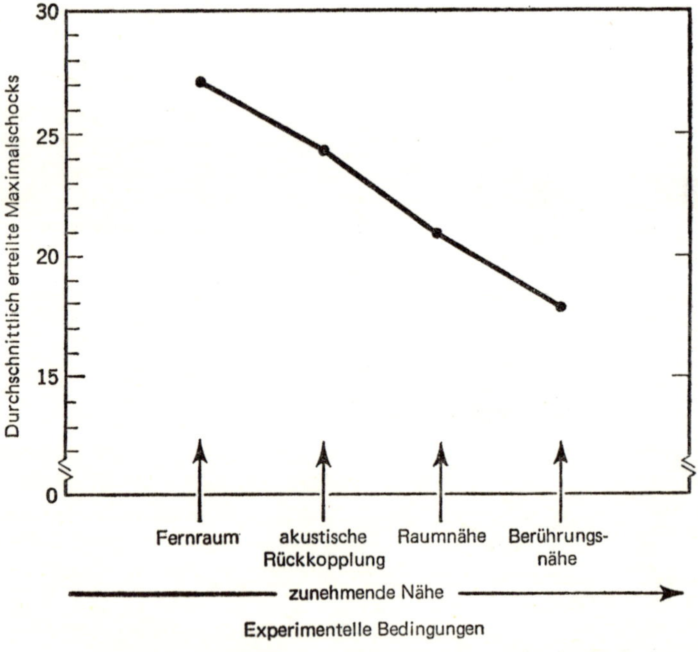

Abb. 4: Durchschnitt der erteilten Maximalschocks in den Experimenten Nr. 1–4

stischen Rückkopplung, 60 Prozent im Raumnähe-Versuch und 70 Prozent bei der Berührungsnähe.

Wie können wir uns diese abnehmende Gehorsamsbereitschaft bei größerer Nähe des Opfers erklären? Wahrscheinlich tragen mehrere Faktoren dazu bei.

1. *Hinweise auf Einfühlungsvermögen.* In der Fernraum-Anordnung und in geringerem Maß in der akustischen Rückkopplungs-Anordnung besitzt der Schmerz des Opfers für die Versuchsperson einen abstrakten, entfernten Charakter. Die Versuchsperson ist sich bewußt, jedoch nur in einem begrifflichen Sinn, daß ihre Handlungen einem anderen Schmerz zufügen; diese Tatsache wird wahrgenommen, aber nicht gefühlt. Dieses Phänomen ist weit genug verbreitet. Der Bombenschütze muß annehmen, daß seine Waffen Schmerzen und Tod verursachen, und doch ist dieses Wissen in ihm affektfrei und bewegt ihn nicht zu einer emotionalen Reaktion auf die Schmerzen, die er verursacht.

Es ist möglich, daß die mit dem Schmerz des Opfers verbundenen visuellen Hinweise in der Versuchsperson einfühlsame Reaktionen auslösen und ihr ermöglichen, die Erfahrungen, die das Opfer durchmacht, umfassender zu begreifen. Es ist gleichfalls möglich, daß diese einfühlsamen Reaktionen als solche unangenehm sind, da sie Triebeigenschaften enthalten, die die Versuchsperson veranlassen, den sie erregenden Zustand zu beenden. Demnach ließe sich die abnehmende Gehorsamsbereitschaft durch die Steigerung der Hinweise auf Einfühlsamkeit in den aufeinanderfolgenden Experimentalanordnungen erklären.

2. *Unbewußte Leugnung und Verengung des Erkenntnisbereichs.* Die Fernraum-Anordnung ermöglicht eine Verengung des Erkenntnisbereichs, so daß das Opfer aus dem Bewußtsein verdrängt werden kann. Wenn das Opfer nahe ist, fällt es schwerer, es aus den Gedanken zu verbannen; es dringt zwangsläufig in die Wahrnehmung der Versuchsperson ein, da es beständig sichtbar ist. Bei den ersten beiden Versuchsanordnungen werden seine Existenz und seine Reaktionen erst nach Verabreichung der Schocks deutlich. Die akustische Rückkopplung tritt sporadisch und unzusammenhängend ein. Bei den Raumnähe-Anordnungen aber wird die Tatsache,

daß das Opfer in den unmittelbaren visuellen Bereich der Versuchsperson einbezogen ist, beständig zu einem wesentlichen Element für diese, und der Leugnungsmechanismus kann nicht mehr einsetzen. Eine Versuchsperson beim Fernraum-Versuch sagte: «Es ist komisch, man vergißt wirklich allmählich, daß da drüben ein Typ hockt, auch wenn man ihn hören kann. Eine ganze Weile habe ich mich wirklich nur darauf konzentriert, die Schalter zu bedienen und die Wörter zu lesen.»

3. *Reziproke Bereiche.* Wenn bei den Raumnähe-Anordnungen die Versuchsperson eher in der Lage ist, das Opfer zu beobachten, so trifft doch auch der umgekehrte Fall zu: Die Aktionen der Versuchspersonen unterliegen nun der kontrollierenden Beobachtung durch das Opfer. Möglicherweise fällt es uns leichter, einen zu verletzen, der nicht fähig ist, unsere Handlungen zu beobachten, als einen, der sehen kann, was wir tun. Daß er eine gegen ihn gerichtete Handlung überwacht, führt vielleicht zu Scham- oder Schuldgefühlen, die bremsend auf die Aktion einwirken könnten. Viele sprachliche Ausdrücke verweisen auf das Unbehagen oder die Hemmungen, die bei einem direkten Frontalangriff entstehen. Oft hört man, es sei leichter, jemanden «hinter seinem Rücken» zu kritisieren, als ihm direkt konfrontiert zu sein. Wenn wir jemanden belügen, fällt es uns angeblich schwer, «ihm in die Augen zu sehen». Wir wenden uns «voller Scham» oder «verlegen» ab, und dieses Verhalten hilft unser Unbehagen vermindern. Daß man dem Opfer eines Erschießungskommandos eine Augenbinde gestattet, hat offenbar die Funktion, ihm die Angelegenheit leichter zu machen, aber es ist durchaus möglich, daß noch eine zweite latente Funktion damit erfüllt wird, nämlich die, die Belastung der Henker zu verringern. Kurz, unter den Bedingungen der Raumnähe-Anordnungen spürt die Versuchsperson möglicherweise, daß sie im Wahrnehmungsbereich des Opfers größeres Gewicht gewonnen hat, und sie wird deshalb befangener, verlegener und gehemmter, wenn sie das Opfer strafen soll.

4. *Erfahrung der Einheitlichkeit der Handlung.* Bei den Fernraum-Experimenten fällt es der Versuchsperson schwerer, zwischen ihren Handlungen und den Auswirkungen auf das Opfer eine Ver-

bindung zu erkennen. Es besteht eine physische Trennung zwischen der Handlung und ihrer Wirkung. Die Versuchsperson drückt einen Kippschalter in einem Zimmer, und aus einem anderen Zimmer hört man Proteste und Schreie. Beide Ereignisse stehen in Verbindung, doch es fehlt ihnen die zwingende Einheitlichkeit. Diese Einheitlichkeit läßt sich in stärkerem Maße bei den Raumnähe-Anordnungen erreichen, da hier das Opfer der Aktion, die ihm Schmerzen zufügt, nähergerückt ist. Bei der Berührungs-Anordnung wird diese Einheitlichkeit vollkommen.

5. *Beginnende Gruppenbildung.* Die Plazierung in einem anderen Raum rückt das Opfer nicht nur der Versuchsperson ferner, sondern bringt auch die Versuchsperson und den Versuchsleiter einander näher. Zwischen dem Versuchsleiter und der Versuchsperson entwickelt sich der Ansatz einer Gruppenbildung, aus der das Opfer ausgeschlossen ist. Die Mauer zwischen dem Opfer und den andern verhindert eine Vertrautheit, die Versuchsleiter und Versuchsperson verspüren könnten. Bei den Fernraum-Versuchen ist das Opfer ein echter Außenseiter, der physisch und psychisch allein dasteht.

Wenn das Opfer in größere Nähe zur Versuchsperson versetzt wird, fällt es dieser leichter, mit ihm ein Bündnis gegen den Versuchsleiter zu schließen. Die Versuchsperson ist dem Versuchsleiter nicht mehr allein konfrontiert. Sie hat einen Verbündeten in der Nähe, der darauf brennt, an einer Revolte gegen den Versuchsleiter mitzuwirken. Also führt eine veränderte Anordnung der räumlichen Beziehungen zu der Möglichkeit, daß sich die Bündnisse während der verschiedenen Versuchsanordnungen verschieben.

6. *Erworbene Verhaltensdispositionen.* Es ist allgemein festgestellt, daß Mäuse, die im Labor als Versuchstiere aufgezogen werden, selten mit Exemplaren aus dem gleichen Wurf kämpfen. Scott (1958) erklärt dies als passive Hemmung. Er schreibt: «Indem es (das Tier) unter … Bedingungen nichts tut, lernt es, nichts zu tun, und dies kann man wohl als passive Hemmung bezeichnen … Dieses Prinzip ist von hoher Wichtigkeit für die Erziehung des einzelnen zur Friedfertigkeit, denn es bedeutet, daß er lernen kann, nicht zu kämpfen, einfach, indem er nicht kämpft.» Ähnlich könnten wir lernen, anderen nicht wehzutun, einfach, indem wir ihnen

im täglichen Leben nicht wehtun. Doch dieser Lernprozeß steht im Zusammenhang mit nahen Beziehungen zum Mitmenschen und läßt sich wahrscheinlich nicht allgemein auf Situationen übertragen, in denen diese uns fernstehen. Allenfalls bestanden Aggressionshandlungen gegen Nahestehende, wie wir sie aus der Geschichte kennen, in einer vergeltenden Bestrafung, die die ursprüngliche Form der Reaktion ablöste. Im Gegensatz dazu hat Aggression gegen Fernstehende wohl selten zu Vergeltung geführt.

Wir sind in Bewegung; unsere räumlichen Beziehungen verschieben sich von einer Situation zur anderen, und die Tatsache der Nähe oder Ferne zu anderen Menschen könnte einen starken Einfluß auf die psychischen Prozesse ausüben, die unser Verhalten gegen andere bestimmen. Bei unseren Experimenten erwies es sich, daß die Versuchspersonen in zunehmender Zahl den Versuch abbrachen und sich weigerten zu gehorchen, je näher ihnen der Mensch gebracht wurde, dem sie befehlsgemäß Schocks zuzufügen hatten. Die konkrete, sichtbare und körperlich greifbare Anwesenheit des Opfers wirkte sich als starke Gegenkraft gegen die Macht des Versuchsleiters aus und bewirkte Gehorsamsverweigerung. Alle theoretischen Modelle über Gehorsam werden dies berücksichtigen müssen.

Unerwartetes Verhalten

Das Gesamtniveau an Gehorsamsbereitschaft, auf alle vier Varianten des Experiments bezogen, macht einige Erläuterungen nötig. Die Versuchspersonen hatten von Kindheit an gelernt, daß es eine schwere moralische Verfehlung war, andern Menschen gegen ihren Willen wehzutun. Dennoch gab beinahe die Hälfte von ihnen diesen Grundsatz auf und folgte den Anordnungen einer Autoritätsperson, die über keinerlei spezifische Macht verfügte, ihre Befehle zu erzwingen. Ungehorsam hätte keinen materiellen Verlust, keine Bestrafung zur Folge gehabt. Aus den Äußerungen und dem Verhalten vieler Teilnehmer wurde deutlich, daß sie bei der Bestrafung des Opfers oftmals im Widerspruch zu ihren eigenen Wertmaßstäben handelten. Die Versuchspersonen äußerten oft ihre Mißbilligung darüber, daß sie einem Menschen trotz seines Widerspruchs Schocks zufügen sollten, andere brandmarkten den Vorgang als blödsinnig und sinnlos. Und trotzdem befolgten viele die Befehle des Versuchsleiters.

Unsere Ergebnisse standen in scharfem Widerspruch zu den Vorhersagen unserer Fragebogenaktion. (Es ist hierbei jedoch durchaus möglich, daß die aktuelle Situation den Befragten zu fremd war und daß es zu schwierig war, ihnen die konkreten Details des Experiments zu vermitteln; dies könnte für ihre erhebliche Unterschätzung der Gehorsamsbereitschaft verantwortlich sein.) Doch die Ergebnisse kamen auch für Beobachter völlig überraschend, die die Experimente durch einseitig durchsichtige Spiegel verfolgten. Diese Beobachter äußerten häufig Ungläubigkeit, wenn sie sahen, wie eine Versuchsperson dem Opfer immer stärkere Schocks versetzte; sogar Personen, die mit den Einzelheiten der Versuchsanordnung vollkommen vertraut waren, unterschätzten ständig das Ausmaß an Gehorsamsbereitschaft, das die Versuchspersonen demonstrierten.

Das zweite nicht vorhergesehene Ergebnis war die Spannung, die sich bei der Prozedur entwickelte. Man sollte annehmen, daß eine Versuchsperson entweder einfach abbrach oder weitermachte, je nachdem, was das Gewissen ihr diktierte. Aber die Wirklichkeit sah ganz anders aus. Bei manchen Versuchspersonen traten verblüffende emotionale Spannungen auf.

In dem Interview im Anschluß an die Experimente wurden die Versuchspersonen gebeten, auf einer 14-Punkte-Skala genau anzugeben, wie nervös oder gespannt sie bei Verordnung der Maximalspannung gewesen waren (s. Abb. 5). Die Skala ging von «überhaupt nicht nervös und gespannt» bis «extrem nervös und gespannt». Derartige Selbstaussagen sind nicht sehr genau und können bestenfalls grobe Hinweise auf die Gefühlsreaktionen des Betroffenen liefern. Aber auch wenn man dies berücksichtigte, erwies sich, daß die Reaktionen sich über die gesamte Skala erstreckten, wobei die meisten Versuchspersonen von der Mitte bis zum oberen Extrem konzentriert waren. Die weitere Aufschlüsselung zeigte, daß gehorsame Versuchspersonen in etwas größerem Ausmaß angaben, gespannt und nervös gewesen zu sein, als die widerspenstigen Versuchspersonen, wenn die Höchstspannung verordnet wurde.

Wie kann man dieses Auftreten von Spannung erklären? Zu-

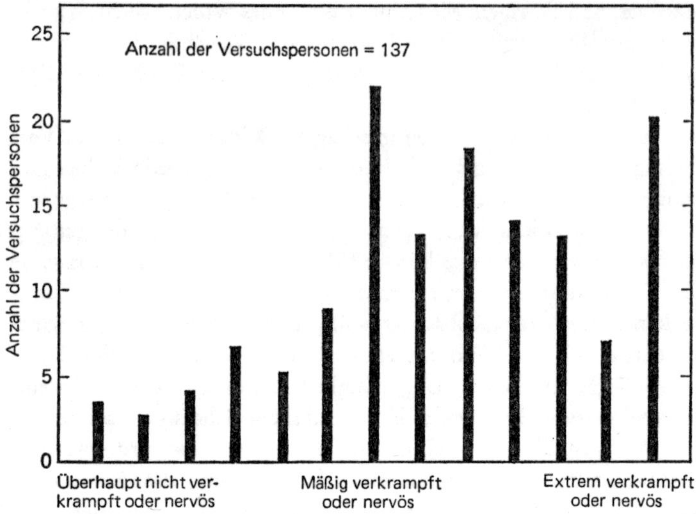

Abb. 5: Niveau der von Versuchspersonen angegebenen Spannung und Nervosität

nächst einmal deutet es auf einen vorhandenen Konflikt hin. Wenn die Tendenz, der Autorität nachzugeben, die einzige psychische Kraft wäre, die in der Versuchssituation wirksam wird, dann hätten wohl alle Versuchspersonen bis zum Ende weitergemacht, und es hätte keine Spannung gegeben. Spannung entsteht vermutlich aus dem gleichzeitigen Vorhandensein zweier oder mehrerer miteinander unverträglicher Reaktionstendenzen (Miller, 1944). Wenn die teilnahmsvolle Besorgnis für das Opfer die ausschließliche Kraft wäre, würden alle Versuchspersonen sich dem Versuchsleiter gelassen widersetzt haben. Statt dessen fanden wir sowohl Gehorsam wie Gehorsamsverweigerung als Ergebnis, wobei in beiden Fällen häufig extreme Spannungen auftraten. Es entwickelte sich ein Konflikt zwischen der tiefverwurzelten Disposition, anderen nicht wehzutun, und der gleichfalls zwingenden Tendenz, anderen, mit Autorität Behafteten zu gehorchen. Die Versuchsperson wurde rasch in dieses Dilemma verwickelt, die hohe Gespanntheit läßt auf eine beträchtliche Stärke der beiden gegensätzlichen Kräfte schließen.

Mehr noch, die Spannung zeigt die Stärke der Ablehnungen, aus der die Versuchsperson nicht durch Ungehorsam herauskommen kann. Wenn jemand sich unbehaglich, gespannt oder unter Streß fühlt, versucht er etwas zu unternehmen, um diesen unangenehmen Zustand zu beenden. Also könnte Spannung als Antrieb wirken, der zu Fluchtverhalten führt. Aber in unserer Versuchssituation waren viele Versuchspersonen selbst bei extremer Spannung nicht in der Lage, die Reaktion zustande zu bringen, die Erleichterung verschafft hätte. Folglich muß es einen konkurrierenden Antrieb, eine konkurrierende Tendenz oder Hemmung geben, die die Aktivierung von Ungehorsam verhindert. Dieser Hemmfaktor muß stärker sein als der empfundene Streß, sonst würde ja die Abbruchhandlung stattfinden. Jedes Anzeichen für extreme Spannung ist zugleich ein Anzeichen für das Ausmaß der Kräfte, die eine Person in der gegebenen Situation festhalten.

Schließlich kann man Spannung als Beweis dafür ansehen, wie real die Situation für die Versuchsperson ist. Normale Versuchspersonen zittern und schwitzen nicht, außer sie stehen in einer tiefen und tiefempfundenen Konfliktsituation.

5. Kapitel
Individuen in Konfrontation mit Autorität I

Von jeder Person, die sich am Experiment beteiligt, erfahren wir ein wesentliches Faktum: ob sie gehorcht oder den Gehorsam verweigert hat. Doch wäre es natürlich töricht, die Versuchsperson nur von diesem Standpunkt aus zu sehen; denn sie bringt schließlich ein ganzes Spektrum von Gefühlen, Verhaltensweisen und persönlichen Eigenarten mit ins Labor. Tatsächlich erwiesen sich die Menschen, die durch unser Labor gingen, als dermaßen unterschiedlich in Temperament und Betragen, daß es uns zuweilen wie ein Wunder erschien, daß wir überhaupt auf gemeinsame Regelmäßigkeiten stießen. Eine Versuchsperson ist vielleicht ein Maurer mit Ausdrucksschwierigkeiten, der sich in Gegenwart eines Wissenschaftlers verschüchtert, verlegen und unterwürfig benimmt. Nach ihm kommt dann ein selbstsicherer Geschäftsmann, der seine Zigarre als Waffe gegen den Versuchsleiter benutzt, um seine Behauptungen zu unterstreichen.

Mit den Einzelpersonen, die sich an unserer Untersuchung beteiligten, mußten wir uns nicht nur deshalb befassen, weil das Experiment dadurch eine persönliche Dimension gewann, sondern auch, weil uns die eigenartige Erfahrung jeder Versuchsperson Hinweise auf die Natur des Gehorsamsprozesses liefern konnte.

Wir verließen uns dabei stark auf die Kommentare und Behauptungen des Teilnehmers selbst, um ein Bild zu erstellen. Gleichzeitig jedoch erschien eine Warnung angebracht. Wir waren zwar gezwungen, jede Äußerung der Versuchsperson sehr ernst zu nehmen, doch brauchten wir deshalb nicht zwangsläufig anzunehmen, daß sie die Ursache für ihr Verhalten gänzlich begriff. Man muß eine Grenzlinie schaffen zwischen der sorgfältigen Beachtung der Äußerungen der Versuchsperson und dem Fehler, diese Äußerungen für die endgültige Wahrheit zu halten. In der Testsituation wird die Versuchsperson von vielen Kräften bestimmt, die jenseits ihrer Wahrnehmungsmöglichkeiten liegen, von inneren Strukturen, die ihr Verhalten steuern, ohne daß ihr dies signalisiert würde. Wir selbst haben vor der Versuchsperson einen enormen Vorteil: Wir wandeln bei jeder Versuchsanordnung die wesentlichen Umstände, mit denen die Versuchsperson konfrontiert wird, leicht ab und können demzufolge feststellen, welche Faktoren größeres oder geringeres Gewicht besitzen. Die Versuchsperson – und nur sie allein – hat die Zwangssituation erfahren, doch ist sie nicht dazu in der Lage, sie in die richtige Perspektive zu rücken, die einzig aus dem Überblick über das Ganze möglich ist.

An Informationsquellen besaßen wir zunächst einmal unsere Beobachtung der einzelnen Versuchspersonen und ihres Verhaltens beim Experiment – hier insbesondere den Dialog, der sich zwischen Versuchsperson und Versuchsleiter entwickelte. Zusätzlich lieferten alle Versuchspersonen in den Interviews im Anschluß an die Experimente Informationen über ihre Lebensumstände (in den folgenden Berichten wurden die Namen verändert). Und schließlich beteiligte sich eine Anzahl von Testpersonen an individuellen und Gruppendiskussionen unter der Leitung eines Mitglieds der Yale School of Psychiatry.

Bruno Batta, Schweißer (in Experiment 4)

Mr. Batta war ein 37 Jahre alter Schweißer. Er wurde in New Haven geboren, seine Eltern stammten aus Italien. Seine groben Gesichtszüge deuteten offenbar auf eine geringe geistige Beweglichkeit. Der allgemeine Eindruck war der eines einigermaßen rohen Menschen. Ein Beobachter beschrieb ihn als «ungeschlachten athletischen Typus von offenbar beschränkter Intelligenz». Doch ist dieses Urteil nicht völlig berechtigt, denn in seinen Beziehungen zum Versuchsleiter entwickelte er eine fügsame und ehrerbietige Liebenswürdigkeit.

Er hatte einige Schwierigkeiten in der Bemeisterung des Experimentierverfahrens und mußte vom Versuchsleiter mehrmals korrigiert werden. Er zeigte sich für die Hilfe dankbar und bewies Bereitwilligkeit, das Geforderte zu tun. Bei dem Experiment mit ihm handelte es sich um die Variante Berührungsnähe. Nach Überschreitung des 150-Volt-Niveaus mußte Batta die Hand des Schülers auf die Schockplatte drücken, da dieser selbst sich weigerte, sie zu berühren.

Die ersten Klagen des Schülers beachtete Mr. Batta nicht. Sein Gesicht blieb unbewegt, als wolle er sich von dem zersetzenden Verhalten des Schülers distanzieren. Wenn der Versuchsleiter ihm auftrug, die Hand des Schülers gewaltsam niederzudrücken, tat er dies streng mechanisch. Er prüfte den Schalter am Generator; wenn er nicht funktionierte, preßte er sofort die Hand des Schülers auf die Schockplatte. Dabei behielt er die ganze Zeit den gleichen starren Gesichtsausdruck bei. Der neben ihm sitzende Schüler bat ihn aufzuhören, doch Batta fuhr mit roboterhafter Unempfindsamkeit in der Prozedur fort. Außergewöhnlich war seine sichtlich vollkommene Gleichgültigkeit gegen das Opfer; er nahm es kaum als ein menschliches Wesen wahr. Gleichzeitig verhielt er sich gegen den Versuchsleiter fügsam und höflich.

Bei 330 Volt weigerte sich der Schüler nicht nur, die Schockplatte zu berühren, sondern er lieferte auch keine Antworten mehr. Verärgert wendete sich Batta ihm zu und ermahnte ihn: «Sie geben besser Antwort und bringen es hinter sich. Wir können nicht die ganze Nacht hier hockenbleiben.» Das waren die einzigen Worte, die er während des einstündigen Experiments an den Schüler richtete. Nie wieder sprach er mit ihm. Die Szene war brutal und deprimierend: Sein hartes, unbewegtes Gesicht, das völlige Gleichgültigkeit zeigte, während er den schreienden Schüler den Schocks unterwarf. Er schien aus der Handlung selbst kein Vergnügen zu gewinnen, sondern nur eine stille Zufriedenheit darüber, daß er seinen Job gut erledigte.

Als er 450 Volt gegeben hatte, wendete er sich zum Versuchsleiter und fragte: «Und wie geht's jetzt weiter, Professor?» Seine Stimme klang ehrerbietig und drückte seine Bereitwilligkeit aus, eine kooperative Versuchsperson zu sein, im Gegensatz zu dem widerspenstigen Opfer.

Beim Interview nach dem Experiment lieferte er einen verworrenen Bericht darüber. Der Versuchsleiter stellte ihm die Routinefrage, ob ihm noch irgendein anderer Zweck einfalle, den das Experiment haben könnte. Batta benutzte die Frage, um ohne besondere Logik den Schüler zu verunglimpfen: «Also, wir haben da eine mehr oder weniger eigensinnige Person (den Schüler). Wenn er verstanden hätte, was die Sache da ist, dann hätte er mitgemacht, ohne bestraft zu werden.» Seiner Ansicht nach hatte der Schüler sich die Strafe selbst zugezogen.

Der Versuchsleiter fragte ihn, ob er während des Experiments verkrampft oder nervös gewesen sei. Erneut benutzte er die Frage, um seine Gefühle gegen den Schüler auszudrücken: «Das einzige Mal, daß ich ein bißchen – ich möcht nicht sagen nervös –, ich war *verärgert,* das war, als er nicht mitmachen wollte.» Bei der Befragung der Versuchsperson über den Konfliktpunkt Verantwortung stieß der Versuchsleiter auf große Schwierigkeiten. Die Versuchsperson schien die Sache nicht zu begreifen. Der Interviewer vereinfachte die Frage. Schließlich schrieb die Versuchsperson die Hauptverantwortung dem Versuchsleiter zu: «Ich sage, Ihr Fehler, aus dem einfachen Grund, weil ich ja bezahlt worden bin, das zu machen. Ich mußte mich nach Befehlen richten. So hab ich mir das jedenfalls gedacht.»

Dann, nachdem sie alle Möglichkeiten, Initiative zu entwickeln, dem Versuchsleiter zugesprochen hatte, sagte sie: «Also, Sie hätten ja auch sagen können: ‹Also, paßt mal auf, gebt mir das Geld zurück, und wir lassen die Sache sausen.› Dann hätten wir uns selber entscheiden können.»

Wir stellten fest, daß viele Versuchspersonen das Angebot, ihr Honorar zurückzuzahlen, als eine anständige Methode betrachteten, sich aus dem Experiment zurückzuziehen, wogegen diese Versuchsperson sich einen solchen Akt nur als von der Autoritätsperson in die Wege geleitet vorstellen konnte. Der Versuchsleiter erwiderte: «Aber ich sagte Ihnen doch, daß das Geld Ihnen gehörte, einfach für Ihr Kommen und ganz unabhängig davon, was passieren würde.»

«Das stimmt.»

Am Ende der Sitzung erklärte Mr. Batta dem Versuchsleiter, wie sehr er sich geehrt gefühlt habe, ihm helfen zu dürfen, und bemerkte in einem Augenblick der Zerknirschung: «Tut mir leid, Sir, daß es kein vollkommen zufriedenstellendes Experiment sein konnte.»

Er hatte seiner Meinung nach ehrlich sein Bestes getan. Es war nur das widerspenstige Verhalten des Schülers, durch das der Versuchsleiter nicht völlig zufriedengestellt werden konnte.

Auf dem Fragebogen, den Mr. Batta uns mehrere Monate später einsandte, teilte er mit, daß er die Instruktionen des Versuchsleiters bis zu Ende befolgt habe, daß er vollkommen überzeugt gewesen sei, der Schüler erhalte schmerzhafte Schocks, und daß das Experiment ihn in keiner Weise beunruhigt habe. Er war der Ansicht, daß mehr derartige Experimente durchgeführt werden sollten, und beantwortete unsere Frage, ob er etwas von persönlichem Wert dabei gelernt habe, mit Ja. Aber er sagte uns nicht, was dies war.

Professor für alttestamentliche Theologie (in Experiment 3)

Ein etwas düster wirkender, asketischer Mann. Er sah aus wie ein Geistlicher aus Neu-England. Er hielt Vorlesungen über alttestamentliche Liturgie an einer bedeutenden Theologischen Fakultät. Bei der Versuchsanordnung mit ihm – der Raumnähe-Variation – rückte er seinen Stuhl zurecht, um den Schüler anzusehen, während er ihm die Schocks versetzte. Die Wortpaare verlas er mit übertrieben präziser Aussprache; er wirkte knapp und offiziell, wenn er «richtig» sagte. Wann immer der Schüler einen Fehler machte, schien er ihn für das Versagen geradezu zu züchtigen. Jedesmal bei Versetzung eines Schocks zogen sich seine Lippen zurück, und er bleckte die Zähne. Alle seine Handlungen waren von äußerster Genauigkeit gekennzeichnet. Nachdem er den 150-Volt-Schock versetzt hatte, scheute er davor zurück weiterzumachen. Der Versuchsleiter bemerkte, die Proteste des Schülers müßten außer acht gelassen und das Experiment fortgesetzt werden:

Versuchsleiter: Es ist absolut wichtig für das Experiment, daß wir fortfahren.

Versuchsperson: Ich verstehe, daß Sie dies sagen, doch ich verstehe nicht, warum das Experiment wichtiger sein soll als das Leben dieses Mannes.

Versuchsleiter: Es ergibt sich kein anhaltender Gewebsschaden.

Versuchsperson: Gut, das ist Ihre Ansicht. Aber wenn er nicht weitermachen will, dann folge ich seinen Anordnungen.

Versuchsleiter: Sie haben keine andere Wahl, Sir, das Experiment muß fortgesetzt werden.

Versuchsperson: Wenn wir hier in Rußland wären, vielleicht, aber nicht in Amerika.
(Das Experiment wurde abgebrochen.)

Bei der Diskussion mit dem Versuchsleiter zeigte sich die Versuchsperson von dessen Status in keiner Weise beeindruckt, sondern behandelte ihn vielmehr wie einen stumpfsinnigen Techniker, der die umfassenden Weiterungen seines Tuns nicht begreift. Als der Versuchsleiter ihm die Sicherheit des Schockgenerators garantierte, warf er mit einer gewissen Entrüstung die Frage der emotionalen Auswirkungen auf den Schüler anstelle der physiologischen auf.

Versuchsperson (spontan): Sie haben sich doch sicherlich mit den ethischen Gesichtspunkten dieser Sache befaßt. (Äußerst erregt) Der Schüler will hier nicht weitermachen, aber Sie glauben, das Experiment sei wichtiger? Haben Sie ihn untersuchen lassen? Wissen Sie, in welchem gesundheitlichen Zustand er ist? Nehmen wir an, der Mann hat ein schwaches Herz (seine Stimme zittert)!
Versuchsleiter: Wir kennen unsere Maschine, Sir.
Versuchsperson: Aber Sie kennen den Mann nicht, mit dem Sie herumexperimentieren ... Das ist äußerst riskant (Schlucken, bebende Stimme) Was ist mit der Angst, die er ausstand? Sie können unmöglich wissen, welche Wirkung Sie auf ihn hat ... die Angst, die er selbst hervorbringt ... Aber fahren Sie fort, und stellen Sie mir Fragen. Ich bin nicht hier, um Ihnen welche zu stellen.

Der Professor setzte seinen Fragen ein Ende, zunächst einmal mit der Behauptung, daß er nicht das Recht zu Fragen besitze, doch hatte man den Eindruck, daß er den Versuchsleiter für einen zu unflexiblen und bornierten Techniker hielt, als daß mit ihm ein intelligentes Gespräch zu führen sei. Ferner war festzustellen, daß er spontan ethische Gesichtspunkte anführte, die in lehrhafter Weise vorgebracht wurden und seiner beruflichen Stellung als Theologe entsprachen. Schließlich ist noch interessant, daß er den Abbruch des Experiments nicht eigentlich durch Erweis von Ungehorsam herbeiführte, sondern durch die Behauptung, er werde dann den Anordnungen des Opfers folgen.

In diesem Sinn sprach er von einer Gleichwertigkeit der Aufforderungen des Versuchsleiters und des Schülers und bewies nicht so sehr Ungehorsam, als daß er die Person wechselte, von der er Befehle entgegennehmen würde.

Der Versuchsleiter erläuterte ihm die wirkliche Absicht des Experiments und fragte ihn: «Was ist Ihrer Meinung nach die wirksamste Methode, Widerstand gegen unmenschliche Autorität zu stärken?»

Die Versuchsperson antwortete: «Wenn man als seine höchste Autorität Gott ansieht, dann wird menschliche Autorität zu etwas Nichtssagendem.»

Auch hier wieder lag die Antwort für diesen Mann nicht in der Zurückweisung von Autorität, sondern in der Einsetzung einer guten – das heißt der göttlichen – Autorität anstelle einer schlechten.

Jack Washington, Arbeiter (in Experiment 2)

Jack Washington war ein 35 Jahre alter Neger und in South Carolina geboren. Er arbeitete als Maschinist an einer Bohrmaschine und betonte, daß er – obwohl ohne High-school-Abschluß – kein Schulversager sei, sondern zum Militär eingezogen wurde, ehe er seinen Abschluß machen konnte. Er war ein sanfter Mann, ein wenig übergewichtig und mit beginnender Glatze; er wirkte älter, als er war. Er bewegte sich sehr langsam, sein Verhalten war leidenschaftslos; seiner Sprechweise haftete ein Südstaaten- und Negerakzent an.

Als die ersten Proteste des Opfers zu hören waren, drehte er sich zum Versuchsleiter um und blickte ihn traurig an, dann las er weiter die Wortpaare vor. Der Versuchsleiter brauchte ihm nicht zu befehlen weiterzumachen. Während des gesamten Experiments zeigte er fast keine Emotionen oder körperliche Bewegungen. Er befolgte die Anordnungen des Versuchsleiters in einem langsamen, gleichmäßigen Rhythmus, der scharf mit den heftigen Schreien des Opfers konstrastierte. Die ganze Zeit über lag auf seinem Gesicht ein trauriger, niedergeschlagener Ausdruck. Er ging bis zum 450-Volt-Niveau, fragte dann den Versuchsleiter, was er nun tun solle, gab auf Befehl weitere zwei Schocks und wurde von seiner Aufgabe entbunden.

Im Interview erklärte er, er habe trotz seiner Überzeugung, daß die Schocks äußerst schmerzhaft gewesen seien, die Versicherung des Versuchsleiters geglaubt, sie würden keine bleibende Schädigung hervorrufen. Er wiederholte diese Überzeugung in seinem Antwortfragebogen, den er fast ein Jahr nach seiner Beteiligung am Experiment einsandte. Befragt, wer für die Schmerzen des Opfers verantwortlich sei, belastete er am schwersten den Versuchsleiter, danach das Opfer und sich am geringsten. Über den Schüler sagte er: «Er hat sich dazu bereit erklärt und muß also die Verantwortung übernehmen.» Der Versuchsleiter trug «den größten Teil der Verantwortung. Ich machte ja nur weiter. Weil ich Befehlen folgte... Man befahl mir weiterzumachen, und ich bekam keinen Hinweis, daß ich aufhören sollte.»

Er verstrickte sich in diese Formulierung und wiederholte sie mehrere Male. Er erklärte dem Versuchsleiter, daß er abgebrochen hätte, wenn er ihm einen Hinweis gegeben hätte, wodurch er bewies, daß er sich jeweils verhalten haben würde, wie der Versuchsleiter es von ihm forderte. Das einzige Vergehen, das er in der Testsituation erkennen konnte, wäre Gehorsamsverweigerung gegenüber dem Versuchsleiter gewesen.

Er erklärte in seiner langsamen, ruhigen Art: «Ich weiß, daß bis zu einem bestimmten Punkt ein Schlag dich nicht umbringt. Ich hatte mal einen Schlag abgekriegt, der mich fast umlegte... Meine ganze Hand war ohne Gefühl. Aber ich bin nicht dran gestorben.»

Auf diese Weise zeigte er sich bereit, die Behauptung des Versuchsleiters zu akzeptieren, daß die Schocks schmerzhaft sein konnten, jedoch nicht gefährlich waren. In jeder Beziehung drückte er ein völliges Vertrauen in den Versuchsleiter aus, ja er akzeptierte dessen Autorität bereitwilliger und mit geringerem inneren Konflikt als viele andere Versuchspersonen.

Jan Rensaleer, Betriebsingenieur (in Experiment 2)

Die Versuchsperson war ein 32 Jahre alter Betriebsingenieur, der sich darin gefiel, blondes Haar und einen Schnurrbart zur Schau zu stellen. Er wirkte verschlossen und sprach mit einem ganz leichten fremden Akzent. Er war gut gekleidet. Im Interview erzählte er uns, daß er nach dem Zweiten Weltkrieg aus Holland eingewandert und Mitglied der Holländischen Reformierten Kirche sei. Er wirkte freundlich und intelligent.

Als sich das Opfer bei 150 Volt beklagte, wendete sich die Versuchsperson an den Versuchsleiter und fragte: «Was mache ich jetzt?»

Der Versuchsleiter sagte ihm, er solle weitermachen.

Der Ingenieur preßte die Hand gegen den Kopf und fuhr mit dem Test fort. Er blickte immer öfter zum Versuchsleiter hinüber. Bei 225 Volt schob er den Stuhl von Schockgenerator weg und wendete sich zum Versuchsleiter um.

Versuchsperson: Oh, ich kann so nicht weitermachen; das ist doch ein freiwilliger Versuch, und wenn der Mann nicht weiter mitmachen will ...

Versuchsleiter: Bitte, fahren Sie fort.

(Lange Pause)

Versuchsperson: Nein, ich kann nicht weitermachen, tut mir leid.

Versuchsleiter: Das Experiment erfordert, daß Sie weitermachen.

Versuchsperson: Dieser Mann, es sieht so aus, als würde er verletzt.

Versuchsleiter: Es erfolgen keinerlei bleibende Gewebsschäden.

Versuchsperson: Ja, aber ich weiß, was elektrische Schläge einem antun. Ich bin Elektroingenieur und habe selbst schon welche bekommen ... sie schütteln einen ganz durcheinander, besonders wenn man weiß, daß gleich der nächste kommt. Tut mir leid.

Versuchsleiter: Es ist unbedingt nötig, daß Sie fortfahren.

Versuchsperson: Nun, das werde ich nicht tun – nicht, wenn dieser Mann schreit, daß er raus will.

Versuchsleiter: Es bleibt Ihnen keine andere Wahl.

Versuchsperson: O doch, es bleibt mir eine andere Wahl. (Ungläubig und empört) Wieso sollte ich nicht die Wahl haben? Ich bin freiwillig hierher gekommen. Ich glaubte, ich könnte bei einem Forschungsprojekt von Nutzen sein. Aber wenn ich dabei jemandem Schmerzen zufügen muß oder auch wenn ich an seiner Stelle säße, dann würde ich einfach nicht dabeibleiben wollen. Ich kann nicht weitermachen. Es tut mir leid. Ich glaube, ich bin bereits jetzt schon zu weit gegangen. Vielleicht.

Befragt, wer für die dem Schüler gegen seinen Willen zugefügten Schocks verantwortlich sei, sagte er: «Ich würde das ganz und gar mir zuschreiben.»

Er lehnte es ab, dem Schüler oder dem Versuchsleiter die geringste Verantwortung zuzusprechen.

«Ich hätte nach dem ersten Mal, als er sich beklagte, aufhören müssen. Und ich wollte da aufhören. Ich drehte mich um und schaute Sie an. Ich vermute, es ist eine Frage der ... Autorität, wenn Sie es so bezeichnen wollen: Ich war von der Sache beeindruckt und machte weiter mit, obwohl ich es nicht wollte. Sagen wir, wie beim Militär, wenn Sie da was tun müssen, was Sie nicht tun wollen, aber

Ihr Vorgesetzter befiehlt es Ihnen. So ähnlich, Sie wissen, was ich meine?

Was ich für sehr feige halte, ist, wenn man versucht, die Verantwortung auf jemand anderen abzuschieben. Sehen Sie, wenn ich mich jetzt umdrehte und sagte: ‹Es ist Ihre Schuld ... es ist nicht die meine›, das würde ich feige nennen.»

Obgleich diese Versuchsperson sich bei 225 Volt dem Versuchsleiter widersetzte, fühlte sie sich dennoch dafür verantwortlich, daß sie nach den ersten Protesten des Opfers weiterhin Schocks gab. Sie war streng gegen sich selbst und gestattete der Autoritätsstruktur, innerhalb derer sie funktionierte, nicht, sie von jeder Verantwortlichkeit freizusprechen.

Mr. Rensaleer drückte sein Erstaunen darüber aus, wie sehr die Psychologie den Gehorsam unterbewerte. Er sagte, daß er aufgrund dessen, was er von der Naziherrschaft in Europa erfahren habe, einen hohen Grad von Gehorsam gegen Befehle vorhersagen würde. Er schlug vor: «Es wäre interessant, die gleichen Tests in Deutschland und anderen Ländern durchzuführen.»[3]

Das Experiment hinterließ einen tiefen Eindruck bei ihm, der so stark wirkte, daß er drei Tage nach seiner Teilnahme einen langen und sorgfältig abgefaßten Brief an das Team schrieb, in dem er anfragte, ob er mit uns arbeiten könne.

«Obwohl ich ... als Ingenieur angestellt bin, bin ich nun zu der Überzeugung gelangt, daß die Sozialwissenschaften und besonders die Psychologie in der heutigen Welt bei weitem wichtiger sind.»

Morris Braverman, Sozialfürsorger (in Experiment 2)

Morris Braverman war 39 Jahre alt und Sozialfürsorger. Er wirkte älter wegen seines kahlen Kopfes und seines seriösen Auftretens. Er runzelte die Stirn, als trüge er den Gram der ganzen Welt im Gesicht. Er wirkte intelligent und interessiert. Der Eindruck, den er machte, war der eines ungemein beherrschten, eines gehemmten und strengen Menschen, dessen ruhige Stimme in keinem Zusammenhang mit seinem Gefühlsleben stand. Er sprach eindrucksvoll, doch merklich affektiert. Im Verlauf des Experiments schlich sich Gelächter in sein Verhalten ein. Zunächst war es ein leichtes Kichern, dann wurde es zunehmend deutlicher und enthemmt. Sein Lachen schien von den Schreien des Schülers ausgelöst zu sein.

Als der Schüler sich weigerte zu antworten und der Versuchsleiter der Versuchsperson auftrug, eine nichterfolgte Antwort gleich einer falschen zu betrachten, nahm die Versuchsperson sich diese Instruktion zu Herzen.

Ehe sie 315 Volt verabfolgte, erklärte sie dem Opfer in offiziellem Ton: «Mr. Wallace, Ihr Schweigen muß als falsche Antwort betrachtet werden.» Dann verabfolgte sie den Schock. Sie erbot sich halben Herzens, mit dem Schüler zu tauschen, dann fragte sie den Versuchsleiter: «Muß ich diesen Anweisungen wörtlich folgen?» Sie gab sich mit der Antwort zufrieden, daß dem so sei. Ihre äußerst kultivierte und autoritative Sprechweise wurde zunehmend von keuchendem Gelächter unterbrochen.

Die Notizen des Versuchsleiters über Mr. Braverman während der letzten paar Schocks:

Platzt beinahe jedesmal jetzt, wenn er Schocks gibt. Reibt sich Gesicht, um Gelächter zu verbergen.

Macht böse Augen, versucht, Gesicht hinter Hand zu verbergen, lacht noch immer.

Kann jetzt Lachen nicht mehr unter Kontrolle halten, gleich, was er tut.

Ballt Faust, schlägt damit auf den Tisch.

Beim Interview faßt Mr. Braverman das Experiment mit beeindruckender Geläufigkeit und Intelligenz zusammen. Er ist überzeugt, daß das Experiment wohl auch so angelegt gewesen sei, «daß die Auswirkungen auf den Lehrer getestet werden konnten, der sich in einer wesentlich sadistischen Rolle befand, ebenso wie die Reaktionen eines Schülers auf eine Lernsituation, die streng autoritär war und Strafen enthielt». Befragt, wie schmerzhaft die letzten paar dem Schüler zugefügten Schocks waren, gibt er an, daß die extremste Markierung auf der Skala nicht adäquat sei (es hieß dort «sehr schwer») und plazierte seine Markierung mit einem über die Skala hinausweisenden Pfeil am äußersten Ende der Skala.

Es ist beinahe unmöglich, den Eindruck von äußerster Entspanntheit und Gelassenheit wiederzugeben, den er beim Interview machte. Er sprach in den ruhigsten Ausdrücken über seine extreme innere Verkrampftheit.

Versuchsleiter: Zu welchem Zeitpunkt waren Sie am meisten verkrampft oder nervös?

Versuchsperson: Also, als er zum erstenmal vor Schmerz laut schrie und mir klar wurde, daß ich ihm wehtat. Es wurde schlimmer, als er sich einfach sperrte und weigerte zu antworten. Da saß ich. Ich glaube, ich bin ein freundlicher Mensch, und fügte jemandem Schmerzen zu, und war plötzlich in einer anscheinend verrückten Situation gefangen ... und im Interesse der Wissenschaft macht man weiter bis zum Ende. Es gab einen Augenblick, an dem ich mich gedrängt fühlte, mich einfach zu weigern, mit solch einer Lehrsituation weiter fortzufahren.

Versuchsleiter: Und welcher Moment war das?

Versuchsperson: Das war, nachdem er sich ein paarmal hintereinander geweigert und keine Antwort mehr gegeben hatte. Zu diesem Zeitpunkt fragte ich Sie, ob mir bei meinen Lehrmethoden eine andere Wahl möglich sei. In diesem Moment hatte ich den Drang, ihn (das Opfer) anzuflehen, mit ihm zu sprechen, ihn zu ermuntern, mich zum Verbündeten seiner Gefühle zu machen, darauf hinzuarbeiten, daß wir die Sache zusammen durchstehen könnten und ich ihm keine Schmerzen würde bereiten müssen.

Wenn Mr. Braverman angab, er habe daran gedacht, «die Sache nicht bis zum Ende durchzuführen», so meinte er damit nicht, daß er an Gehorsamsverweigerung gedacht, sondern daß er die Abänderung der Lehrmethode gegenüber dem Opfer erwogen habe.

Als der Interviewer allgemein von Verkrampftheit zu sprechen begann, erwähnte Mr. Braverman spontan sein Lachen.

«Meine Reaktionen waren furchtbar merkwürdig. Ich weiß nicht, ob Sie mich beobachtet haben, aber ich reagierte mit einem Gekichere und versuchte das Lachen zu ersticken. So bin ich normalerweise gar nicht. Es war eine reine Reaktion auf eine völlig unmögliche Situation. Und es war meine Reaktion auf den Umstand, daß ich gezwungen war, jemandem Schmerz zu bereiten. Und darauf, daß ich vollkommen hilflos und in einer Reihe von Umständen gefangen saß, aus denen ich einfach nicht herauskonnte und nicht versuchen konnte zu helfen. Das hat mich so durcheinandergebracht.»

Ein Jahr nach seiner Beteiligung am Experiment behauptete er im Fragebogen, bestimmt etwas persönlich Wichtiges als Resultat seiner Beteiligung am Experiment gelernt zu haben und fügte hinzu: «Was mich erschreckte, war, daß ich zu einer derartigen Gehorsamsbereitschaft und Nachgiebigkeit gegen eine Idee fähig war, d.h. gegen den Wert eines Gedächtnisexperiments, selbst nachdem deutlich war, daß das Festhalten an diesem Wert nur durch Verletzung eines anderen Wertes möglich war, d. h. füge niemandem Schmerzen zu, der hilflos ist und dir selbst nichts tut. Wie meine Frau sagte: ‹Du kannst dich jetzt Eichmann nennen.› Ich hoffe, daß ich in Zukunft mit Wertkonflikten, denen ich begegne, besser zurechtkommen werde.»

6. Kapitel
Weitere Varianten und Kontrollversuche

Experiment 5: Neuanordnung der Operationslinie

Nachdem die Raumnähe-Versuchsreihe beendet war, zogen wir mit dem Experiment aus dem eleganten Yale Interaction Laboratory in ein etwas bescheideneres Quartier im Keller des gleichen Gebäudes. Das neue Labor war zwar funktional, aber ein wenig schlicht. Es hatte unverkleidete Heizungsrohre an der Decke und einen Zementfußboden statt der luxuriösen Teppiche und Vorhänge der vorherigen Örtlichkeit. Ich war neugierig, ob dieses neue, weniger beeindruckende Quartier zu einem Absinken des Gehorsamsniveaus führen würde. Auf jeden Fall war es jedoch notwendig, eine neue Grundlinienordnung aufzustellen. Sie wurde nach der akustischen Rückkopplungs-Anordnung gestaltet, wobei wir nur eine kleine Änderung vornahmen. Der Schüler würde nicht nur mit Angstschreien reagieren, sondern Bemerkungen über einen Herzfehler fallen lassen. Vielleicht würde dieses neue Element zusätzliche Rechtfertigungsgründe für Gehorsamsverweigerung liefern und ein derartiges Aktionsverhalten noch zwingender und notwendiger erscheinen lassen.

Ich wollte den «Herzfehler» nicht als so ernst vorstellen, daß er dem Schüler eine Teilnahme hätte verbieten müssen; er sollte nur Andeutungen auf eine Schwierigkeit bieten. Dies erreichten wir durch Bemerkungen, die das Opfer beim Anschnallen an den elektrischen Stuhl machte. Der Versuchsleiter und die uneingeweihte Versuchsperson (die geholfen hatte, den Schüler an den Stuhl zu fesseln) sind gerade im Begriff, ihn zu verlassen und in den Kontrollraum zurückzukehren. Der Versuchsleiter stellt die Routinefrage: «Noch irgendwelche Fragen?» Der Schüler antwortet ein wenig schüchtern: «Als ich vor ein paar Jahren im Veterans Administration Hospital in Westhaven war, entdeckten sie dort einen kleinen

Herzfehler. Nichts Ernstes, aber sind diese Schocks irgendwie gefährlich?»

Der Versuchsleiter antwortet mit selbstsicherer Stimme ein wenig beiläufig, daß die Schocks zwar schmerzhaft sein könnten, jedoch keinerlei bleibende Gewebsschädigungen hervorriefen, und fährt dann mit dem Routineablauf des Experiments fort.

Die neue Serie von Protestäußerungen, die als Standard für alle späteren Experimente dienen sollte, entsprach der ersten Anordnung, mit der Ausnahme, daß bei 150, 195 und 330 Volt auf den Herzfehler des Lernenden hingewiesen wurde. Der genaue Plan der Protestäußerungen war, wie folgt:

Experiment 5: Neuanordnung der Operationslinie
Plan der Proteste des Lernenden

75 Volt: Ah!
90 Volt: Ah!
105 Volt: Ah! (lauter)
120 Volt: Ah! He, *das* tut aber wirklich weh.
135 Volt: Ah!!
150 Volt: Ah!!! Versuchsleiter! Das reicht. Lassen Sie mich hier raus! Ich hab Ihnen doch gesagt, daß ich Herzbeschwerden hab'. Mein Herz fängt jetzt an, mir zu schaffen zu machen. Lassen Sie mich hier raus! Bitte! Mein Herz macht mir zu schaffen. Ich weigere mich, ich mach nicht mehr weiter mit. Lassen Sie mich raus!
165 Volt: Ah! Laßt mich raus! (schreiend)
180 Volt: Ah! Ich kann den Schmerz nicht aushalten. Laßt mich hier raus! (schreiend)
195 Volt: Ah! Laßt mich hier raus. Laßt mich hier raus! Mein Herz macht mir zu schaffen. Laßt mich raus hier! Ihr habt kein Recht, mich hier festzuhalten! Laßt mich raus! Laßt mich hier raus! Laßt mich raus! Laßt mich hier raus! Mein Herz macht mir zu schaffen. Laßt mich raus! Laßt mich raus!
210 Volt: Ah! Versuchsleiter! Holen Sie mich doch hier raus! Ich hab' genug. Ich *will* bei diesem Experiment nicht mehr mitmachen.
225 Volt: Ah!
240 Volt: Ah!
255 Volt: Ah! Holt mich hier *raus*!
270 Volt: (qualvoller Schrei) Laßt mich hier raus! Laßt mich hier raus! Laßt mich hier raus! Laßt mich raus! Hört ihr denn nicht? Laßt mich hier raus!
285 Volt: (qualvoller Schrei)

300 Volt: (qualvoller Schrei) Ich weigere mich absolut, weiter zu antworten. Holt mich hier raus! Ihr könnt mich hier nicht festhalten. Holt mich raus! Holt mich hier raus!

315 Volt: (Heftiger qualvoller Schrei) *Ich hab doch gesagt, ich weigere mich zu antworten.* Ich bin an diesem Experiment nicht mehr beteiligt.

330 Volt: (Heftiger und lang anhaltender qualvoller Schrei) Laßt mich hier raus! Laßt mich hier raus! Mein Herz macht mir zu schaffen. Laßt mich raus, sag' ich. (Hysterisch) Laßt mich hier raus! Laßt mich hier raus! Sie haben kein Recht, mich hier festzuhalten. Laßt mich raus! Laßt mich raus! Laßt mich raus! Laßt mich raus hier! Laßt mich raus! Laßt mich raus!

Weder das unelegantere Labor noch die Erwähnung eines Herzfehlers bewirkten mehr Gehorsamsverweigerung. 26 der 40 Probanden machten unter den vorliegenden Umständen bis zum Ende weiter, im Vergleich zu 25 von 40 bei der Versuchsreihe der akustischen Rückkopplung, nur eine leichte zufällige Variation. Die Verteilung der Abbruchpunkte läßt sich aus Tabelle 3 ablesen.

Wahrscheinlich gibt es nichts, was das Opfer sagen könnte, um einheitlich Ungehorsam zu bewirken; denn die Handlungen des Lehrers werden ja nicht von ihm kontrolliert.

Bei den Interviews im Anschluß an das Experiment wurden die Versuchspersonen gefragt: «Zu welchem maximalen Probeschock würden Sie sich bereit erklären?» Wir haben Angaben von 39 Personen für diese Versuchsanordnung. Sie sind in Abb. 6 erfaßt. Drei ungehorsame Versuchspersonen waren zu stärkeren Schocks bereit, als sie tatsächlich gegeben hatten. Von den 26 gehorsamen waren 7 bereit, den 450-Volt-Schock über sich ergehen zu lassen, den sie gerade gegeben hatten, 19 andere wollten dies jedoch nicht. In den meisten Fällen besteht ein deutlicher Unterschied zwischen der Schockhöhe, die die Versuchsperson gab, und der Höhe, die sie selbst als Probeschock zu akzeptieren bereit war. So stellen also drei niedrigste Punkte ganz rechts außen in der Grafik drei Versuchspersonen dar, die 450 Volt verordneten, aber nicht bereit waren, über einen Probeschock von 45 Volt hinauszugehen. Ähnliche, ja sogar noch extremere Ergebnisse ergaben sich bei allen Versuchsreihen, wenn diese Frage gestellt wurde.

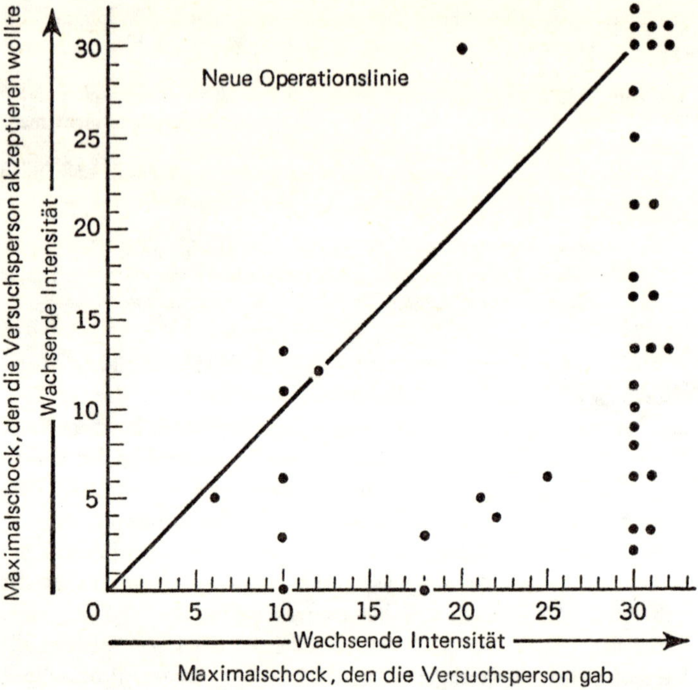

Abb. 6: Abstand des Maximalschocks, den eine Versuchsperson für sich selbst akzeptieren würde, von dem, den sie gegeben hatte

Experiment 6: Wechsel des Personals

Könnte es sein, daß die Versuchspersonen hauptsächlich auf die Persönlichkeit von Versuchsleiter und Opfer reagieren? Vielleicht erweckte der Versuchsleiter den Eindruck, er sei eine kraftvollere Persönlichkeit als das Opfer, und die Versuchsperson verbündete sich mit der eindrucksvolleren Persönlichkeit. Der folgende Vergleich der Experimente ergab sich unbeabsichtigt, doch kann er zu diesem Punkt einige Erkenntnisse beitragen. Um das Tempo des Experiments zu erhöhen, hatten wir ein zweites Team angesetzt, das aus einem neuen Versuchsleiter und einem neuen Opfer bestand. Der Versuchsleiter des ersten Teams war ein Mann, der ein wenig trocken, hart und technisch wirkte. Im Gegensatz dazu war das

Opfer sanft, onkelhaft und unaggressiv. Diese persönlichen Charakteristika waren beim zweiten Team mehr oder weniger umgekehrt. Der neue Experimentator war ziemlich sanft und unaggressiv. Das Opfer dagegen wurde von einem Mann mit hartem knochigen Gesicht und vorstehendem Kiefer gespielt, der aussah, als würde er bei einer Prügelei seinen Mann stehen. Die Ergebnisse, wie in Tabelle 3 aufgeführt, zeigen, daß der Personalwechsel wenig Einfluß auf das Gehorsamsniveau besaß. Die persönlichen Charakteristika von Versuchsleiter und Opfer waren nicht ausschlaggebend.

Experiment 7: Nähe der Autorität

Wir haben bei den Raumnähe-Experimenten gesehen, daß die räumliche Beziehung zwischen Versuchsperson und Opfer das Gehorsamsniveau beeinflußte. Würde nicht auch die Beziehung zwischen Versuchsperson und Versuchsleiter ebenfalls eine Rolle spielen?

Es gibt Gründe für die Annahme, daß die Versuchspersonen bei ihrer Ankunft hauptsächlich am Versuchsleiter orientiert waren, weniger am Opfer. Sie waren ins Labor gekommen, um sich einer Struktur einzufügen, die der Versuchsleiter – nicht das Opfer – lieferte. Sie waren weniger erschienen, um Verhalten zu begreifen, als um Verhalten gegen einen kompetenten Wissenschaftler an den Tag zu legen, und sie waren bereit, sich so zu produzieren, wie es die Absichten dieses Wissenschaftlers erforderten. Die meisten Versuchspersonen machten den Eindruck, als liege ihnen ziemlich viel daran, welchen Eindruck sie auf den Versuchsleiter machten, und man könnte natürlich einwenden, daß die Befangenheit angesichts einer relativ neuen und unvertrauten Umgebung die Versuchspersonen gewissermaßen unempfänglich für die Dreiecksanordnung der sozialen Situation gemacht hätte. Die Versuchspersonen waren so sehr damit beschäftigt, ihre Show für den Versuchsleiter abzuziehen, daß sie anderen Einflüssen von anderen Seiten des sozialen Feldes nicht viel Gewicht beimessen konnten. Diese starke Orientiertheit am Versuchsleiter müßte demnach schuld sein an der relativen Unempfindlichkeit der Versuchsperson gegen das Opfer, und sie müßte uns auch zu der Ansicht führen, daß Abänderungen innerhalb der Beziehung zwischen Versuchsperson und Versuchsleiter be-

Tabelle 3: Maximalschock, gegeben in den Experimenten 5–11

Schockstufe	Aufschrift und Voltangabe	Experiment 5: Neue Operationslinie (n = 40)	Experiment 6: Personalwechsel (n = 40)	Experiment 7: Abwesenheit des Versuchsleiters (n = 40)
	Leichter Schock			
1	15			
2	30			
3	45			
4	60			
	Mäßiger Schock			
5	75			
6	90	1		1
7	105			1
8	120		2	
	Mittlerer Schock			
9	135			1
10	150	6	4	7
11	165		1	3
12	180	1	3	1
	Kräftiger Schock			
13	195		1	5
14	210		2	
15	225			1
16	240			
	Schwerer Sock			
17	255			
18	270	2	2	3
19	285			
20	300	1	1	3
	Sehr schwerer Schock			
21	315	1	2	
22	330	1	1	1
23	345			
24	360		1	2
	Gefahr! Bedrohlicher Schock			
25	375	1		
26	390			
27	405			1
28	420			1
	XXX			
29	435			
30	450	26	20	9
Durchschnittlich gegebene Schockstufe		24.55	22.20	18.15
Prozentsatz der gehorsamen Vpn.		65.0%	50.0%	20.5%

+ Prozentsatz der Vpn., die die höchste Schockstufe benutzten; keine Signifikanz für Gehorsamsbereitschaft, da die Versuchspersonen das Schockniveau selbst wählten.

Tabelle 3 (Fortsetzung)

Schock-stufe	Aufschrift und Voltangabe	Experiment 8: Frauen (n = 40)	Experiment 9: Vorbedingungen des Opfers (n = 40)	Experiment 10: Bürohaus in Bridgeport (n = 40)	Experiment 11: Versuchsperson wählt Schockstufe† (n = 40)
	Leichter Schock			2 *	
1	15				3
2	30				6
3	45				7
4	60				7
	Mäßiger Schock				
5	75				5
6	90				4
7	105			1	1
8	120				1
	Mittlerer Schock				
9	135		1		3
10	150	4	7	7	1
11	165	1	2		
12	180	2	1	1	
	Kräftiger Schock				
13	195		1	3	
14	210	1			
15	225				
16	240		1		
	Schwerer Schock				
17	255		1	1	
18	270	2	2		
19	285				
20	300	1	1	4	
	Sehr schwerer Schock				
21	315	2	3	1	
22	330	1		1	
23	345		1		
24	360		1		
	Gefahr! Bedrohlicher Schock				
25	375		1		1
26	390		1		
27	405				
28	420				
	XXX				
29	435				
30	450	26	16	19	1
Durchschnittlich gegebene Schockstufe		24.73	21.40	20.95	5.50
Prozentsatz der gehorsamen Vpn.		65.0%	40.0%	47.5%	2.5%+

* Zwei Vpn. in Bridgeport weigerten sich, selbst den niedrigsten Schock zu geben.

† Gibt den Maximalschock an, den die Versuchsperson erteilte, unabhängig von seinem Standort in der Reihenfolge.

+ siehe S. 78 unten.

deutende Auswirkungen auf den Gehorsamskomplex haben würden.

Bei einer weiteren Versuchsreihe variierten wir die körperliche Nähe zum Versuchsleiter und den Grad an Überwachung, die er ausübte. In Experiment 5 saß er nur wenige Meter von der Versuchsperson entfernt. In Experiment 7 gab er ein paar anfängliche Instruktionen, verließ dann das Laboratorium und gab seine Anordnungen über Telefon.

Die Gehorsamsbereitschaft nahm drastisch ab, wenn der Versuchsleiter nicht im Laboratorium anwesend war. Die Anzahl der gehorsamen Versuchspersonen bei der ersten Reihe (26) erwies sich als nahezu dreimal höher als in der zweiten Versuchsanordnung (9), bei der der Versuchsleiter seine Anordnungen durchs Telefon erteilte. Die Versuchspersonen schienen weit besser in der Lage, sich dem Versuchsleiter zu widersetzen, wenn sie nicht zu einer direkten körperlichen Konfrontation mit ihm gezwungen waren.

Überdies wiesen die Versuchspersonen in der Abwesenheit des Versuchsleiters eine interessante Verhaltensform auf, die nicht vorkam, wenn sie unter seiner Überwachung standen. Obgleich sie mit dem Experiment fortfuhren, gaben mehrere Versuchspersonen niedrigere Schocks, als angemessen gewesen wäre, und informierten den Versuchsleiter in keinem Fall von ihrer Abweichung von der korrekten Prozedur. Manche Versuchspersonen versicherten dem Versuchsleiter über das Telefon ausdrücklich, daß sie das Schockniveau entsprechend der Instruktion erhöhten, während sie in Wirklichkeit beständig den niedersten Schock auf der Skala gaben. Diese Verhaltensweise ist besonders interessant: Obwohl diese Versuchspersonen sich in einer Weise verhielten, die eindeutig die anerkannten Ziele des Experiments vereitelte, fiel es ihnen offenbar leichter, den Konflikt in dieser Weise anzupacken, als einen offenen Bruch mit der Autorität heraufzubeschwören.

Wir vervollständigten dies durch andere Versuchsanordnungen, bei denen der Versuchsleiter während des ersten Versuchsabschnitts abwesend war, aber zurückkehrte, kurz nachdem die Versuchsperson sich geweigert hatte, höhere Schocks zu geben, wenn ihr dies telefonisch befohlen worden war. Obgleich er seine telefonisch ausgeübte Macht erschöpft hatte, konnte der Versuchsleiter häufig weiterhin Gehorsam erzwingen, wenn er erneut im Labor erschien.

Diese Versuchsreihe zeigte, daß die körperliche Gegenwart einer Autoritätsperson zur Gehorsamsbereitschaft oder Gehorsamsverweigerung der Versuchsperson wesentlich beitrug. Der Gehorsam gegen destruktive Befehle hing bis zu einem gewissen Grad von der Nähe zwischen Autorität und Versuchsperson ab, und jede Theorie über Gehorsam wird dieser Tatsache Rechnung tragen müssen.[4]

Experiment 8: Frauen als Versuchspersonen

Bei den bislang beschriebenen Experimenten waren die Versuchspersonen männliche Erwachsene. Es wurden jedoch auch 40 Frauen getestet. Sie sind von besonderem theoretischen Interesse aufgrund zweier Komplexe von Ergebnissen auf dem Gebiet der Sozialpsychologie. Erstens sind bei den meisten Nachgiebigkeitstests Frauen stärker nachgiebig als Männer (Weiss, 1969; Feinberg, hektograf. Text). Also mußte man bei unserer Untersuchung damit rechnen, daß sie mehr Gehorsamsbereitschaft zeigten. Andererseits hält man Frauen für weniger aggressiv und für einfühlsamer als Männer; folglich müßte auch ihr Widerstand gegen die Verabreichung von Schocks an das Opfer höher sein. Im Prinzip müßten sich die beiden Faktoren in entgegengesetzter Richtung auswirken. Die Ergebnisse sind in Tabelle 3 vorgelegt. Das Gehorsamsniveau war mit den Ergebnissen bei Männern beinahe identisch;[5] das Niveau der erlebten Konflikte jedoch war bei Frauen im Ganzen höher als bei unseren männlichen Versuchspersonen.[6]

Es ergaben sich viele spezifisch weibliche Arten, mit dem Konflikt fertigzuwerden. Bei den Interviews im Anschluß an die Experimente brachten Frauen – bei weitem häufiger als Männer – ihre Erfahrungen in Bezug zur Problematik der Kindererziehung.

Die Frauen wurden nur in der Rolle des Lehrers untersucht. Es wäre interessant, sie in andere Rollenfunktionen einzusetzen. Als Opfer würden sie höchstwahrscheinlich zu mehr Gehorsamsverweigerung führen, denn unsere kulturellen Normen sprechen stärker dagegen, einer Frau wehzutun als einem Mann. (Ähnlich dürfte im Fall, daß Kinder in die Rolle des Opfers versetzt würden, die Gehorsamsverweigerung viel größer sein.)

Es würde besonders interessant sein, die Frau in die Position der Autorität zu stellen. In diesem Fall ist nicht sicher, wie männliche Versuchspersonen oder andere Frauen darauf reagieren würden. Wir haben weniger Erfahrungen mit weiblichen Vorgesetzten; andererseits würden wahrscheinlich viele Männer gegenüber einem weiblichen Versuchsleiter ihre Härte beweisen wollen, indem sie ihren gefühllosen Befehlen ohne Demonstration von Gefühlen Folge leisten. Die Ergebnisse von drei weiblichen Versuchspersonen werden in Kapitel 7 behandelt.

Experiment 9: Die eingeschränkte Verpflichtung des Opfers

Manche Versuchspersonen berufen sich auf die Vorstellung von einem stillschweigend geschlossenen «Gesellschaftsvertrag», wenn sie ihr Gehorsamsverhalten erklären. Sie argumentieren folgendermaßen: Sie hätten mit dem Versuchsleiter einen Vertrag abgeschlossen, dahingehend, daß sie einen Teil ihrer Freiheit aufgeben würden, um einem allgemein anerkannten Wert zu dienen – dem Fortschritt der Wissenschaft. Mehr noch, sie glaubten, daß ein System von *doppeltem Konsensus* sich auswirkte: Auch das Opfer habe mit der experimentierenden Autorität einen Vertrag geschlossen und besitze nicht das Recht, sich seinen Verpflichtungen einseitig zu entziehen. Und überdies, so wurde argumentiert, sei das Opfer ja in das Autoritätssystem des Versuchsleiters eingetreten, ohne vorher Bedingungen über die ihm zugefügte Behandlungsweise zu stellen. Folglich mußte das Opfer die Konsequenzen seiner eigenen, frei getroffenen Entscheidung akzeptieren. Wie unangenehm seine Erfahrung auch immer sein mochte, vertragliche Verpflichtungen müßten erfüllt werden. Die Gesellschaft beruhe auf solchen Voraussetzungen.

Diese Argumentation trat häufig genug auf, um einen empirischen Test zu rechtfertigen. Der Gedanke dabei war, die Art abzuwandeln, in der das Opfer in das Experiment eintrat, derart, daß keine stillschweigend vereinbarten Bedingungen einer Bereitschaft vermutet werden konnten, gegen seinen Willen Schocks zu erhalten.

Es war nur eine geringfügige Abänderung des Verfahrens nötig, um dies zu erreichen. Man erinnere sich daran, daß beide mutmaßlichen Versuchspersonen über die Art des Lernexperiments informiert wurden, bevor der Schüler in den elektrischen Stuhl geschnallt und der erste Schock verabreicht wurde. Danach unterzeichneten die Versuchspersonen ein allgemeines Entlastungsformular folgenden Wortlauts: «Da ich mich an diesem Forschungsexperiment aus freiem Willen beteilige, entlasse ich die Yale University und die an ihr Beschäftigten aus jeglicher juristischen Haftung, die sich aus meiner Teilnahme ergeben könnte.»

Normalerweise wurde diese Haftentlassung als eine Routineangelegenheit gehandhabt, doch bei diesem Experiment zögerte der Schüler, nachdem die Rollenverteilung entschieden und das Experiment erklärt war. Er zögerte mit dem Kugelschreiber in der Hand über dem Formular; er erklärte, sich aufgrund seiner Herzbeschwerden nur unter der Bedingung an dem Experiment beteiligen zu können, daß der Versuch auf seinen Wunsch hin abgebrochen würde. «Ich bin bereit mitzumachen, aber nur unter der Bedingung, daß Sie mich rauslassen, wenn ich das will; das ist meine einzige Bedingung.» Sowohl der Versuchsleiter wie die uneingeweihte Versuchsperson hören diese Vorbedingung ganz deutlich, und der Experimentator gibt durch ein scheinbar zustimmendes Grunzen so etwas wie Zustimmung zu erkennen. Der Schüler unterzeichnet die Haftentlassungserklärung und wird auf den elektrischen Stuhl geschnallt. Auf diese Weise hat er die Grenzen seiner Kooperation bereits vorher abgesteckt. Das Experiment nimmt seinen Verlauf.

Wenn der Schüler bei 150 Volt protestiert, nimmt der Versuchsleiter davon keine Kenntnis und befiehlt der Versuchsperson, die in das Experiment nicht eingeweiht ist, weiterzumachen, wie er dies bei allen früheren Versuchsanordnungen auch getan hat. Auf diese Weise wird ein Element von Treubruch und offenkundiger Ungerechtigkeit in den Vorgang eingeführt. Die empirische Frage ist nun, ob dies eine Rolle spielt oder ob der «Vertrag» und die Argumentation im Zusammenhang mit ihm nur ein rein philosophisches Problem darstellen, weit entfernt von den wirklichen Kräften, die da am Werk sind.

Etwa ein Viertel der den Gehorsam verweigernden Versuchspersonen legte besonderes Gewicht auf die Tatsache, daß das Opfer ja seine Beteiligung von Bedingungen abhängig gemacht habe, und benutzte dies als Argument zur Entschuldigung der Gehorsamsverweigerung:

Versuchsperson: «Er hat aber doch gesagt, daß er freigelassen werden möchte, wenn irgendwelche Schwierigkeiten auftauchen ... Ich kann mir das einfach nicht mehr anhören, ganz egal, was Sie über Gewebsschädigungen sagen.» (Gehorsamsverweigerung bei Niveau 18)

Versuchsperson: «Wir sollten seine Wünsche respektieren. Er will raus, also müssen wir ihn rauslassen. Sie haben gesagt, er kann raus, wenn er das will. Also ich weiß, daß ich wünschen würde, daß man mich rausläßt, wenn ich das will.» (Gehorsamsverweigerung bei Niveau 10)

Versuchsperson: «Ich mag nicht mehr weitermachen, ich kann bei sowas nicht mehr mitmachen. Es geht mir gegen den Strich, jemandem Schmerzen zuzufügen. Der Mann kann ja in tödlicher Gefahr sein, was weiß ich denn ... Ich meine, da ist doch noch das andere, nämlich daß der Mann sich nur bereit erklärt hat mitzumachen, wenn es ihm erlaubt sein sollte, daß er abbrechen kann, und er hat in diesem Sinne unterschrieben. Ich glaube bei aller Fairneß, auch ihm gegenüber, wir sollten nicht weitermachen, da er ja in dieser Richtung unterzeichnet hat ...» (Gehorsamsverweigerung bei Niveau 12)

Die Mehrzahl der nichtgehorsamen Versuchspersonen allerdings verwies nicht ausdrücklich auf den «Vertrag», obgleich sich aus ihrer erhöhten Besorgnis eindeutig der Beweis ergab, daß sie sich stark mit der «legalen Seite» des Experiments befaßten, und also auch mit dem «Vertrag». Man betrachte nur die folgenden Bemerkungen einer der Versuchspersonen, eines 36jährigen Verkäufers.

Versuchsperson (nach Verordnung von 195 Volt): Hallo, eine Sekunde, ja? Wie sieht's denn hier mit der Haftbarkeit aus? Der gesetzlichen Haftbarkeit, meine ich. Ich glaube nicht, daß Sie das Recht haben, den Mann dort drin festzuhalten, wenn er nicht weitermachen möchte.

Versuchsleiter: Wenn die Schocks auch schmerzhaft sein können, sie hinterlassen keinerlei bleibende Gewebsschäden.

Versuchsperson: Das ist keine Antwort. Wenn der Mann nicht mehr mitmachen will, dann ist das seine Sache.

Versuchsleiter: Das Experiment erfordert, daß Sie weitermachen.

Versuchsperson: Das Experiment von dem Standpunkt von Yale, aber nicht von einer legalen Basis oder von seinem Standpunkt aus. Und in diesem Fall bin ich genauso juristisch haftbar wie Sie, wenn diesem Menschen irgendein Schaden zustößt...

Versuchsperson (nach Verordnung von 270 Volt): Nein, da mache ich nicht mehr mit... Ich begreife, was Sie erreichen wollen, aber ich begreife auch seine Rechte. (Bricht das Experiment ab.)

Kommentare wie dieser sollten nicht das allgemeine umfassende Bild, wie es sich in Tabelle 3 bietet, verundeutlichen.

Diese Ergebnisse zeigen nämlich, daß die Doktrin von einem «Gesellschaftsvertrag» nur eine schwache Verhaltensdeterminante liefert. 16 von 40 Versuchspersonen erwiesen dem Versuchsleiter bis ans Ende der Skala Gehorsam und ignorierten die vertraglichen Einschränkungen, an die das Opfer seine Beteiligung geknüpft hatte. Im Vergleich dazu seien die 20 Versuchspersonen angeführt, die in der Kontrollstudie unter Versuchsanordnung 6 Gehorsamsbereitschaft bewiesen. Es zeigt sich eine gewisse Zunahme an Gehorsamsverweigerung, doch könnte sich dies sehr leicht als zufällige Variante herausstellen. Die Versuchspersonen waren sich über das dem Opfer zugefügte Unrecht im klaren, aber sie gestatteten es dem Versuchsleiter, das Problem so zu erledigen, wie er es für richtig hielt.

Experiment 10: Institutioneller Zusammenhang

In der Psychophysik, in Lernversuchen mit Tieren und anderen Forschungszweigen der Psychologie ist die Tatsache, daß die Meßwerte in dem und dem Institut erhoben wurden und nicht in irgendeinem anderen, ohne Bedeutung für die Interpretation der Ergebnisse, solange die technischen Voraussetzungen für eine zuverlässige Bemessung gegeben sind und das Verfahren fachgerecht durchgeführt wird.

Man darf jedoch nicht annehmen, daß das gleiche für die Untersuchung gilt, von der hier die Rede ist. Die Wirksamkeit der Befehle des Versuchsleiters kann auch davon abhängen, unter welchen institutionellen Umständen diese Befehle gegeben werden. Die bisher dargestellten Experimente wurden an der Yale University durchgeführt, einer Institution, die die meisten Versuchspersonen mit Respekt und manche sogar mit Ehrfurcht betrachteten. In den

Interviews im Anschluß an die Experimente bemerkten mehrere Versuchspersonen, der Ort und die Schirmherrschaft für diese Untersuchung habe sie mit Vertrauen in die Integrität, die Kompetenz und in den nutzbringenden Zweck und die guten Absichten des Personals erfüllt; viele deuteten an, sie hätten dem Schüler keine Schocks versetzt, wenn die Experimente an einem anderen Ort durchgeführt worden wären.

Das Problem der im Hintergrund stehenden Autorität mußte bei der Erarbeitung der Ergebnisse, die wir bislang gefunden hatten, in Erwägung gezogen werden; und überdies ist dieses Problem von höchster Relevanz für jede Theorie über Gehorsam bei Menschen. Man überlege sich einmal, wie eng unser Nachgeben gegenüber den Imperativen anderer an bestimmte Institutionen und Örtlichkeiten geknüpft ist, und dies in unserem alltäglichen Leben. Auf Wunsch bieten wir beim Friseur unsere Kehle einem Menschen mit einem Rasiermesser dar. In einem Schuhgeschäft würden wir dies nicht tun, aber dort würden wir bereitwillig der Aufforderung des Angestellten Folge leisten und in Socken herumstehen, was wir in einer Bank nicht tun würden. Im Laboratorium einer berühmten Universität ist es also durchaus wahrscheinlich, daß Versuchspersonen sich einer Reihe von Befehlen beugen, die an anderem Ort auf Widerstand stoßen würden. Man muß in jedem Fall die Frage untersuchen: Wie beeinflußt das Gefühl eines Menschen für den Kontext, in dem er sein Handeln erlebt, seine Gehorsamsbereitschaft?

Um diesem Problem auf den Leib zu rücken, brachten wir unsere Apparaturen in ein Bürogebäude in einer nahegelegenen Industriestadt, Bridgeport, und bauten dieselben Versuchsanordnungen ohne eine sichtbare Verbindung zur Universität wieder auf.

Versuchspersonen aus Bridgeport wurden zur Teilnahme am Experiment durch ein Schreiben auf dem Postweg ähnlich dem der Yale-Studie aufgefordert, natürlich mit den entsprechenden Änderungen im Briefkopf usw. Wie bei den vorherigen Experimenten erhielten sie ein Honorar von 4,50 Dollar für ihr Erscheinen im Laboratorium. Wir setzten die gleiche Alters- und Berufsstreuung wie in Yale an und verwendeten das gleiche Versuchspersonal.

Zweck dieser Umsiedlung nach Bridgeport war, uns vollkommen von Yale abzusetzen, und in dieser Hinsicht waren wir höchst erfolgreich. Dem Schein nach wurde die Untersuchung von «Research Associates of Bridgeport» durchgeführt, einer Institution von unbekanntem Charakter (da wir diesen Namen ausschließlich für die Zwecke unserer Untersuchung erfunden hatten).

Die Experimente wurden in drei Räumen in einem etwas verwahrlosten Bürogebäude im Geschäftsviertel der Innenstadt durchgeführt. Das Laboratorium war spärlich möbliert, aber es war sauber und wirkte gerade noch respektabel. Wenn Versuchspersonen sich nach unseren eventuellen fachlichen Verbindungen erkundigten, wurden sie nur dahingehend informiert, daß wir eine Privatfirma seien, die einen Forschungsauftrag für die Industrie durchführe.

Manche Versuchspersonen äußerten sich skeptisch über die Motive unseres Versuchsleiters in Bridgeport. Einer übergab uns eine schriftliche Aufstellung der Gedanken, die ihm an der Schaltanlage gekommen waren:

> ... Sollte ich diesen miesen Test nicht besser abbrechen? Wir waren ziemlich blöd, uns nicht vorher erkundigt zu haben, was da los ist. Woher sollten wir wissen, daß die Typen in Ordnung sind? Keine Möbel, kahle Wände, kein Telefon. Wir hätten die Bullen holen können oder die Gewerbeaufsicht. Das heute abend war mir eine Lehre. Woher soll ich wissen, ob Mr. Williams [der Versuchsleiter] die Wahrheit sagt? ... Ich würde wirklich gern wissen, wieviel Volt jemand aushalten kann, bis er ohnmächtig wird ...

Eine weitere Versuchsperson gab an:

> Sobald ich da war, zog ich meine eigene Entscheidung [zu kommen] in Zweifel. Ich hatte Zweifel über die Rechtmäßigkeit der Prozedur und über die Folgen meiner Beteiligung. Ich hatte das Gefühl, daß es eine herzlose Methode sei, Menschen Lernprozesse oder Gedächtnisprozesse in dieser Weise beizubringen, und daß es zweifellos in Abwesenheit eines Arztes eine gefährliche Sache sei.

Bei den Versuchspersonen in Bridgeport zeigte sich keine merkliche Verminderung der Verkrampftheit. Und die Schätzungen der Schmerzmenge, die das Opfer verspürte, war leicht, wenn auch nicht signifikant höher als in der Yale-Untersuchung.

Wenn wir in Bridgeport nicht vollkommenen Gehorsam erwirken könnten, dann würde dies bedeuten, daß die extreme Bereitwilligkeit, auf die wir bei den Versuchspersonen in New Haven stießen, in engem Zusammenhang mit der Hintergrundautorität der

Yale University stand; wenn aber ein hoher Prozentsatz der Versuchspersonen in vollem Maß gehorsam blieb, dann würden wir völlig andere Schlüsse ziehen müssen.

Wie sich herausstellte, war das Gehorsamsniveau in Bridgeport zwar etwas geringer, aber doch nicht signifikant niedriger als das von Yale. Ein hoher Prozentsatz der Versuchspersonen in Bridgeport verhielt sich völlig gehorsam gegen die Befehle des Versuchsleiters (48 Prozent von ihnen gaben den Maximalschock, gegenüber 65 Prozent bei dem entsprechenden Versuch an der Yale University), wie aus Tabelle 3 ersichtlich wird.

Wie lassen sich nun diese Ergebnisse deuten? Es ist möglich, daß Befehle, die potentiell schädlich oder destruktiv sind, innerhalb einer gewissen institutionellen Struktur auftreten müssen, wenn sie als legitim betrachtet werden sollen. Doch geht aus der Untersuchung deutlich hervor, daß es sich dabei nicht um eine besonders angesehene oder berühmte Institution handeln muß. Die Bridgeport-Experimente wurden scheinbar von einer wenig beeindrukkenden Organisation durchgeführt, die keinerlei Empfehlungen besaß. Das Laboratorium war zwar in einem anständigen Bürogebäude eingerichtet, und der Name war auf der Firmentafel im Treppenhaus vermerkt; sonst aber gab es keinerlei Anhaltspunkte für die Vermutung, hier gehe es um einen guten Zweck oder hier werde wenigstens fachlich einwandfrei gearbeitet. Es ist möglich, daß die *Kategorie* der Institution, auf die nach der angegebenen Funktion geschlossen wird, eher unsere Willfährigkeit hervorruft als die qualitative Position innerhalb der Kategorie. Menschen legen Geld in eleganten Banken, aber auch in schäbig wirkenden ein, ohne sich große Gedanken zu machen über die unterschiedliche Sicherheit, die sie jeweils bieten. Ähnlich halten vielleicht unsere Versuchspersonen ein Laboratorium für ebenso seriös wie ein anderes, solange es sich um ein *wissenschaftliches* Laboratorium handelt.

Es wäre wertvoll, die Untersuchung der Zusammenhänge weiterzuverfolgen, sogar über die Bridgeport-Untersuchung hinaus, und dem Versuchsleiter die institutionelle Unterstützung gänzlich zu entziehen. Es ist möglich, daß von einem bestimmten Punkt an die Gehorsamsbereitschaft völlig verschwindet. Doch in dem Büro in Bridgeport wurde dieser Punkt nicht erreicht: Fast die Hälfte der Versuchspersonen gehorchte dem Versuchsleiter vollkommen.

Experiment 11:
Die Versuchsperson kann die Schockhöhe selbst wählen

In den bisher dargestellten Experimenten reagierte die Versuchsperson auf Befehle, und wir haben angenommen, daß der Befehl die eigentliche Ursache ihrer Aktion war. Doch ist diese Schlußfolgerung nicht stichhaltig, bevor wir nicht ein unumgängliches Kontrollexperiment durchgeführt haben. Denn es könnte immerhin sein, daß der Befehl überflüssig ist, daß er nur einfach dem entspricht, was die Versuchsperson ohnehin und selbständig tun würde.

Tatsächlich geht eine Theorie der Verhaltensforschung dahin, daß der Mensch tiefliegende Aggressionsinstinkte besitzt, die ständig zum Ausdruck kommen wollen, und daß das Experiment eine institutionalisierte Rechtfertigung für die Freisetzung dieser Antriebe liefere. Nach dieser Ansicht gelangt alles, was im Menschen sadistisch und bestialisch ist, an die Oberfläche, wenn eine Person in eine Situation gestellt ist, in der sie über ein anderes Individuum unbeschränkt Macht hat und es so schwer bestrafen kann, wie ihr beliebt. Danach nimmt man an, daß der Antrieb, Schocks zu geben, starken Aggressionstrieben entspringt, die Bestandteil der Motivstruktur des Individuums sind. Das Experiment – da es die soziale Legitimation liefert – öffnet nur die Tür für die Freisetzung dieser Triebe.

Es ist also unumgänglich, das Verhalten der Versuchspersonen zu vergleichen, einerseits, wenn sie unter Befehl handeln, andererseits, wenn sie die Schockhöhe selbst wählen können.

Das Verfahren war das gleiche wie in Experiment 5, außer daß dem Lehrer erklärt wurde, er könne bei jeder Prüfungsfrage eine beliebige Schockhöhe wählen. (Der Versuchsleiter wies nachdrücklich darauf hin, daß der Lehrer die höchsten Schocks auf dem Generator wählen könne, die niedrigsten, irgendwelche in der Mitte oder jegliche Kombination.) Jede Versuchsperson machte 30 kritische Proben durch. Die Protestäußerungen des Schülers wurden standardisierten Schockstufen koordiniert, wobei das erste Stöhnen bei Stufe 5 auftrat, der erste heftige Protest bei Stufe 10. Die Ergebnisse des Experiments finden sich in Tabelle 3.

Die durchschnittlichen Schockstärken (ihr Mittel), die bei diesen

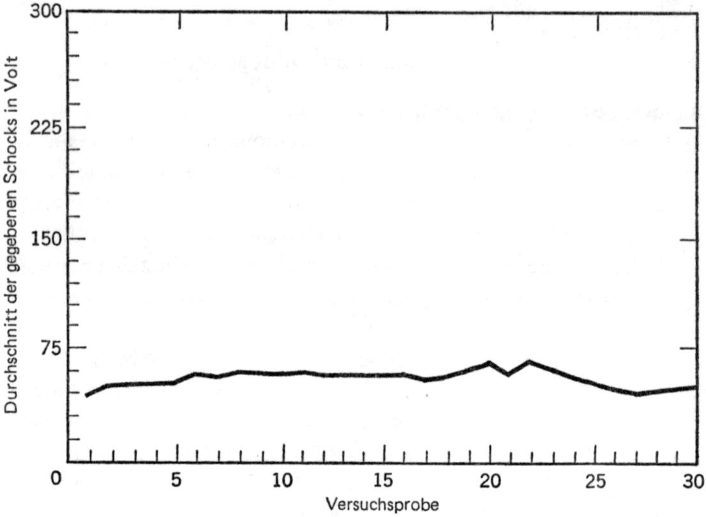

Abb. 7: Durchschnittliche Schockstärke bei jeder Probe, wenn die Versuchspersonen die Schockstärke selbst bestimmen können. (Eine Versuchsprobe bezieht sich auf jede falsche Antwort des Schülers und die entsprechende Bestrafung. Im Verlauf einer Laborstunde gab es 30 Versuchsproben.)

30 Versuchen eingesetzt wurden, sind in Abb. 7 aufgeführt, bei einem Gesamtdurchschnitt von 3.6. (Man muß daran erinnern, daß das Opfer unterhalb von Schockstufe 5 überhaupt keine Andeutung von Unbehagen machte.) Wir wollten auch den Maximalschock in Betracht ziehen, den jede Versuchsperson erteilte (auch wenn sie dies nur einmal und an einem beliebigen Punkt während des Experiments tat). Drei Versuchspersonen beschränkten sich auf die niedrigste Schockstufe, 28 gingen nicht höher als bis zu den ersten Anzeichen von Unbehagen, und 38 gingen nicht über den Punkt hinaus, an dem der Schüler heftig protestierte (Schockstufe 10). Zwei Versuchspersonen bildeten die Ausnahme, sie gingen bis zum Schockniveau 25 bzw. 30. Doch das Gesamtergebnis zeigt, daß die Versuchspersonen in großer Mehrzahl dem Opfer nur die allerniedrigsten Schocks verabreichten, wenn ihnen die Wahl freigestellt war.

Wir müssen uns dieses Ergebnis beständig vor Augen halten, wenn wir die Bedeutung dieser Experimente ergründen wollen. Es genügt nicht zu sagen, daß die Situation einen Rahmen lieferte, innerhalb dessen es einer Versuchsperson möglich wurde, einem anderen Menschen Schmerzen zuzufügen. Der Rahmen blieb bei diesem Experiment der gleiche, und doch neigten die Versuchspersonen im großen und ganzen nicht dazu, dem Opfer wehzutun. Soweit uns die Experimente etwas über die menschliche Natur sagen können, haben wir hier die Offenlegung dessen, wie Menschen sich andern gegenüber verhalten, wenn sie aus eigenem Antrieb handeln. Was immer dazu führt, daß dem Opfer Maximalschocks verabreicht werden, kann nicht mit einer autonom erzeugten Aggression erklärt werden, sondern muß durch die Umwandlung von Verhalten erklärt werden, die sich durch Gehorsam gegen Befehle ergibt.

7. Kapitel
Individuen in Konfrontation mit Autorität II

Sehen wir uns nun das Verhalten einiger Versuchspersonen an, die an den zuvor beschriebenen Experimenten teilnahmen.

Fred Pozi, arbeitslos (in Experiment 5)

Die Versuchsperson ist ein etwa 50 Jahre alter Mann. Er trägt ein Jackett, aber keine Krawatte; er scheint gutmütig, aber auch ein wenig liederlich, spricht wie ein Arbeiter und macht ganz den Eindruck eines Durchschnittsmenschen.

Das Experiment beginnt er in ruhiger Haltung, wird jedoch im weiteren Verlauf zunehmend verkrampft. Nachdem er den 180-Volt-Schock gegeben hat, rutscht er auf seinem Stuhl herum, schüttelt den Kopf und spricht aufgeregt auf den Versuchsleiter ein:

Versuchsperson: Ich halt' das nicht aus. Ich werde doch den Mann da drin nicht umbringen! Hören Sie, wie der schreit?

Versuchsleiter: Wie ich Ihnen vorher schon sagte, die Schocks können schmerzhaft sein, aber –

Versuchsperson: Aber er schreit doch. Er kann das nicht aushalten. Was ist mit ihm los?

Versuchsleiter (mit geduldigem, sachlichem Ausdruck): Das Experiment erfordert, daß Sie als Lehrer fortfahren.

Versuchsperson: Jaaa, aber, hm, ich will aber nicht den Mann da drin fertigmachen ... verstehn Sie, was ich damit sagen will?

Versuchsleiter: Ob es dem Schüler paßt oder nicht, wir müssen weitermachen, und zwar, bis alle Wortpaare durch sind.

Versuchsperson: Aber ich lehne jede Verantwortung dafür ab. Der brüllt doch da drin!

Versuchsleiter: Es ist absolut notwendig, daß Sie weitermachen, Lehrer.

Versuchsperson (deutet auf die noch nicht gestellten Fragen): Es sind einfach noch zuviel übrig. Ich meine, lieber Gott, wenn er sie falsch macht, es sind noch zuviel da. Ich meine, wer übernimmt denn die Verantwortung, wenn dem Herrn drüben was passiert?

Versuchsleiter: Ich trage die volle Verantwortung, wenn ihm was geschieht. Fahren Sie bitte fort!

Versuchsperson: Okay. (Schaut auf die Wortliste) Die nächste ist «Langsam – Gang, Lastwagen, Tanz, Musik». Antworten Sie bitte. (Ein Summen zeigt, daß der Lernende seine Antwort signalisiert hat). Falsch. 195 Volt. «Tanz».

Schüler (schreiend): Laßt mich hier raus! Mein Herz macht mir zu schaffen!

(Lehrer blickt zum Experimentator.)

Versuchsleiter: Machen Sie bitte weiter.

Schüler (schreiend): Laßt mich hier raus! Ihr habt kein Recht, mich hier festzuhalten. Laßt mich hier raus, laßt mich raus, mein Herz macht mir zu schaffen, laßt mich raus!

(Die Versuchsperson schüttelt den Kopf, klopft nervös auf den Tisch.)

Versuchsperson: Hören Sie, er schreit. Hören Sie das nicht? Lieber Gott, ich weiß wirklich nicht.

Versuchsleiter: Das Experiment erfordert ...

Versuchsperson (unterbricht): Ich weiß, daß das so ist, Sir, aber ich meine – na ja! Der weiß doch gar nicht, was ihm da noch bevorsteht. Jetzt ist er bei 195 Volt.

(Das Experiment wird fortgesetzt mit 210, 225, 240, 255 und 270 Volt, in diesem Moment gehen dem Lehrer – zu seiner offensichtlichen Erleichterung – die Wortpaar-Fragen aus.)

Versuchsleiter: Jetzt werden Sie auf dieser Seite oben wieder beginnen und alle Fragen wiederholen müssen, bis er sie richtig gelernt hat.

Versuchsperson: Also nee! Ich werd' den Mann nicht umbringen. Wollen Sie damit sagen, daß ich auf der Skala noch weiter rauf muß? Nee, mein Herr! Der schreit da drin. Ich geb' dem keine 450 Volt.

Versuchsleiter: Das Experiment erfordert, daß Sie weitermachen.

Versuchsperson: Das weiß ich ja, aber der Mann da drin schreit, Sir.

Versuchsleiter (mit gleicher Sachlichkeit wie oben): Wie ich vorher bereits sagte, die Schocks können zwar schmerzhaft sein ...

Versuchsperson (unterbricht): Oooh! Er – er – er schreit doch dort drin!

Versuchsleiter: Fangen Sie bitte mit «Blau» oben auf der Seite an! Fahren Sie bitte fort, Lehrer. Machen Sie einfach weiter!

Versuchsperson (konzentriert sich intensiv auf die vor ihr liegende Wortliste, als wolle sie alles andere verdrängen): «Blau – Junge, Mädchen, Gras, Hut«. (Summen zeigt Antwort an.) Richtig. «Nacht – Tag, Himmel, Arbeit, Stuhl«. (Summen) Falsch. Die Antwort ist «Tag». 285 Volt.

Schüler: Auahauh!

Versuchsleiter: Fahren Sie bitte fort!

Versuchsperson: «Dick – Mann, Dame, Faß, Nacken». Bitte antworten. (Summen) Falsch. Die Antwort ist «Nacken». 300 Volt.

Schüler: Aaah! Ich weigere mich absolut, weiter zu antworten. (Schreit nun dringlich) Laßt mich hier raus! Ihr könnt mich nicht festhalten. Holt mich raus! Holt – mich – hier – raus!

Versuchsleiter: Weiter. Das nächste Wort ist «Grün». Also bitte!

Versuchsperson: «Grün – Gras, Hut, Tinte, Apfel.«

(Nichts rührt sich. Kein Antwortsummen. Nur bedrückendes Schweigen.)

Versuchsperson: Ich glaub' nicht, daß der antwortet.

Versuchsleiter: Wenn der Schüler nicht nach einer angemessenen Zeit antwortet, also etwa nach vier bis fünf Sekunden, betrachten Sie seine Antwort als falsch. Und verfahren Sie weiter wie bisher bei falschen Antworten. Sagen Sie «Falsch», geben Sie ihm die Voltstärke an, bestrafen Sie ihn, und lesen Sie ihm die richtige Antwort vor. Fahren Sie bitte fort!

Versuchsperson: «Grün – Gras, Hut, Tinte, Apfel». Bitte antworten. (Weiter Stille. Die Versuchsperson sitzt nur einfach da.)

Versuchsleiter: Fahren Sie bitte fort, Lehrer!

Versuchsperson: 315 Volt. Die Antwort lautet «Tinte».

Schüler: Ooh! Au!

Versuchsperson (erleichtert, daß sie eine Reaktion vernimmt): Die nächste Frage ...

Schüler: Ich weigere mich strikt, zu antworten.

Versuchsperson: Sie müssen aber. Sie kriegen einen Schock, wenn Sie nicht antworten.

(Das Experiment geht weiter, der Schüler weigert sich zu antworten, schließlich stöhnt und seufzt er nicht einmal mehr. Bei 375 Volt erhebt sich die Versuchsperson.)

Versuchsperson: Ich glaub', mit dem da drin ist was nicht in Ordnung. Ich krieg' von ihm keine Antwort mehr. Der hat doch schon bei niedrigeren Volts geschrien. Können Sie nicht mal nachschauen, ob er in Ordnung ist, bitte?

Versuchsleiter (gleichgültig und ruhig wie bisher): Das geht nicht, sobald wir begonnen haben. Machen Sie weiter, Lehrer!

Versuchsperson (setzt sich wieder, seufzt tief auf): «Kühl – Tag, Schatten, Wasser, Farbe.» Antwort bitte. Ist mit Ihnen da drin alles in Ordnung? Sind Sie o. k.?

Versuchsleiter: Bitte fahren Sie fort, Lehrer. Bitte machen Sie weiter! (Die Versuchsperson drückt den Schalter.)

Versuchsperson (wendet sich auf ihrem Stuhl um): Also, mit dem Mann da drin ist was passiert. (Schwingt auf dem Stuhl zurück.) Nächste Frage. «Niedrig – Dollar, Halsband, Mond, Farbe». (Dreht sich erneut um.) Also mit dem Mann da drin ist was passiert. Sie sehen doch besser mal nach, Sir. Er gibt einfach keine Antwort, und nichts.

Versuchsleiter: Fahren Sie fort, machen Sie bitte weiter.

Versuchsperson: Sie übernehmen die Verantwortung?

Versuchsleiter: Ich trage alle Verantwortung, richtig. Bitte machen Sie weiter.

(Die Versuchsperson nimmt sich wieder die Liste vor, liest die Worte, so rasch sie kann, geht bis 450 Volt.)

Versuchsperson: So, das war's.

Versuchsleiter: Nehmen Sie weiterhin den 450-Volt-Schalter bei jeder falschen Antwort. Fahren Sie bitte fort!

Versuchsperson: Aber ich krieg' ja nichts mehr aus ihm raus!

Versuchsleiter: Bitte fahren Sie fort. Das nächste Wort ist «weiß».

Versuchsperson: Glauben Sie nicht, Sie sollten mal nach ihm sehen, bitte?

Versuchsleiter: Geht nicht, sobald das Experiment begonnen hat.

Versuchsperson: Aber was ist, wenn dem Mann was passiert ist?

Versuchsleiter: Das Experiment erfordert, daß Sie fortfahren. Machen Sie bitte weiter!

Versuchsperson: Bedeutet denn die Gesundheit dieses Mannes gar nichts?

Versuchsleiter: Ob es dem Schüler paßt oder nicht...

Versuchsperson: Was ist, wenn der da drin tot ist? (Deutet zu dem Zimmer mit dem elektrischen Stuhl.) Ich meine, Sir, er hat mir doch gesagt, daß er den Schock nicht aushalten kann. Ich will ja nicht aufdringlich sein, aber ich glaube, Sie sollten mal nach ihm sehen. Sie brauchen doch bloß zur Tür reinschauen. Ich krieg' keine Antwort, keinen Ton. Mit dem Herrn dort drin könnte ja was passiert sein, Sir.

Versuchsleiter: Wir müssen weitermachen. Fahren Sie bitte fort!

Versuchsperson: Sie meinen, ich soll ihm wieviel geben? 450 Volt, genau wie bisher?

Versuchsleiter: Das ist richtig. Fahren Sie fort. Das nächste Wort lautet «weiß».

Versuchsperson (jetzt rasend schnell): «Weiß – Wolke, Pferd, Felsen, Haus». Antwort bitte. Die Antwort ist «Pferd». 450 Volt. (Gibt den Schock.) Nächstes Wort: «Beutel – Farbe, Musik, Clown, Mädchen». Die Antwort ist «Farbe». 450 Volt. (Gibt den Schock). Nächstes Wort ist: «Kurz – Satz, Film...»

Versuchsleiter: Pardon, Lehrer. Wir müssen das Experiment hier abbrechen.

Das Verhalten dieser Versuchsperson spricht mehr oder weniger für sich selbst, aber wir wollen doch einige wenige Punkte anmerken. Zunächst einmal fährt dieser Mann trotz seiner zahlreichen aufgeregten Einwände, trotz seines anhaltend hartnäckigen Widerstrebens fort, die Schocks, wie vom Versuchsleiter befohlen, zu verabreichen. Es ergibt sich also hier ein Zwiespalt zwischen Reden und Handeln. Zweitens kann man bei aller Fantasie nicht behaupten, daß dieser Mann dem Schüler Schocks habe verabreichen wollen. Es war im Gegenteil eine schmerzliche Aktion für ihn, die sich nur aus seiner Beziehung zum Versuchsleiter ergab. Drittens stellen wir fest, daß für die Versuchsperson «Verantwortung» ein wichtiges Problem darstellt und daß sie erst, nachdem der Versuchsleiter ausdrücklich die Verantwortung übernimmt, nach einem Zögern von mehreren Sekunden in der Lage ist weiterzumachen. Und schließlich ist die vom Teilnehmer verwendete Sprache aufschlußreich. Trotz der beträchtlichen Spannung in der Situation wird ein höflicher und ehrerbietiger Ton peinlich beibehalten. Die Einwände der Versuchsperson kommen uns übermäßig schwächlich vor und in Anbetracht der Vorgänge, in die sie verwickelt ist, als nicht angemessen. Sie glaubt, jemanden umzubringen, aber sie spricht im Konversationston einer Kaffeestunde.

Karen Dontz, Krankenschwester (in Experiment 8)

Karen Dontz sagt von sich, sie sei eine 40jährige Hausfrau, die in den letzten sechs Jahren halbtags als staatlich anerkannte Krankenschwester gearbeitet habe. Ihr Mann ist Installateur. Sie ist katholisch, ihre Mutter wurde in der Tschechoslowakei geboren. Mrs. Dontz drückt sich auffällig unbestimmt und langsam aus, ihre Stimme verrät beständige Demut; es ist, als schwinge in jeder Äußerung die emotionale Botschaft mit: «Ich bin bloß eine ganz gewöhnliche Person, erwarten Sie von mir nicht zuviel.»

Während des ganzen Experiments ist sie nervös.

Bei 225 Volt wendet sie sich zum Versuchsleiter um und äußert mit dem Ausdruck völliger Unsicherheit, wie um ihn nicht zu verärgern: «Ich zögere bei diesem Knopf.»

Als er ihr aufträgt, mit der Prozedur fortzufahren, tut sie dies ohne weiteren Kommentar. Doch bevor sie den 345-Volt-Schock verabreicht, weist sie auf das Wort «Gefahr!» auf dem Schockgenerator.

Der Versuchsleiter bemerkt, die Schocks seien zwar schmerzhaft, verursachten jedoch keine bleibenden Gewebsschäden. Sie nimmt den Kommentar des Versuchsleiters hin und sagt: «Ich werde weitermachen, außer es ist gefährlich.» Sie sitzt auf der Stuhlkante, doch ihr Tonfall bleibt unbeteiligt, während sie die Wortpaare verliest. Als vom Schüler keine akustischen Signale mehr kommen, fragt sie: «Muß ich jetzt bis zum Ende fortfahren, Sir? Ich hoffe, mit dem Mann dort ist alles in Ordnung.»

Sie beginnt leise in sich hineinzumurmeln. Als der Versuchsleiter ihr befiehlt, weiter den 450-Volt-Schalter zu betätigen, sagt sie mit einer Stimme, die gleichzeitig besorgt und übertrieben unterwürfig klingt: «Was ist, wenn mit dem Mann etwas nicht stimmt, Sir?»

Aber sie macht weiter.

Beim Interview kommen ihre Antworten sehr langsam, und sogar nachdem ihr erklärt wurde, daß der Schüler keine Schocks abbekam, glaubt sie noch, daß das Experiment sich mit den Wirkungen von Bestrafung in Lernprozessen befasse. Sie betont, sie habe getan, was der Versuchsleiter ihr aufgetragen habe, und sie scheint von ihrer Bereitwilligkeit befriedigt zu sein. Sie gibt an, sie sei nervös gewesen, da sie wisse, daß 210 Volt (so!) die Spannung im Haushaltsstrom seien und daß «die meisten Leute bei dieser Spannung sterben können». Sie unterstreicht, daß sie beim Experiment nervöser gewesen sei als im Krankenhaus, denn «im Krankenhaus, da weiß ich, welche Rechte ich habe; hier wußte ich das nicht.»

Interviewer: Haben Sie zu irgendeinem Zeitpunkt daran gedacht, abzubrechen?

Mrs. Dontz (etwas affektiert): Er sagte: «Machen Sie weiter.» Und ich tat es. Ich sagte ihm: «Ich glaube, ich sollte nicht höher gehen.» Er sagte: «Fahren Sie mit dem Experiment fort.»

Interviewer: Hätte Mr. Wallace (der Schüler) irgend etwas sagen können, was Sie dazu veranlaßt hätte, das Experiment abzubrechen?

Mrs. Dontz: Nein, ich glaube nicht.

Mrs. Dontz weist darauf hin, daß die Schwestern im Krankenhaus das Recht haben, die Anordnungen eines Arztes in Zweifel zu ziehen, wenn der Eindruck gegeben ist, daß sie dem Patienten schaden könnten.[7]

«Wenn ich an der verordneten Dosierung eines Medikaments zweifle, kann ich den Arzt dreimal fragen: ‹Ist dies die von Ihnen gewünschte Dosierung? Ist dies die von Ihnen gewünschte Dosierung?› Und wenn er immer weiter sagt: ‹Ja, machen Sie weiter›, und ich weiß, daß die Dosierung über dem Normalen liegt, dann kann ich ihn darauf aufmerksam machen, daß zu hoch dosiert wurde. Nicht, daß man etwa besser wäre als er, aber man kann sagen:

‹Wollten Sie ihr wirklich soviel verordnen, Doktor?›, und dann wiederholt man das. Und dann hat man immer noch das Recht, das Problem der Aufsicht vorzutragen.»

Beim Experiment zog sie die Voltstärke «in Zweifel», gab sich jedoch völlig mit den vom Versuchsleiter gegebenen Antworten zufrieden. Man bedenke, daß ihre äußerste Reaktion auf die Autorität des Arztes darin besteht, daß sie den Streitfall einem Vorgesetzten vorträgt. Überdies ist klar, daß Mrs. Dontz hier nur routinemäßige Verfahrensregeln aus dem Krankenhaus wiedergibt, aber nicht ihre persönlichen Neigungen darstellt.

Interviewer: Haben Sie das jemals im Krankenhaus getan?

Mrs. Dontz: Ja, das habe ich.

Interviewer: Oft?

Mrs. Dontz: Nein, ganz, ganz selten. Tatsächlich arbeite ich dort jetzt seit sechs Jahren. Ich glaube, ich habe nur einmal die Dosierung bezweifelt.

Interviewer: Wie sind Ihnen die Schreie erschienen? Kamen sie Ihnen echt vor?

Mrs. Dontz: O ja! Ich machte mir wirklich Sorgen um den Mann da drin. Fürchtete, er könnte einen Herzanfall bekommen. Er sagte doch, daß er ein schwaches Herz hat. Ja, ich weiß, daß sowas möglich ist.

Mrs. Dontz ist ein bescheidener Mensch von freundlichem Naturell, sie macht den Eindruck einer abgearbeiteten Hausfrau. Sie macht keine Einwände. Sie erledigt ihre Pflichten im Krankenhaus zuverlässig und mit einem Minimum an Getue. Sie hat eine sanfte Art, und das kommt den Patienten und Ärzten der Station zugute. Ihre Beziehung zur Autorität ist nicht problematisch. Denn sie hat sich eine Arbeit in der Pflege- und Fürsorgeatmosphäre eines Krankenhauses gewählt, in der es zwischen ihrem freundlichen Naturell und den Anforderungen, die die Autorität an sie stellt, keine Konflikte gibt.

Am Ende des Interviews faßte sich Mrs. Dontz ein Herz und erkundigte sich: «Darf ich Sie fragen, ob von den Männern welche bis zum Schluß, bis zu 450 Volt, weitergemacht haben?»

Der Interviewer sagt, daß ihn *ihre* Ansicht dazu interessieren würde. Sie sagt: «Nein, ich glaube nicht, daß Männer sich fügen würden.»

Elinor Rosenblum, Hausfrau (in Experiment 8)

Mrs. Rosenblum berichtet gern von ihren Lebensumständen: Sie machte vor mehr als zwanzig Jahren an der Universität von Wisconsin Examen, ihr Mann, ein Filmverleiher, besuchte Dartmouth. Sie arbeitet als freiwillige Sozialhelferin einmal in der Woche mit jugendlichen Straftätern und war aktiv in der örtlichen Pfadfinderinnenorganisation und dem «Verein der Eltern und Lehrer» tätig. Ihre Ausdrucksweise ist flüssig und wortreich, sie produziert sich stark, weist häufig auf ihre gesellschaftlichen Erfolge hin. Sie versprüht bei aller Geschwätzigkeit einen angenehmen Charme.

Bei Beginn des Experiments behauptet sie, nichts über Elektrizität zu wissen, und ist vorsichtig beim Probeschock. Bei der Erfüllung ihrer Aufgabe versucht sie den Eindruck von Kompetenz und gesellschaftlicher Liebenswürdigkeit zu machen, doch wird sie rasch in den experimentellen Konflikt verwickelt. Sie liest dem Schüler die Wortpaare beständig übertrieben korrekt, fast in autoritärem Ton vor, was ganz im Gegensatz steht zu den bläßlich mädchenhaften Kommentaren, die sie an den Versuchsleiter richtet. Sie drückt zunehmend Besorgtheit aus, je höher sie auf der Voltskala geht. Bei 270 Volt signalisiert sie dem Schüler die richtige Antwort und unterstützt das noch wörtlich. Während sie die Wortpaare weiter mit scheinbarer äußerlicher Festigkeit verliest, flüstert sie dem Versuchsleiter mit hilfloser Stimme zu: «Muß ich weitermachen? Oh, ich mache mir Sorgen um ihn. Gehen wir denn ganz bis dorthin? (Zeigt auf das obere Ende des Generators.) Können wir nicht aufhören? Ich zittere. Ich zittere. Muß ich bis ganz dort oben hingehen?»

Sie gewinnt zeitweilig die Fassung wieder, kann dann jedoch Anwandlungen von Betrübnis nicht kontrollieren. Sie murmelt in sich hinein: «Ich zittere ja richtig», doch in der Kommunikation mit dem Schüler behält sie weiterhin den offiziellen Ton bei. Es wirkt beinahe, als bestehe sie aus zwei verschiedenen Persönlichkeiten, einer, die sich in der Öffentlichkeit tüchtig und tadellos aufführt, und einer anderen, die als Frau innerlich leidet und ängstliche Äußerungen nicht zurückhalten kann. Sie geht bis ans Ende der Skala, verordnet den 450-Volt-Schock dreimal. Beim Interview gibt sie an, daß die dem Schüler verabreichten Schocks äußerst schmerzhaft gewesen seien. Als der Versuchsleiter sie fragt: «Welchen Maximalschock wären Sie bereit als Probe zu ertragen?», antwortet sie entrüstet: «15 Volt. Aber ich glaube nicht, daß es nötig ist. 15, wenn ich überhaupt einen bekommen muß, und selbst die würde ich nicht haben wollen. Ich glaube nicht, daß das notwendig ist.»

Interviewer: Waren Sie verkrampft oder nervös?

Mrs. Rosenblum: Äußerst stark.

Interviewer: Erinnern Sie sich noch, wann Sie am stärksten verkrampft oder nervös waren?

Mrs. Rosenblum: Als er anfing zu schreien: «Laßt mich hier raus!» Wie kann ich einem solchen Menschen eine Bestrafung auferlegen? Ich zitterte richtig. Ich wußte nicht einmal mehr, was ich las. Ich bin immer noch ganz zittrig. Ich bin nervös, weil ich ihm wehtat.

Sie war nervös, nicht weil dem Mann Schmerz zugefügt wurde, sondern weil *sie* dies tat. Auf ähnliche Weise bezeichnet sie ihre eigene Not als den Hauptgrund für den Abbruch des Experiments, obwohl sie weiterhin Schocks verabreicht. In all ihren Bemerkungen kam eine egozentrische Grundeinstellung zum Ausdruck.

Spontan liefert sie den folgenden Bericht über ihre freiwillige soziale Tätigkeit, und sie tut dies mit wahrer Begeisterung:

Mrs. Rosenblum: Ich arbeite an der Farrell High School mit Dropouts. Es sind alles mehr oder weniger Lederjackentypen. Sie sind meine Jungs. Ich versuche ihnen beizubringen, daß sie in der Schule bleiben sollen, und ich helfe ihnen bei ihrem Studium ... aber ich mache das nicht mit Strafen, ich mache das mit Achtung und mit *Liebe*. Übrigens betrachten sie es mittlerweile als Vorzug, in meiner Gruppe sein zu dürfen. Zu Anfang dagegen machten sie bloß mit, um von der Schule wegzukommen und um eine Zigarette rauchen zu können. Das machen Sie jetzt nicht mehr. Ich habe bei ihnen alles durch Liebe und Freundlichkeit erreicht. *Niemals* durch Bestrafung.

Interviewer: Und was bringen Sie ihnen bei?

Mrs. Rosenblum: Also zunächst einmal bringe ich ihnen Manieren bei. Das war das erste, was ich tun mußte; ihnen Respekt vor Leuten beibringen, Respekt vor älteren Menschen, Respekt vor den gleichaltrigen Mädchen, Respekt vor der Gesellschaft. Dies mußte ich als erstes tun, ehe ich ihnen etwas anderes beibringen konnte. Danach konnte ich ihnen dann beibringen, etwas aus sich zu machen und die sogenannten angenehmen Seiten des Lebens zu genießen.

Das Gewicht, das sie dem Respekt vor der Gesellschaft beimißt, ist sicher nicht ohne Bezug zu ihrer eigenen Unterwürfigkeit in der

Beziehung zum Versuchsleiter. Durch ihr Denken zieht sich eine konservative Grundeinstellung wie ein roter Faden.

Ihre Äußerungen sind voll weiblicher Reminiszenzen:

Ich habe soviel durch Liebe erreicht, und ich habe eine wunderbare Tochter. Sie ist fünfzehn, und sie gehört zur National Honor Society*: ein *gescheites* Mädchen. Und ein *wundervolles* Kind. Aber alles durch *Liebe, nicht* durch Strafen. O Gott, nein!

Das Schlimmste, was man tun kann, ist ... durch Bestrafung. Strafen sind einzig und allein bei Kleinkindern gut.

Interviewer: Was für einen Eindruck hatten Sie vom Experiment?

Mrs. Rosenblum (läßt sich durch die Frage nicht von ihrem Gedankengang abbringen): Ich glaube nicht, daß Sie mit Strafen irgendwas erreichen; höchstens bei Kleinkindern, die noch keinen Verstand haben. Als meine Tochter klein war, habe ich sie für drei Dinge bestraft. Übrigens habe ich sie sich selber bestrafen lassen. Ich habe sie einen heißen Ofen anfassen lassen. Sie hat sich verbrannt und nie wieder einen angefaßt.

Interviewer: Lassen Sie mich Ihnen ein wenig über das Experiment berichten. Zunächst einmal hat Mr. Wallace gar keine Schocks bekommen.

Mrs. Rosenblum: Sie machen wohl Witze! Er mußte nicht durchmachen, was ich auszustehen hatte? (Sie kreischt.) Ich kann das nicht *glauben*. Wollen Sie damit sagen, daß das alles nur in seinem *Kopf* passierte?

Versuchsleiter: O nein, er ist ein Angestellter von Yale, ein Schauspieler.

Mrs. Rosenblum: Jedesmal, wenn ich den Knopf drückte, bin ich fast gestorben. Haben Sie nicht gesehen, wie ich zitterte? Ich bin fast gestorben, wenn ich daran dachte, daß ich diesem armen Mann die Schocks verabreichte.

(Der Schüler wird hereingeführt. Sie wendet sich zu ihm.)

Mrs. Rosenblum: Sie sind ein Schauspieler, Mann. Sie sind fantastisch! Mein Gott, was er (der Versuchsleiter) mir angetan hat! Ich bin ganz erschöpft. Ich wollte nicht weitermachen. Sie können sich nicht vorstellen, was ich hier durchgemacht habe. Jemand wie ich tut Ihnen weh, mein Gott! Ich wollte Ihnen das nicht antun. Verzeihen Sie mir bitte. Ich komme nicht darüber weg. Mein Gesicht ist rot wie eine Rübe vor Scham. Ich würde keiner Fliege was zuleid tun. Ich arbeite mit jungen Menschen und versuche ihnen was beizubringen, und ich habe solch guten Erfolg, *ohne* Bestrafung. Anfangs hab' ich mir gesagt, ich glaube nicht, daß man durch Strafen irgendwas erreicht.

Wir stellen jedoch fest, da sie doch ihrer Tochter zugemutet hatte, den heißen Ofen anzufassen, daß sie nicht an sich gegen Bestrafung

* In den USA eine Vereinigung, in die nur Schüler mit hervorragenden Leistungen aufgenommen werden (Anm. d. Übers.).

ist, sondern nur dagegen, selbst aktiv zu strafen. Wenn Strafe einfach »passiert«, hält sie sie für akzeptabel.

Sie vertraut dem Schüler an: »Übrigens habe ich versucht, den Schalter nur ganz leicht zu drücken. Haben Sie gehört, wie ich das richtige Wort *betonte*? Ich hoffte, Sie würden mich hören.»

Interviewer: Ist das nicht ähnlich wie die Pflichten einer Krankenschwester, wenn der Arzt ihr aufträgt, eine Nadel anzusetzen?

Mrs. Rosenblum: Ich bin ganz fantastisch in Notfällen. Ich bringe alles fertig, was getan werden muß, gleich ob ich jemandem wehtue. Und ich zittere nicht dabei. Aber ich tue es, ohne zu denken. Ich zögere überhaupt nicht dabei.

Das entspricht mehr oder weniger ihrem Verhalten im Laboratorium.

Mrs. Rosenblum: Ich sagte mir immer wieder: «Warum tue ich diesem armen Mann weh?»

Interviewer: Und *warum haben* Sie weitergemacht?

Mrs. Rosenblum: Es ist doch ein Experiment! Ich bin ja nicht ohne Grund hier. Also mußte ich es tun. *Sie* haben es doch gesagt. *Ich* wollte es nicht tun. Ich bin sehr interessiert an diesem ... diesem ganzen Projekt. Darf ich Sie etwas fragen? Haben Sie einen Augenblick Zeit? Wie reagieren andere Leute?

Versuchsleiter: Nun, was glauben Sie denn?

Mrs. Rosenblum: Schön, ich will es Ihnen sagen. Daß ich als eine Frau dazu ausgewählt wurde ... also, da haben Sie sich bestimmt was Schönes rausgesucht. Bei meiner freiwilligen Sozialarbeit, da gibt es nicht viele Frauen, die das tun würden, was ich tue ... Ich bin eine Ausnahme; ich hab' ein weiches Herz, ich bin butterweich. Ich weiß nicht, wie ich als Frau im Vergleich zu anderen Frauen abschneide; die sind ein bißchen härter als ich. Ich glaube nicht, daß sie sich übermäßig viele Sorgen machen.

Ich war stark in Versuchung, abzubrechen und zu sagen: ‹Hören Sie, ich mache das nicht weiter. Tut mir leid, aber ich mache das nicht.› Ich sagte es mir immer wieder selber vor: ‹Tut mir leid, ich mache das einfach nicht.› Und dann gab er keine Antwort mehr. Und ich dachte, vielleicht hat er einen Schock, weil er doch gesagt hatte, daß er einen Herzfehler hat. Aber ich wußte, Sie würden nicht zulassen, daß ihm etwas passiert. Darum machte ich also weiter, *stark* gegen meinen Willen. Ich machte die Hölle durch dabei ... Ich glaube nicht, daß andere so nervös sein würden wie ich ... Ich glaube, sie würden sich nicht so große Sorgen machen. Wenn man sieht, wie sie mit ihren Kindern umgehen, also ich glaube nicht, daß sie sich allzu große Sorgen um andere Menschen machen.

Sie konstruiert aus der von ihr gezeigten Verkrampfung ein eindeutiges Anzeichen von Tugend: Sie war nervös, weil sie sich wegen des Opfers Sorgen machte. Aber sie spricht beharrlich von sich selbst weiter. Der Versuchsleiter hört ihr geduldig zu.

Mrs. Rosenblum: Manchmal sage ich mir: ‹Warum übernimmst du nicht den Vorsitz von Woman's Assembly und bekommst Beifall, Ehrungen, Zeitungsartikel und mehr Prestige, als du willst, anstatt mit deinen Lederjacken-Jungs zu arbeiten, was überhaupt keine Publicity einbringt?› Und das einmal pro Woche. So geht das mein ganzes Leben lang: ich war fünf Jahre lang Pfadfinderinnen-Führerin. Schließlich hatte ich dreißig Mädchen in meinem Rudel, und alle wollten aufgenommen werden. Aber das konnte ich nicht, weil die Zahl begrenzt ist. Jetzt bin ich sehr erleichtert. Ich hatte schon immer was für die Wissenschaft übrig; und ich wollte sowieso studieren. Ich versuche meine Tochter dahin zu bekommen. Ich bin sehr froh, daß ich hier mitgemacht habe; sehen Sie, wie entspannt ich jetzt bin?

Das Interview ging weiter, bis Mrs. Rosenblum sich genügend beruhigt hatte, um aus dem Laboratorium entlassen zu werden.

Mrs. Rosenblum fehlt in ihrem Seelenleben die Integration. Es ist ihr nicht möglich gewesen, ihre Lebensziele und ihr Bedürfnis nach Ansehen und Erfolg in Einklang zu bringen. Ihre Zielsetzungen, ihr Denken und ihre Emotionen sind fragmentarisch. Sie spielte ihre Rolle im Experiment als Lehrer mit großer äußerlicher Überzeugungskraft, aber gleichzeitig legte sie dem Versuchsleiter eine andere Seite ihres Selbst bloß, indem sie sich demütig und unterwürfig verhielt.

Es erstaunt nicht, daß es ihr nicht gelang, die psychische Kraft aufzubringen, die nötig gewesen wäre, um ihr Mitgefühl mit dem Schüler in den Akt der Gehorsamsverweigerung zu überführen. Ihre Gefühle, Zielsetzungen und Gedanken waren dazu zu verschieden und unintegriert.

Alles läßt darauf schließen, daß sie zum Zeitpunkt des Experiments wirklich glaubte, daß dem Schüler Schocks zugefügt wurden. Doch fällt es einer Frau mit hysterischen Tendenzen ja nicht schwer, ihr Denken so anzupassen, daß es einem positiven Bild von ihr selbst entspricht. Auf dem Fragebogen, den sie uns einige Monate später zurücksandte, gibt sie an, daß ihr «reifer und gut ausgebildeter Verstand» während des Experiments nicht daran geglaubt habe, daß der Schüler wirklich Schocks erhalten habe. Durch eine gedankliche

Anpassung *im Nachhinein* bewahrt sie sich das liebgewordene – wenn auch unrealistische – Bild, das sie von sich selbst hegt.

Gretchen Brandt, medizinisch-technische Assistentin (in Experiment 8)

Die Versuchsperson ist 31 Jahre alt, attraktiv und arbeitet als medizinisch-technische Assistentin an der University Medical School. Sie ist vor fünf Jahren aus Deutschland eingewandert und spricht mit einem schweren deutschen Akzent.

Bei mehreren Gelegenheiten, wenn Beschwerden vom Schüler kommen, wendet sie sich dem Versuchsleiter zu und fragt kühl: «Soll ich weitermachen?» Und sie wendet sich prompt wieder ihrer Aufgabe zu, wenn er ihr dies bestätigt. Als sie 210 Volt verabreicht, wendet sie sich dem Versuchsleiter zu und sagt mit fester Stimme: «Also, es tut mir leid, aber ich glaube, wir sollten hier abbrechen.»

Versuchsleiter: Das Experiment erfordert, daß Sie fortfahren, bis er alle Wortpaare richtig gelernt hat.

Gretchen: Tut mir leid, aber er hat einen Herzfehler. Das hat er Ihnen vorher gesagt.

Versuchsleiter: Die Schocks können zwar schmerzhaft sein, aber sie sind nicht gefährlich.

Gretchen: Also, es tut mir leid, ich glaube, wenn die Schocks so weitergehen, dann *sind* sie gefährlich. Sie fragen ihn besser, ob er dort rauswill. Schließlich ist es seine freie Entscheidung.

Versuchsleiter: Es ist absolut wesentlich, daß wir fortfahren ...

Gretchen: Ich möchte, daß Sie ihn fragen. Wir sind aus freiem Entschluß hier. Wenn er weitermachen möchte, dann mache ich weiter. Er hat Ihnen erklärt, daß er einen Herzfehler hat. Tut mir leid. Ich will nicht dafür verantwortlich sein, wenn ihm was passiert. Ich möchte das ja auch nicht für mich selber haben.

Versuchsleiter: Es bleibt Ihnen keine andere Wahl.

Gretchen: Ich glaube, daß wir hier aus freiem Entschluß sind. Ich will nicht dafür verantwortlich sein, wenn der Mann einen Herzfehler hat, wenn ihm irgendwas passiert. Haben Sie bitte dafür Verständnis.

Sie weigert sich weiterzumachen, das Experiment ist beendet.

Diese Frau besitzt durch und durch feste Überzeugungen und ist resolut. Im Interview gibt sie zu erkennen, daß sie keineswegs verkrampft oder nervös gewesen sei, und dies entspricht ihrem wohlkontrollierten Verhalten während des ganzen Prozesses. Sie glaubt, daß der letzte Schock, den sie dem Schüler gegeben hat, äußerst schmerzhaft gewesen sei, und sagt wiederholt, daß sie «nicht für irgendwelche Schäden, die er erleiden könnte, verantwortlich sein» wolle. Sie hört sich die Erläuterungen des Versuchsleiters interessiert an, äußert ihr Erstaunen, daß der Schüler überhaupt keinen Schock erhielt, und gibt an, daß sie bereit sei, 45 Volt als maximalen Probeschock selbst zu akzeptieren.

Das geradlinige und höfliche Verhalten dieser Frau beim Experiment, ihre Unverkrampfheit und die völlige Kontrolle über ihr eigenes Verhalten scheinen Gehorsamsverweigerung zu einem einfachen und rationalen Tun zu machen. Ihr Verhalten ist schlechthin die Verkörperung dessen, was ich ursprünglich als für fast alle Versuchspersonen typisches Verhalten angepeilt hatte.

Ironischerweise wuchs Gretchen Brandt in Hitlerdeutschland heran und war während des größten Teils ihrer Kindheit der Nazipropaganda ausgesetzt. Über die möglichen Einflüsse ihrer Lebensumstände befragt, sagt sie langsam: «Vielleicht haben wir zuviel Qual gesehen.»

Pasqual Gino, Inspektor der Wasserwerke (in Experiment 7)

Pasqual Gino ist 43 Jahre, arbeitet als Inspektor bei den Wasserwerken, wurde von italienischen Eltern in den Vereinigten Staaten geboren. Er beteiligte sich an jener Variante des Experiments, bei der der Versuchsleiter nach Unterweisung der Versuchsperson und des Opfers das Laboratorium verläßt und der Versuchsperson nur seine Telefonnummer gibt. Also bleibt diese mit dem Opfer allein im Labor, darf aber den Versuchsleiter anrufen, wenn Probleme auftreten. Mr. Gino telefonierte bei mehreren Gelegenheiten mit dem Versuchsleiter. Nachdem er den 150-Volt-Schock verabreicht hatte, rief er an und sagte: «Professor, der Herr beklagt sich. Er möchte rausgelassen werden. Er will keine weiteren Schocks mehr haben ... Ich habe ihm gerade 150 Volt gegeben, und er sagte: ‹Das reicht mir jetzt!›»

Der Versuchsleiter instruierte ihn über Telefon, er müsse fortfahren, und Mr. Gino tat dies.

Er blieb allein im Experimentierraum und führte pflichtgemäß die Anweisungen aus; inzwischen protestierte das Opfer nachdrücklich. Bei der 300-Volt-Stufe, bei der sich das Opfer weigerte, weitere Antworten zu liefern, rief Mr. Gino den Versuchsleiter erneut an, und dieser erklärte ihm wieder, er müsse weitermachen und eine nichtgegebene Antwort als eine falsche bewerten.

«Sie wollen also, daß ich bis ganz ans Ende der Schalttafel mit den Volt weitermache? Aha, und wenn ich am Ende bin, was mach' ich dann?»

Nach 330 Volt erfolgten keinerlei Äußerungen mehr vom Opfer, weder solche des Protests noch des Schmerzes. Besorgt telefonierte Mr. Gino erneut:

«Professor, ich höre dort drin jetzt überhaupt keinen Laut mehr. Ich stehe bei 330 Volt. Ich höre kein Wimmern mehr und überhaupt gar nichts, und ich bin ein bißchen beunruhigt darüber. Glauben Sie, daß mit dem Herrn was passiert ist?»

Der Versuchsleiter erklärt nachdrücklich, daß die Schocks zwar schmerzhaft sein könnten, jedoch keine bleibenden Gewebsschäden bewirkten. Die Versuchsperson wandte sich erneut allein im Labor ihrer Aufgabe zu. Nachdem sie die 450-Volt-Stufe erreicht hatte, rief sie den Versuchsleiter an und erinnerte erneut daran, daß vom Schüler kein Laut mehr zu hören war.

Rechtzeitig kommt der Versuchsleiter ins Laboratorium zurück und unterrichtet Mr. Gino, daß dem Schüler nichts passiert sei. Beim Interview erklärt Mr. Gino auf die Frage, wie hoch seine Spannung oder Verkrampftheit gewesen sei: «Ich war nervöser wegen dem anderen Herrn als meinetwegen ... Ich war nervöser seinetwegen. Ich war nervös, weil Sie nicht da waren. Wenn Sie dagewesen wären, dann wäre ich überhaupt nicht nervös gewesen. Ich meine, wenn der Mann ohnmächtig geworden wäre, und ich gebe ihm weiter diese Dinger, diese Schocks – also, dann wäre ich, glaube ich, verantwortlich gewesen, weil ich ihm ja – diese Schocks verabreichte.»

Die Versuchsperson akzeptiert Verantwortung nicht in einer allgemeinen philosophischen Art, glaubt aber, daß die Situation ihr nur deshalb Verantwortung auferlegte, weil sie mit dem Schüler allein war. Sie sagte weiter: «[Wenn Sie dagewesen wären] würden Sie gesagt haben: ‹Machen wir Schluß› oder ‹Machen wir weiter› oder sowas. Sie wissen mehr als ich. Sie sind ja schließlich der Professor. Ich bin nicht ... Aber andererseits muß ich sagen, daß ich so bei 255 Volt zum letzten Mal was von ihm gehört habe, und das war auch das letzte Mal, daß er sich beklagt hat.» (Dann macht die Versuchsperson die Beschwerden des Schülers nach.)

Mehrere Monate nach seiner Beteiligung am Experiment nimmt Mr. Gino an einer Gruppendiskussion teil und äußert sich über seine Erfahrungen beim Experiment. Rückblickend sieht er das Experiment als «großartig» an. «Ich war davon fasziniert [und] ... am gleichen Abend ging ich auf eine Party; wissen Sie, ich habe zwei Schwägerinnen, die Krankenschwestern sind, und die waren ebenfalls fasziniert davon ... Ich sage Ihnen, das ist etwas, was ich mein Leben lang nicht mehr vergessen werde.»

Sogar Monate nach dem Experiment scheint ihm nie der Gedanke gekommen zu sein, ob er nicht vielleicht doch den Gehorsam gegen Befehle, weitere Schocks zu verabreichen, hätte verweigern sollen.

«... Ich hatte noch etwa acht weitere Schalter zu betätigen, und er [der Schüler] da drin führte sich richtig hysterisch auf, wollte die Polizei holen und so. Also habe ich den Professor dreimal angerufen. Und beim dritten Mal sagte er: ‹Fahren Sie einfach fort›. Also gebe ich ihm den nächsten Schlag. Und dann kriege ich von ihm keine Antwort mehr, kein Seufzen und kein gar nichts. Ich sagte mir: ‹Lieber Gott, jetzt ist er tot; also schön, bringen wir ihn ganz um.› Und ich machte einfach so weiter bis zu 450 Volt.»

Mr. Gino hat nichts dagegen einzuwenden, daß er Befehlen gehorcht, allerdings deutet er an, daß er sich wohler gefühlt hätte, wenn der Befehlende neben ihm im Labor anwesend gewesen wäre. Auf die Frage, ob er aufgeregt oder beunruhigt gewesen sei, weil er diese Schocks verabreichte, antwortete er: «Nein ... ich überlegte mir: schön, das ist ein Experiment, und Yale weiß, was dabei vorgeht, und wenn die es für in Ordnung halten, dann, also dann ist es auch für mich in Ordnung. Die wissen mehr als ich ... Also mache ich alles mit, was sie mir auftragen ...» Dann erklärt er:

«Das beruht alles darauf, was für ein Prinzip jemand im Leben verfolgt und wie er erzogen wurde und was für Ziele er sich im Leben setzt. Wie er die Sachen anpackt. Ich weiß, als ich beim Militär war, [wenn man mir befahl] ‹Ihr geht über den Hügel rüber, und dann greifen wir an›, dann haben wir angegriffen. Wenn der Leutnant sagt: ‹Wir kommen jetzt auf Schußweite, und ihr robbt euch vor›, dann robbt man einfach auf dem Bauch. Und wenn man auf eine Schlange stößt, und ich habe viele Typen gesehen, denen das passiert ist, Mokassinschlangen, und den Leuten war befohlen, nicht aufzustehen, und sie sind aufgestanden. Sie wurden getötet. Darum glaube ich, daß das alles damit zu tun hat, wie jemand erzogen worden ist und wie seine Lebensumstände sind.»

Seine Erzählung schildert eine Mißachtung des Befehls des Leutnants, sich an den Boden zu drücken, obwohl die Mokassinschlangen eine wirkliche Gefahr darstellten und die instinktive Reaktion hervorriefen, sich zu erheben. Und schließlich wurden die Ungehorsamen vernichtet. Gehorsam, sogar angesichts kritischer Umstände, ist die verläßlichste Garantie für Überleben. Am Ende der Diskussion faßte Mr. Gino seine Reaktion auf sein eigenes Verhalten zusammen.

«Also, ich glaubte wirklich fest, daß der Mann tot war, bis wir die Tür aufmachten. Als ich ihn sah, sagte ich: ‹Großartig, das ist ganz großartig.› Aber es hätte mich nicht beunruhigt, wenn er tot gewesen wäre. Ich erfüllte eine Aufgabe.»

Er gibt an, daß er während der Monate kurz nach dem Experiment nicht beunruhigt gewesen sei, sondern neugierig. Er berichtet, was er zu seiner Frau bei Erhalt des Abschlußberichts gesagt habe: «‹Ich glaube, ich habe mich anständig und gehorsam verhalten und die Befehle ausgeführt, wie ich das immer tue›. Also sagte ich zu meiner Frau: ‹Siehst du, das ist es. Und ich glaube, daß ich meine Sache gut gemacht habe.› Sie sagte: ‹Ja, aber nimm mal an, der Mann wäre wirklich tot gewesen?›»

Mr. Gino hatte ihr geantwortet: «Dann wäre er eben tot gewesen. Ich habe nur meine Pflicht getan.»

8. Kapitel
Rollenwechsel

Bisher haben wir die Reaktion der Versuchsperson auf eine Situation untersucht, die, grob gesagt, auf mechanische Weise abgewandelt wurde, deren Grundstruktur jedoch unverändert blieb. Sicherlich, die veränderte Entfernung zwischen Versuchsperson und Opfer zeitigt wichtige psychologische Auswirkungen, doch scheint eine viel weiter reichende Aufgliederung der Situation notwendig zu sein, wenn die Wurzeln dieses sozialen Verhaltens untersucht werden sollen. Solch eine Behandlung des Problems wird nicht nur erfordern, daß das Opfer von der einen Seite des Laboratoriums auf die andere gebracht wird, sondern man muß dabei auch von den analytisch ermittelten wesentlichen Komponenten ausgehen und diese dann neu zu kombinieren versuchen.

In der Versuchsanordnung finden wir die folgenden drei Elemente: *Position*, *Status* und *Aktion*. *Position* beinhaltet, ob eine Person den Schock anordnet, verabreicht oder empfängt. Dies läßt sich in der Konstruktion des Versuchs von der Rolle des Versuchsleiters oder der Versuchsperson trennen, wie wir sehen werden. *Status* – in dieser Untersuchung mit zwei Werten vertreten – bezieht sich darauf, ob eine Person als Autorität oder als gewöhnlicher Mensch präsentiert wird. *Aktion* bezieht sich auf das Verhalten der Person in den jeweiligen drei Positionen, und spezifischer darauf, ob die Person die Verabreichung von Schocks an das Opfer befürwortet oder sich ihr widersetzt.

In den bisher berichteten Experimenten blieben alle Bezüge zwischen diesen drei Elementen unverändert. *Aktion* war zum Beispiel stets an einen besonderen Status gebunden. So war also die Person, die Schocks erhielt, stets ein Normalmensch (im Gegensatz zu Autoritätsperson), und ihre Aktion bestand unverändert darin, gegen den Schock zu protestieren.

Solange die Beziehungen zwischen Position, Aktion und Status unverändert beibehalten werden, können wir gewisse fundamentale Fragen nicht beantworten. Zum Beispiel, reagiert die Versuchsperson hauptsächlich auf den Inhalt des Befehls, Schocks zu geben, oder auf den Status der Person, die diesen Befehl erteilt? Werden die Aktionen der Versuchsperson weitgehend davon bestimmt, *was* gesagt wird oder *wer* es sagt?

	Person I	Person II	Person III
Position:	Befiehlt den Schock	Am Kontrollpult	Erhält den Schock
Status:	Autoritätsperson	gewöhnlicher Mensch	gewöhnlicher Mensch
Aktion:	Ist für Schock	Unbestimmt	Ist gegen Schock
Spezifische Bezeichnung	Versuchsleiter	Lehrer	Schüler
Konzeptbezug	Autoritätsperson	Versuchsperson	Opfer

Abb. 8: Rollenwechsel

Experiment 12: Der Schüler bittet um Schock

Beginnen wir mit einer Umkehrung der Imperative zwischen Versuchsleiter und Opfer:

Bisher hat stets der Versuchsleiter der Versuchsperson befohlen, mit den Schocks fortzufahren, und der Schüler hat stets protestiert. Beim ersten Rollenwechsel wird dies umgekehrt sein. Der Schüler bittet um Schock, der Versuchsleiter verbietet, ihn zu schocken.

Diese Variante wurde wie folgt durchgespielt: Der Schüler stieß Schmerzensschreie aus, wenn er Schocks bekam; doch trotz der unangenehmen Lage schien er bereit zu sein weiterzumachen. Nach der 150-Volt-Stufe unterbrach der Versuchsleiter den Versuch und bemerkte, die Reaktionen des Schülers seien ungewöhnlich heftig und angesichts seines Herzfehlers sollten keine weiteren Schocks mehr verabreicht werden. Daraufhin rief der Schüler, er wolle mit dem Experiment fortfahren; einer seiner Freunde habe kürzlich am Experiment teilgenommen und bis zum Ende durchgehalten;

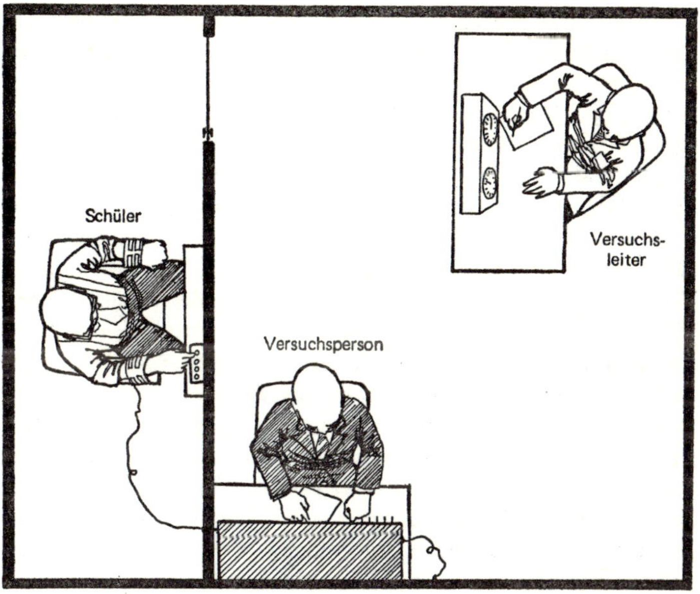

Abb. 9: Der Schüler bittet um Schock

es sei für ihn eine Kränkung seiner Männlichkeit, wenn man ihn aus dem Experiment entließe. Der Versuchsleiter antwortete, es sei zwar wertvoll für den Versuch, wenn man weitermachte, angesichts der Schmerzreaktionen des Schülers sollten jedoch keine weiteren Schocks mehr gegeben werden. Der Schüler bat hartnäckig darum, das Experiment fortzusetzen, beteuerte, er sei ins Laboratorium gekommen, «um eine Aufgabe zu erfüllen», und beabsichtige, dies auch zu tun. Er bestand darauf, daß der Lehrer mit der Prozedur fortfahre. Auf diese Weise war die Versuchsperson einem Schüler konfrontiert, der um Schocks bat, und einem Versuchsleiter, der sie verbot.

Die Ergebnisse des Experiments sind in Tabelle 4 erfaßt. Keine einzige Versuchsperson ging auf die Bitten des Schülers ein; alle hörten mit der Verabreichung der Schocks auf den Befehl des Versuchsleiters hin auf.

Versuchspersonen sind also bereit, dem Schüler auf Wunsch der Autorität Schocks zu geben, aber nicht auf den Wunsch des Schülers selbst. Sie nehmen diesbezüglich den Schüler als eine Person, die weniger Rechte über sich selbst besitzt, als sie die Autorität darüber hat. Der Schüler tritt auf als bloßer Teil in einem totalen System, das von der Autorität beherrscht wird. Es ist also nicht der Befehl an sich von entscheidender Wichtigkeit, sondern sein Ursprung in der Autorität. Wenn der Versuchsleiter im Basisexperiment sagte: «Geben Sie ihm 165 Volt», dann führen die meisten Versuchspersonen dies aus trotz der Proteste des Schülers. Aber wenn der Schüler selbst sagt: «Geben Sie 165 Volt», ist nicht eine einzige Versuchsperson bereit, dies zu tun. Es wäre natürlich innerhalb der von der Autorität definierten Zielsetzungen auch nicht sinnvoll, es zu tun, es demonstriert nur, wie gründlich die gesamte Situation von den Zielsetzungen der Autorität beherrscht wird. Der Schüler wünscht, die Schockserie bis zum Ende durchzustehen, um die persönliche Befriedigung einer Zurschaustellung seiner Männlichkeit zu gewinnen, doch dieser persönliche Wunsch ist vollkommen belanglos in einer Situation, in der die Versuchsperson sich gänzlich den Standpunkt der Autorität zu eigen gemacht hat.

Der Entschluß, dem Schüler Schocks zu geben, ist nicht von den Wünschen des Schülers oder von den wohlwollenden oder feindseligen Neigungen der Versuchsperson abhängig, sondern vielmehr von dem Grad, in dem die Versuchsperson einem Autoritätssystem verhaftet ist.

Die Umkehrung der Befehle zwischen Opfer und Versuchsleiter stellt eine extreme Veränderung der Standardsituation dar. Sie erbringt eindeutige, wenn auch nicht völlig überraschende Ergebnisse; doch wurde gegenüber der ursprünglichen Situation zu viel verändert, als daß wir die genauen Ursachen dieser Wirkungen festlegen könnten. Wir müßten gemäßigtere Abwandlungen der Situation untersuchen, so daß die Herkunft der Ergebnisse, selbst wenn diese weniger umfassend sind, genauer angegeben werden kann.

Experiment 13: Ein gewöhnlicher Mensch erteilt Befehle

Die kritischste Frage betrifft die Basis, auf der die Macht des Versuchsleiters beruht, die Versuchsperson dazu zu bewegen, dem Opfer Schocks zu erteilen. Gehört diese Macht zum Gehalt des Befehls an sich, oder entspringt sie der autoritativen Quelle, von der er ausgeht? Wie bereits dargelegt, besitzt die Rolle des Versuchsleiters eine Statuskomponente ebenso wie eine besondere Befehlsgewalt, nämlich die, dem Opfer Schocks zu geben. Wir können hier die Statuskomponente beiseite lassen und uns auf die Befehlskomponente konzentrieren. Am einfachsten geschieht dies, indem man dem Versuchsleiter die Befehlsgewalt nimmt und sie einem gewöhnlichen Menschen überträgt.[8]

Das Verfahren dieser Variante erlaubte einem gewöhnlichen Menschen, der scheinbar eine Versuchsperson war, spezifische Schockstufen zu befehlen. Drei Versuchspersonen (davon zwei Helfer des Versuchsleiters) treffen im Laboratorium ein, und durch eine manipulierte Verlosung erhält der übliche Helfer die Rolle des Opfers. Dem zweiten Eingeweihten wird die Aufgabe übertragen, von einer Uhr auf dem Tisch des Versuchsleiters die Zeiten aufzuzeichnen. Bei der Verlosung wird der uneingeweihten Versuchsperson die Aufgabe übertragen, die Wortpaare zu verlesen und dem Schüler Schocks zu verabreichen. Der Versuchsleiter gibt die gewöhnlichen Instruktionen, schnallt das Opfer auf den elektrischen Stuhl und gibt die Probeschocks. Zu keinem Zeitpunkt jedoch deutet er an, welche Schockhöhe verabreicht werden soll. Ein arrangierter Telefonanruf zwingt den Versuchsleiter, das Laboratorium zu verlassen. Etwas aufgeregt, doch willens, das Experiment zu Ende geführt zu sehen, weist der Versuchsleiter, ehe er das Labor verläßt, darauf hin, daß die Lerninformation automatisch aufgezeichnet werde und die Versuchspersonen im Experiment fortfahren sollten, bis alle Wortpaare perfekt gelernt seien. (Auch hier wieder erwähnt er nicht, welche Schockniveaus angesetzt werden sollen.)

Nachdem der Versuchsleiter gegangen ist, verkündet der Helfer ziemlich enthusiastisch, daß ihm eben ein gutes System eingefallen sei, wie man die Schocks verabreichen könne, nämlich, indem man die Schockhöhe jedesmal um eine Stufe steigere, wenn der Schüler einen Fehler mache; während des ganzen Experiments besteht er darauf, daß diese Prozedur verfolgt wird.

Also ist die (echte) Versuchsperson in eine allgemeine Situation versetzt, die von einer Autorität im Experiment definiert worden ist, wobei jedoch Befehle zu bestimmten Stufen von einem hartnäckigen gewöhnlichen Menschen kommen, dem der Status der Autorität völlig fehlt.

Bevor wir uns weiter kritisch mit den Ergebnissen befassen, scheinen einige Bemerkungen zur Gesamtsituation angebracht. Zunächst einmal war die Inszenierung dieses Experiments zwangsläufig unnatürlicher als gewöhnlich. Der Abgang des Versuchsleiters aus dem Labor war ungeschickt und schwächte bis zu einem gewissen Grad die Glaubhaftigkeit der Situation ab. Zweitens, obgleich es die Absicht des Experiments war, die Befehle von jeglicher autoritativen Quelle zu befreien, war es nahezu unmöglich, dies auf vollkommen wirksame Weise zu erreichen. Es gab zahlreiche Reste abgeleiteter Autorität, auch wenn der Versuchsleiter abwesend war. Die Gesamtsituation war von der Autorität definiert worden, ebenso der Gedanke der Schockverabreichung. Dem gewöhnlichen Menschen blieb nur die Spezifikation der genauen Schockhöhe überlassen. Die Autorität geisterte im Hintergrund herum und hatte die Grundsituation geschaffen, in der sich die Teilnehmer befanden.

Dennoch zeigte sich eine scharfe Abnahme an Gefügigkeit: 16 der 20 Versuchspersonen brachen mit dem gewöhnlichen Mann trotz seiner hartnäckigen Hinweise, daß das Experiment fortgesetzt werden sollte, und trotz seines beständigen Sperrfeuers von überzeugenden Argumenten. (Die Punktangaben finden sich in Tabelle 4.) Nur ein Drittel der Versuchspersonen, die dem Versuchsleiter gehorchten, gehorchten dem gewöhnlichen Menschen.

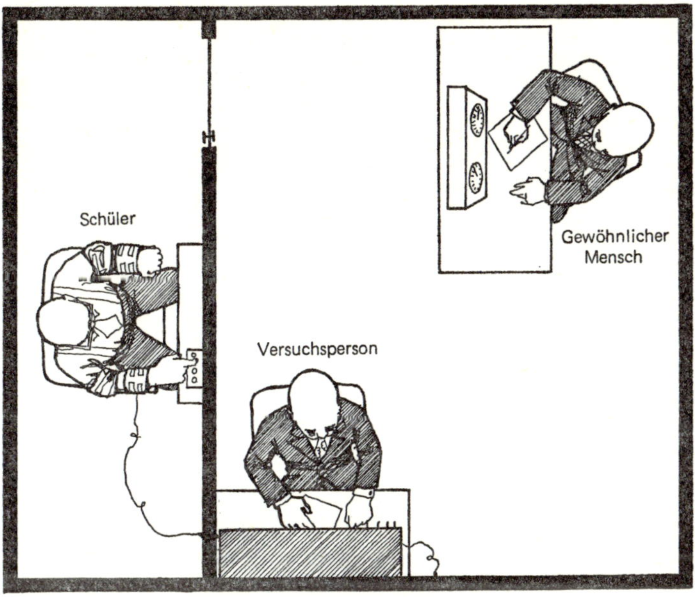

Abb. 10: Ein gewöhnlicher Mensch gibt Befehle

Ehe wir über die Gewichtigkeit dieser Ergebnisse sprechen, wollen wir noch eine Ausweitung dieses Experiments betrachten.

Experiment 13 a: Die Versuchsperson als nichtbeteiligter Zuschauer

Wenn die Versuchsperson sich weigerte, den Instruktionen des gewöhnlichen Mannes Folge zu leisten, wurde eine neue Situation eingeführt. Der Eingeweihte – scheinbar von der Weigerung angewidert – erklärte, wenn der andere nicht dazu bereit sei, werde er selbst die Verabreichung der Schocks übernehmen. Dann bat er die Versuchsperson, die Dauer der Schocks aufzuzeichnen und setzte sich vor den Schockgenerator. Auf diese Weise war die Versuchs-

Tabelle 4: Maximalschocks bei Rollenwechselexperimenten

Schock-stufe	Aufschrift und Voltangabe	Experiment 12: Schüler bittet um Schock (n = 20)	Experiment 13: Gewöhnlicher Mensch befiehlt (n = 20)	Experiment 13 a: Versuchsperson als Zuschauer (n = 16)
	Leichter Schock			
1	15			
2	30			
3	45			
4	60			
	Mäßiger Schock			
5	75			
6	90			
7	105		1	
8	120			
	Mittlerer Schock			
9	135			
10	150	20	7	3
11	165		1	1
12	180			
	Kräftiger Schock			
13	195		3	
14	210			
15	225			
16	240			
	Schwerer Schock			
17	255		1	
18	270		1	
19	285			
20	300		1	
	Sehr schwerer Schock			
21	315			
22	330			
23	345		1	
24	360			
	Gefahr! Bedrohlicher Schock			
25	375			
26	390			
27	405			
28	420			1
	XXX			
29	435			
30	450		4	11
Durchschnittlich gegebene höchste Schockstufe		10.0	16.25	24.9
Prozentsatz der Maximalschocks		0.0%	20.0%	68.75%*

* Diese Zahl nennt den Prozentsatz der 16 Versuchspersonen, die sich zwar den Anweisungen des gewöhnlichen Menschen verweigert hatten, aber ihn doch nicht daran hinderten, seinerseits den Maximalschock zu geben.

Tabelle 4 (Fortsetzung)

Schock-stufe	Aufschrift und Voltangabe	Experiment 14: Autorität als Opfer (n = 20)	Experiment 15: Zwei Autoritäten: widersprüchliche Befehle (n = 20)	Experiment 16: Zwei Autoritäten als Opfer (n = 20)
	Leichter Schock			
1	15			
2	30			
3	45			
4	60			
	Mäßiger Schock			
5	75			
6	90			
7	105			
8	120			
	Mittlerer Schock			
9	135		1	
10	150	20	18	6
11	165		1	
12	180			
	Kräftiger Schock			
13	195			
14	210			
15	225			
16	240			
	Schwerer Schock			
17	255			
18	270			
19	285			
20	300			1
	Sehr schwerer Schock			
21	315			
22	330			
23	345			
24	360			
	Gefahr! Bedrohlicher Schock			
25	375			
26	390			
27	405			
28	420			
	XXX			
29	435			
30	450			13
Durchschnittlich gegebene höchste Schockstufe		10.0	10.0	23.5
Prozentsatz der gegebenen Maximalschocks		0.0%†	0.0%	65.0%

† Zum Verständnis dieser Angabe siehe Text Seite 124.

person davon entbunden, dem Schüler persönlich Schocks geben zu müssen, doch wurde sie Zeuge einer qualvollen Szene, in der ihre aggressive Mit-Versuchsperson stur den Plan einer stufenweisen Erhöhung der Voltstärke durchführte. Von den 16 Versuchspersonen, die in diese Situation versetzt waren, protestierten nahezu alle gegen die Aktionen ihrer Mit-Versuchsperson; fünf gingen zu körperlichem Angriff gegen sie oder den Schockgenerator über, um die Verabreichung der Schocks zu beenden. (Mehrere versuchten, den Generator von der Stromquelle zu trennen; vier hielten die Mit-Versuchsperson physisch zurück.) Einer, ein kräftiger Mann, hob den übereifrigen Schocker vom Stuhl, warf ihn in eine Ecke des Labors und erlaubte ihm nicht, sich zu bewegen, ehe er nicht versprochen hatte, keine weiteren Schocks mehr zu geben. Wie passiv auch immer Versuchspersonen in Konfrontation mit Autorität sich gezeigt haben, in unseren Versuchssituationen erhoben sich jedenfalls fünf von ihnen heroisch und beschützten das Opfer. Sie hatten keine Hemmungen, den gewöhnlichen Menschen zu bedrohen, und zögerten nicht, seine Entscheidung zu kritisieren oder ihn persönlich zu züchtigen; ihre Haltung steht in scharfem Gegensatz zu der unterwürfigen Höflichkeit, die Versuchspersonen unweigerlich bei anderen Experimenten an den Tag legten, wenn die Autoritätsperson das Zepter schwang. Dort bewahrten nämlich die Versuchspersonen, selbst wenn sie den Gehorsam verweigerten, eine ehrerbietige Haltung gegen die Autorität. Die Abbruchpunkte sind aus Tabelle 4 zu ersehen.

Hier folgen die Bemerkungen einer Versuchsperson zu dem Zeitpunkt, zu dem die Mit-Versuchsperson vorschlug, sie selbst werde die Verabreichung der Schocks übernehmen.

Gewöhnlicher Mensch: Wollen Sie, daß ich Sie ablöse?

Versuchsperson: Sie bleiben ganz still da sitzen! Sie übernehmen gar nichts von dem, was ich tue.

(Die Versuchsperson versucht, das Opfer aus seinem Raum herauszulassen, was nicht gelingt, da die Tür verschlossen ist. Sie läßt erkennen, daß sie den Versuchsleiter suchen will. Der gewöhnliche Mensch regt erneut an, weitere Schocks zu verabreichen.)

Versuchsperson: Nein – nicht weiter. (Schreit den gewöhnlichen Menschen an:) Ich hab' gesagt «Nein»! Und das heißt «Nein»! Versuchen Sie ihm wehzutun, und ... Er will raus. Ich hole jetzt den Versuchsleiter. Wenn Sie ihm noch ein einziges Mal wehtun, dann nehmen Sie besser Ihre Brille runter.

Wenn sie sich weigern, dem gewöhnlichen Menschen zu folgen, nehmen die meisten Versuchspersonen an, damit das zu tun, was der Versuchsleiter von ihnen gewünscht haben würde. Und auf die Aufforderung hin, ihren Eindruck von dem gewöhnlichen Menschen zu schildern, sagten sie:

«Er ist solch ein Typ, der den ganzen Tag lang Schalter umlegen kann – solang er nicht am andern Ende ist. Wenn der im Mittelalter gelebt hätte, wäre er wahrscheinlich der Kerl gewesen, der die Folterbank bedient.»

«Viel zu hartnäckig. Ich möchte nicht sein Kind sein. Er bohrte andauernd: ‹Machen wir weiter, machen wir weiter.› ... Er machte einfach unbeirrbar weiter und sagte: ‹Ich habe ein System.› Ich fand das zu brutal.»

«Also ich fand, er war ein bißchen zu grausam. Er gab ihm noch Schocks, obwohl er gar nicht mehr antwortete.»

Doch eine der vier Versuchspersonen, die unter der Anstachelung durch den gewöhnlichen Menschen bis zum Ende weitergemacht hatten, sagte über diesen: «Ich hatte das Gefühl, daß er ein energischer Lehrer war. Ein fähiger Lehrer. Mit energisch – also, er ließ sich auf keine Kinkerlitzchen ein. Er hatte ein Projekt vor, und das mußte korrekt erledigt werden, und das war der Standpunkt, den er bezog. Ich glaube, es ist lobenswert, daß er diesen Standpunkt einnahm. Und was seine Fähigkeiten betrifft – also, es gab da kein Problem, wie wir mit der Sache fertigwerden sollten. Er erledigte das anscheinend alles sehr gut.»

Experiment 14: Die Autoritätsperson als Opfer: ein gewöhnlicher Mensch befiehlt

Bisher haben wir den Status der Person betrachtet, die die Schocks anordnet. Sehen wir uns nun den Status der Person an, die die Schocks erhält.

Diese Änderung der Versuchsanordnung ergibt sich logischerweise, wenn wir die wichtigeren Wechsel von Position und Status erschöpfend untersuchen wollen. Wir müssen die Auswirkungen feststellen, die sich ergeben, wenn eine Autoritätsperson als Opfer behandelt wird – das bedeutet, wenn der Status des Versuchsleiters in die Position des Opfers eingefügt wird. Doch wer sollte unter diesen Umständen die Schocks anordnen, eine Autoritätsperson oder ein gewöhnlicher Mensch? Wir werden beide Situationen darstellen, doch beginnen wir mit dem gewöhnlichen Menschen, der die Schockverabreichung gegen die Autoritätsperson befiehlt.

Um eine Situation zu schaffen, in der es plausibel erschien, daß die Autoritätsperson auf die Instruktionen eines gewöhnlichen Menschen hin Schocks erhielt, verwendeten wir folgende Prozedur. Zwei Personen kommen ins Labor und losen die Rollen des Lehrers und des Schülers aus. Das Experiment wird wie gewöhnlich durchgeführt, bis zu dem Punkt, an dem der Versuchsleiter mit der Beschreibung der Strafe beginnt, die der Schüler zu gewärtigen hat. An diesem Punkt äußert der Schüler Abneigung gegen die Beteiligung und gibt an, Furcht vor Schocks zu haben. Er sagt jedoch, wenn er zusehen könnte, wie ein anderer – zum Beispiel der Versuchsleiter – das Experiment mitmache, genau wie er es mitmachen sollte, dann wäre er bereit. Der Versuchsleiter hatte schon vorher zu erkennen gegeben, wie verzweifelt er Testpersonen brauche und wie schwierig es sei, Freiwillige zu finden, die sich Schocks geben lassen wollten; er erklärt sich nun bereit, die Rolle des Schülers zu spielen. Er betont jedoch, er tue dies nur unter der Bedingung, daß der andere unmittelbar darauf ebenfalls diese Rolle übernehme. Danach wird der Versuchsleiter in den Stuhl geschnallt, die Elektrodensalbe wird aufgetragen usw. Das Experiment geht so vor sich, daß die Versuchsperson dem Versuchsleiter Schocks verabreicht und der eingeweihte Helfer am Tisch des Versuchsleiters sitzt.

Bei 150 Volt bittet der Versuchsleiter darum, freigelassen zu werden, doch der eingeweihte Helfer besteht nachdrücklich darauf, daß er gemäß der Absprache weitermache.

So ist also die Versuchsperson in einer Lage, in der sie dem Versuchsleiter Schocks versetzt, der freigelassen werden will, während ein gewöhnlicher Mensch darauf besteht, daß die Schocks fortgesetzt werden, wie es der Fall sein würde, wenn er das Opfer wäre.

In Anbetracht der etwas ungewöhnlichen Natur des Experi-

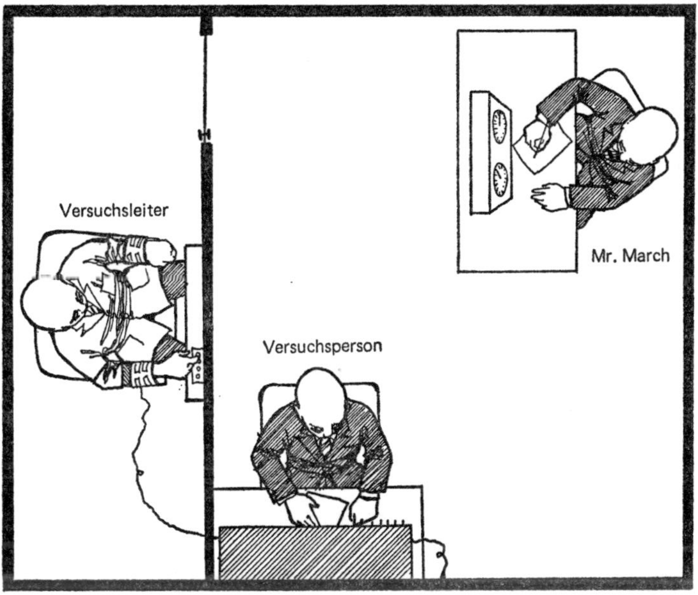

Abb. 11: Autorität als Opfer: ein gewöhnlicher Mensch befiehlt

ments muß man erwähnen, daß diese Prozedur gut funktionierte und aufgrund der hervorragenden schauspielerischen Fähigkeiten der Eingeweihten erstaunlich plausibel wirkte. Hier ein Protokoll eines der Experimente:

Eben ist das Los gezogen worden: Die uneingeweihte Versuchsperson ist der Lehrer; Mr. March, der eingeweihte Helfer, soll der Schüler sein.

Versuchsleiter: Als erstes müssen wir jetzt den Schüler in eine Lage bringen, in der er irgendwie bestraft werden kann. Bitte folgen Sie mir ins Nebenzimmer.

Mr. March: Was meinen Sie mit Strafe?

Versuchsleiter: Nun, wir haben da eine Maschine, einen Schockgenerator. Und als Bestrafung verwenden wir Elektroschocks.

Mr. March: Ich soll Elektroschocks bekommen?

Versuchsleiter: Ja, wenn Sie beim Unterricht, den Ihnen der Lehrer erteilen wird, Fehler machen.

Mr. March: Sie meinen, so um 15 Volt, 30 Volt?

Versuchsleiter: Ja.

Mr. March: Aber er bleibt doch hoffentlich hier unten. (Deutet auf die niederen Schocks auf der Skala.)

Versuchsleiter: Nun, das hängt von Ihnen ab, Mr. March. Es hängt davon ab, wie Ihre Fortschritte im Lernprozeß sind.

Mr. March: Würden Sie denn bis 75 Volt gehen?

Versuchsleiter: Möglicherweise ja. Es hängt von der Anzahl der Fehler ab ...

Mr. March: Und würden Sie bis 120 gehen?

Versuchsleiter: Ja, das ist möglich ...

Mr. March: Was ist der höchste Schock, den ich kriegen könnte?

Versuchsleiter: Nun, das hängt immer noch davon ab, welche Fortschritte Sie im Lernprozeß machen.

Mr. March: Also nehmen wir mal an, ich bin nicht sehr gut, wieviel würde ich dann bekommen?

Versuchsleiter: Nun, es ist denkbar, daß der Lehrer gezwungen sein könnte, bis ans Ende der Skala zu gehen, wenn das Experiment dies erfordert. Aber ... das hängt völlig von den Fortschritten ab, die Sie ... im Lernprozeß machen.

Mr. March: Ich hab' ein bißchen Hemmungen, so starke Schocks über mich ergehen zu lassen. Ich bin bereit, die da unten zu akzeptieren (deutet auf die niederen Schocks). Also 15 Volt, wissen Sie?

Versuchsleiter: Um ehrlich zu sein, wir hatten Schwierigkeiten, genügend Leute zusammenzukriegen, die sich für dieses besondere Experiment zur Verfügung stellten, eben wegen der Schocks.

Mr. March: Ich sehe auch, warum.

Versuchsleiter: Die Schwierigkeiten waren so groß, daß ich geneigt war, selbst in einer von diesen Geschichten den Schüler zu spielen. Um ehrlich zu sein, wir müssen diesen Versuch bis heute abend beendet haben. Wir sind knapp an Leuten. Wenn es uns nicht gelingt, daß jeder mit uns kooperiert und wir das Experiment zu Ende führen können, dann werden wir heute abend die Versuchsreihe eben nicht abschließen können. Aus diesem Grund wäre ich Ihnen wirklich für Ihre Mitarbeit dankbar.

Mr. March: Wenn ich eine gewisse Garantie bekommen könnte. Wenn Sie zum Beispiel vorher den Prozeß mitmachen würden, wenn Sie mir zeigen könnten, daß Sie diese Schocks aushalten können, dann wäre ich ganz entschieden bereit. Wenn jemand beweist, daß er die Schocks aushält.

Versuchsleiter: Wie wäre es damit, Mr. March? Wenn wir ein Experiment mit mir als Schüler durchführen, wären Sie dann bereit, ebenfalls als Schüler das Experiment mitzumachen?

Mr. March: Wenn Sie genau unter den gleichen Bedingungen mitmachen, wie ich das tun müßte? Mit Elektroschocks und all dem?

Versuchsleiter: Mit allem Drum und Dran.

Mr. March: Wenn ich sehe, daß Sie das machen, und Sie gehen auf Ihren eignen zwei Beinen da raus, dann würde ich das auch machen.

Versuchsleiter: Okay, also warum machen wir's dann nicht? Übrigens hilft uns das aus der Klemme. So haben wir zwei Experimente statt bloß einem, und so können wir vielleicht unser Soll bis heute abend hinkriegen. Warum machen wir's also nicht so? Ich mache zuerst das Experiment mit. Und sobald ich damit fertig bin, sind Sie der Schüler, ja?

Mr. March: Jaaa.

Versuchsleiter: Okay, wunderbar.

Mr. March: Wenn Sie bis zum Ende gehen und es aushalten, dann kann ich das auch.

Der Versuchsleiter gibt der am Schockgenerator sitzenden uneingeweihten Versuchsperson zusätzliche Instruktionen; dann hilft die Versuchsperson dem Versuchsleiter, indem sie ihn in den «Elektrischen-Stuhl-Apparat» schnallt, Elektrodensalbe anbringt usw. Im folgenden das Protokoll des Vorgangs, beginnend mit dem Punkt, an dem der Versuchsleiter bittet, aus dem Prozeß entlassen zu werden:

(150 Volt sind verabreicht)

Versuchsleiter (schreit): Das ist genug, meine Herren!

Versuchsperson: Ich kann es Ihnen nicht übelnehmen.

Mr. March: O nein, machen wir doch weiter. Also nein, wirklich, ich muß doch dann auch die ganze Sache bis zum Schluß mitmachen. Machen wir weiter. Kommen Sie, machen wir weiter!

Versuchsperson (zum Versuchsleiter): Was sagen Sie dazu?

Mr. March (unterbricht): Er hat gesagt, daß ich vielleicht 450 ertragen muß. Ich will sehen, ob auch er das aushalten kann.

Versuchsperson: Aber der Mann kann es doch nicht aushalten. Es ist doch Quatsch, wenn wir das tun, wenn Sie mich recht verstehen.

Mr. March: Aber nein doch.

Versuchsperson (zu Mr. March): Wenn Sie dran sind, dann lasse ich *Sie* aufhören, wann immer *Sie* wollen. Okay? Wie finden Sie das?

Mr. March: Er hat gesagt, daß wir die Sachen perfekt lernen müssen.

Versuchsperson: Also, ich will dem Mann keinen Schmerz zufügen, wirklich. Schauen Sie, wir kommen jetzt schon ziemlich hoch. Sie gehen ja schon auf 165.

Mr. March: Er hat gesagt, daß man die Sachen perfekt lernen muß. Er hat gesagt, daß Sie bis ans Ende der Skala gehen könnten.

Versuchsperson: Also, ich werde das ihm überlassen. Wenn er nicht will, dann hören wir eben auf.

Versuchsleiter: Bitte lassen Sie uns aufhören.

Versuchsperson: Okay.

(Die Versuchsperson geht sofort in den Raum, in dem der Versuchsleiter an den Stuhl geschnallt ist, und befreit ihn. Mr. March besteht weiterhin hartnäckig darauf, daß das Experiment fortgesetzt wird.)

Mr. March: Haben Sie mir nicht gesagt, daß ...

Versuchsleiter: Ganz gleich, was ich gesagt habe, ich mache jetzt Schluß.

Versuchsperson (herzlich, da der Versuchsleiter befreit wird): Das ist wirklich prima. Ich konnte die Schocks richtig selber fühlen. Jedesmal, wenn ich den Schalter drückte. Sie sind aber ziemlich hoch raufgegangen. Wissen Sie, der Probeschock, den Sie mir gegeben haben, der war ziemlich übel, und der war wie hoch? 75? Und er machte die ganze Zeit weiter bis 160.

Die Anordnungen von Mr. March, dem Versuchsleiter Schocks zu verabreichen, wurden völlig mißachtet, wie man aus Tabelle 4 ersehen kann. Beim ersten Protest des geschockten Versuchsleiters brachen alle Versuchspersonen ab und weigerten sich, selbst einen einzigen Schock über den bereits erreichten Punkt hinaus zu geben. In den Reaktionen ergab sich keinerlei Variationsbreite. Überdies rannten geradezu viele Versuchspersonen, um dem Versuchsleiter zu helfen, sie rannten zum Beispiel in den Nebenraum, um ihn loszumachen. Oftmals drückten die Testpersonen Sympathie für den Versuchsleiter aus und distanzierten sich offensichtlich von dem gewöhnlichen Mann, als sei er ein Verrückter.

Viele Versuchspersonen erklärten ihre prompte Reaktion mit humanen Gründen und erkannten den Autoritätsaspekt der Situation nicht. Offensichtlich ist es für die Testperson befriedigender, das eigene Verhalten persönlicher Freundlichkeit entspringen zu sehen als zuzugeben, daß man nur den Anordnungen eines Chefs folgt. Befragt, was sie tun würden, wenn ein gewöhnlicher Mensch Schocks erhalten sollte, wiesen es die gleichen Versuchspersonen heftig zurück, daß sie etwa über den Punkt, an dem das Opfer protestiert, hinausgehen könnten; sie bestimmten das Gewicht der Autorität nicht exakt in Zusammenhang mit ihrer Entscheidung. Viele Aktionen, die einzelne im Alltagsleben begehen, erscheinen für sie als bestimmt von inneren moralischen Qualitäten, während sie zweifellos ganz ähnlich von einer Autorität veranlaßt sind.

Wir haben drei Experimente analysiert, in denen an Stelle einer Autoritätsfigur ein gewöhnlicher Mensch einen anderen auffordert, Schocks zuzufügen. Beim ersten Experiment bat der Schüler – um seine Männlichkeit zu beweisen – selbst darum, das Experiment fortzusetzen, wogegen der Versuchsleiter ihm ein Ende machte. Keine einzige Versuchsperson entsprach der Bitte des Schülers nach weiteren Schocks. Im zweiten Experiment – in Abwesenheit des Versuchsleiters, doch mit seinem generell gegebenen Segen – versuchte ein gewöhnlicher Mensch, einem zweiten Teilnehmer schrittweise erhöhte Schocks für einen anderen Teilnehmer vorzuschreiben, obwohl das Opfer protestierte. 16 von 20 Versuchspersonen weigerten sich, ihm zu gehorchen. Im dritten Experiment ordnete ein gewöhnlicher Mensch Schocks für eine Autoritätsperson an. Im Augenblick, in dem die Autoritätsperson der Prozedur Einhalt gebot, brachen alle Versuchspersonen sofort ab, in vollkommener Mißachtung der gefühllosen Anordnungen des gewöhnlichen Menschen.

Diese Untersuchungen bestätigen eine grundlegende Tatsache: Der entscheidende Faktor ist die Reaktion auf Autorität, und nicht so sehr eine Reaktion auf eine spezifische Order, Schocks zu verabreichen. Befehle, die außerhalb des Bannkreises von Autorität ergehen, verlieren jegliche Überzeugungskraft. Wer behauptet, daß aggressive Motivationen oder sadistische Instinkte freigesetzt würden, wenn der Befehl erteilt wird, einen anderen zu verletzen, muß die strikte Weigerung der Versuchspersonen, in derartigen Experimenten weiterzumachen, in Betracht ziehen. Es ist nicht wichtig, was Versuchspersonen tun. Was zählt, ist, für wen sie es tun.

Doppelte Autorität

Bisher konzentrierte sich der Konflikt auf einen gewöhnlichen Menschen einerseits und auf eine Autoritätsperson andererseits. Betrachten wir nun, was geschieht, wenn die Autorität selbst in Konflikt gerät. Im Alltagsleben stehen wir gelegentlich vor der Wahl zwischen Autoritäten, und darum sollten wir dieses Phänomen ebenfalls experimentell untersuchen. Es könnte sein, daß dann, wenn verschiedene Autoritäten gleichzeitig einander widersprechende Handlungen fordern, die eigenen Wertbegriffe eines Menschen die Oberhand gewinnen und darüber entscheiden, welchem Autoritätsprinzip er gehorchen müsse. Vielleicht aber ist das Ergebnis auch ein Kompromiß zwischen den beiden widersprüchlichen Autoritäten. Verständlich, daß eine solche Situation eine gesteigerte Konfliktspannung in der Versuchsperson herbeiführt, da diese sich ja nicht nur entscheiden muß, ob sie dem Opfer Schocks gibt oder nicht, sondern auch, welcher Autorität sie gehorchen soll. Vielleicht lernen wir dabei auch einiges über die Umstände, unter denen Autorität wirksam ausgeübt werden kann und wo dies nicht möglich ist.

Experiment 15: Zwei Autoritätspersonen: widersprüchliche Befehle

Wenn bei dieser Variante die Versuchsperson im Labor eintraf, sah sie sich zwei Versuchsleitern gegenüber; beide trugen den grauen Kittel eines Elektrotechnikers, und beide wechselten sich ab bei der zeremoniellen Instruktion. Beide Versuchsleiter waren etwa gleichaltrig, gleich groß, allerdings erweckte einer von ihnen (Versuchsleiter I) den Eindruck, er sei ein wenig freundlicher als sein Kollege (Versuchsleiter II). Das bereits bekannte Opfer – unser wohlgenährter Buchprüfer – wurde auch in diesem Experiment eingesetzt und in der bekannten Weise auf den Stuhl geschnallt. Alles ging wie bei den Standardanordnungen vor sich. Die zwei Versuchsleiter saßen hinter ihrem Kontrolltisch, beide wirkten, als seien sie damit beschäftigt, Reaktionen aufzuzeichnen. Ihre scheinbare Übereinstimmung fand ein plötzliches Ende bei der 150-Volt-Stufe. (Man muß sich hier daran erinnern, daß an diesem Punkt das Opfer den ersten wirklich heftigen Protest äußert.) Einer der Versuchsleiter erteilt den üblichen Befehl, mit dem Experiment fortzufahren. Der zweite jedoch fordert das genaue Gegenteil und wendet sich mit seinen Äußerungen an die uneingeweihte Versuchsperson.

Der Druck, den die «böse» Autorität ausübt, ist nicht geringer als bei anderen Versuchsbedingungen. Die Autoritätsperson stachelt die Versuchsperson zum Weitermachen an, indem sie zu erkennen gibt, daß sie in der Sache keine andere Wahl habe. Aber das Gewicht ihrer Befehle wird von der zweiten Autoritätsperson gemindert, die das genaue Gegenteil erklärt.

Insgesamt zeigte sich dabei weniger Gezwungenheit, als wir er-

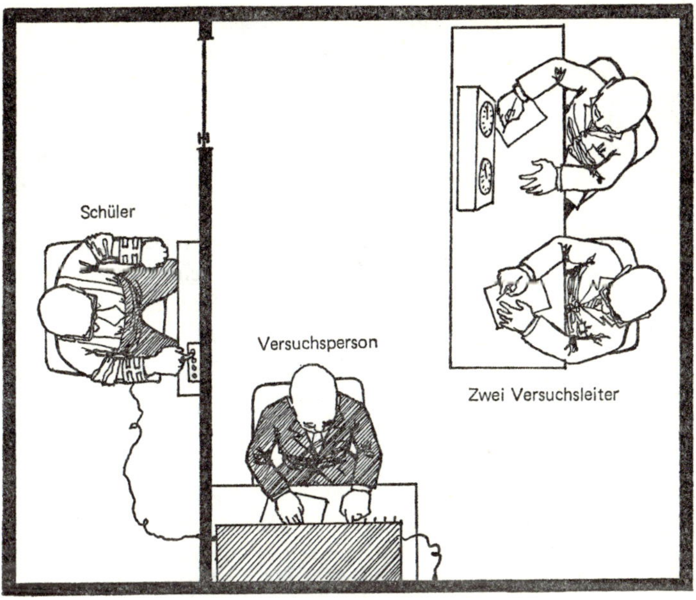

Abb. 12: Zwei Autoritäten: widersprüchliche Befehle

wartet hatten. Die Versuchsleiter wirkten wie zwei Chefs, die Meinungsverschiedenheiten hatten und in gleicher Weise von der Richtigkeit ihrer jeweiligen Position überzeugt waren. Statt jedoch miteinander zu streiten, richteten die Versuchsleiter ihre Bemerkungen an die Versuchsperson. Diese sah sich also mit einander widersprechenden und gleich autoritativen Befehlen konfrontiert. Hier eine Gesprächsprobe.

Versuchsleiter I: Wir werden abbrechen müssen.

Versuchsleiter II: Das Experiment erfordert, daß wir weitermachen. Bitte fahren Sie fort, Lehrer.

Versuchsperson: Junge, Junge!

Versuchsleiter I: Der Schüler hat Schmerzen. Wir können mit diesem Experiment nicht fortfahren.

Versuchsleiter II: Es bleibt uns keine andere Wahl, meine Herren. Das Experiment erfordert einfach, daß wir fortfahren. Tun Sie es also bitte.

Versuchsleiter I: Halt! Wir machen mit diesem Experiment nicht weiter.

Versuchsleiter II: Mr. Williams, das Experiment erfordert, daß wir fortfahren.

Versuchsperson: «Ich wollte, Sie beide würden zu einem Entschluß kommen.

(Pause)

Versuchsperson: Moment mal, Moment mal. Was ist denn jetzt richtig? Der eine sagt stop, der andere weiter. Was gilt denn nun?

Die Versuchsperson ist mit zwei miteinander unverträglichen Vorschriften für ihre Tätigkeit konfrontiert, und beide gehen von einer Autoritätsfigur aus. Die Ergebnisse des Experiments sind in Tabelle 4 dargestellt, und sie sind eindeutig. Von 20 Versuchspersonen brach eine ab, bevor der Widerspruch auftrat, 18 hörten genau zu dem Zeitpunkt auf, als der Widerspruch zwischen den zwei Autoritätspersonen zum erstenmal auftrat. Eine weitere Versuchsperson brach das Experiment einen Schritt nach diesem Punkt ab. Es wird also deutlich, daß Nichtübereinstimmung von Autoritätspersonen die Aktion völlig lähmte. Keine einzige Versuchsperson «nutzte» die Instruktion, weiterzumachen, «aus»; zu keinem Zeitpunkt schalteten sich individuelle aggressive Motive in das von einer «bösen» Autorität gelieferte und von ihr sanktionierte System ein. Im Gegenteil, die Aktionsmöglichkeit wurde sofort unterbunden.

Es ist jedoch wichtig, dagegenzuhalten, daß bei anderen Varianten des Experiments nichts, was das Opfer tat – keine flehentlichen Bitten, keine Schreie, keine sonstige Reaktion auf die Schocks – eine derart plötzliche und unmißverständliche Wirkung zeitigte. Der Grund dafür ist, daß Aktion von der Spitze einer sozialen Hierarchie nach unten fließt; das bedeutet, daß eine Versuchsperson auf Signale reagiert, die von einem Niveau ausgehen, das über dem ihrigen liegt, daß sie jedoch nicht auf solche reagiert, die von einem niedrigeren Niveau ausgehen. Sobald das Signal, das von der übergeordneten Ebene ausgeht, in sich gegensätzlich war, war auch der Zusammenhalt des hierarchischen Systems zerbrochen, ebenso wie seine Wirksamkeit in der Bestimmung von Verhaltensweisen.

Ein interessantes Phänomen allerdings ergab sich bei diesem Experiment. Manche Versuchspersonen versuchten wiederholt, eine sinnvolle Hierarchie wiederherzustellen. Das drückte sich so aus, daß sie bemüht waren, mit Sicherheit festzustellen, wer von den zwei Autoritätspersonen die größere Autorität besaß. Es ist gewissermaßen unbequem, nicht zu wissen, wer der Boß ist, und gelegentlich bemühten sich unsere Versuchspersonen verzweifelt, dies festzustellen.

Experiment 16: Zwei Autoritätspersonen: eine davon Opfer

Bei der oben beschriebenen Versuchsvariation wurde alles unternommen, die offensichtliche Autoritätsfunktion der beiden Versuchsleiter einander gleichzustellen, indem man beide in die gleiche Kleidung steckte, beiden gleichwertige Sitzpositionen gab und die Instruktionen für das Experiment gleichmäßig auf beide verteilte. Auf diese Weise wurde nicht nur der Status der zwei Autoritätsfiguren, sondern auch die Position beider innerhalb der Experimentalstruktur möglichst zu scheinbarer Deckungsgleichheit gebracht. Dennoch wirft dieses Experiment eine interessante Frage auf. Ist es nur die Autorität und ihre Machtbestimmung, oder ist es die Gleichheit der Positionen im konkreten Sinn, die für die Ergebnisse des Experiments verantwortlich ist? Das heißt, beruht Autorität nur auf der Bestimmung des Rangs, oder hängt sie in einem signifikanten Grad von der tatsächlichen Position einer Person innerhalb der Aktionsstruktur in der Situation ab? Nehmen wir zum Beispiel an, daß ein König über enorme Autorität verfügt, während er auf seinem Thron sitzt, aber nicht in der Lage ist, Befehle zu erteilen, wenn er sich im Gefängnis befindet. Das Fundament seiner Autorität liegt teilweise darin, daß er wirklich als eine Autoritätsfigur fungiert und alle dazugehörigen Staffagen benutzt. Überdies ist angesichts der Tatsache, daß einander widerstreitende mehrfache Autorität nicht gemeinsam ein und denselben Platz in einer hierarchischen Struktur einnehmen kann, zu bedenken, daß Situationsvorteile, die der einen oder anderen Autoritätsperson zufallen, ausreichen können, die Gefolgschaftstreue zu verschieben. Lassen wir die etwas spekulative Erörterung damit auf sich beruhen und wenden wir uns einer *experimentellen* Untersuchung der Frage zu.

Die folgende Variante ist der allgemeinen Anlage nach der oben beschriebenen ähnlich, insoweit als die Versuchsperson sich zwei Versuchsleitern gegenübersieht, die dem Aussehen und der scheinbaren Autorität nach gleich sind. Vor Beginn des Experiments jedoch – während die zwei Versuchsleiter und die Versuchsperson auf das Eintreffen des vierten Teilnehmers warten – klingelt im Labor das Telefon. Der vierte Teilnehmer, so hat es den Anschein, hat seinen Termin nicht eingehalten. Die Versuchsleiter drücken ihre Verärgerung aus, sie geben zu verstehen, daß es für sie besonders wichtig ist, noch an diesem Abend die Materialsammlung zu vervollständigen. Einer von ihnen schlägt vor, daß einer der Versuchsleiter als Versuchsperson einspringen solle – daß dies, wenn er auch nur ein schwacher Ersatz sei, sie zumindest in die Lage versetzen würde, das experimentelle Soll zu erfüllen. Die Versuchsleiter losen mit einer Münze aus, wer diese Rolle übernehmen soll. Der Verlierer lost dann mit der echten Versuchsperson, wer Lehrer

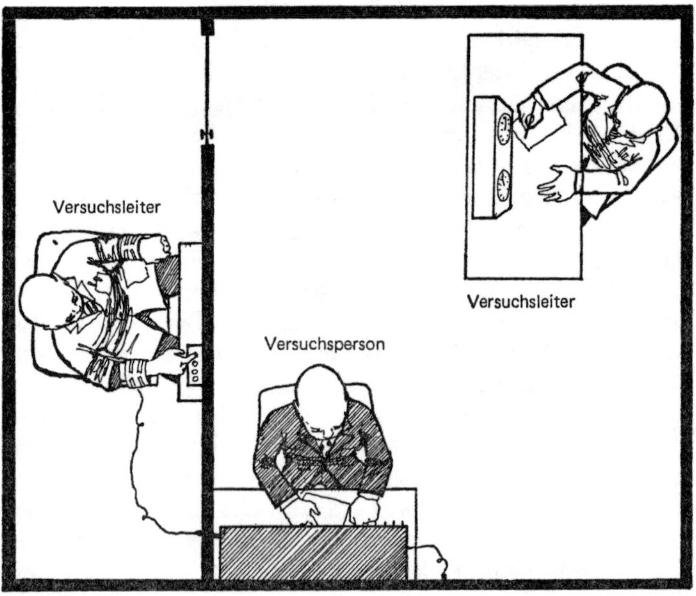

Abb. 13: Zwei Autoritäten, eine als Opfer

Das «Opfer»

Schockgenerator

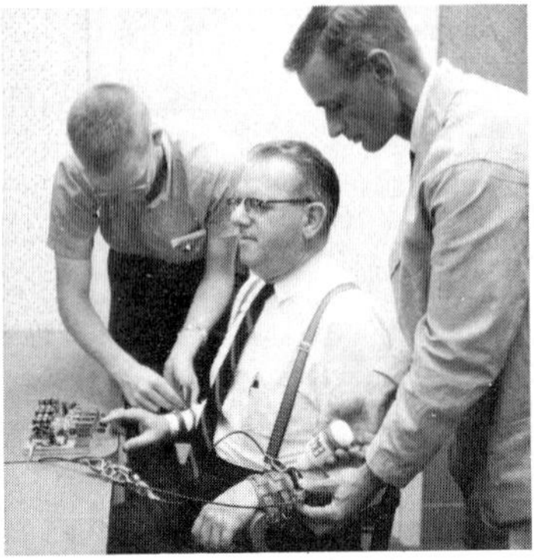

Das Opfer wird an den Stuhl geschnallt

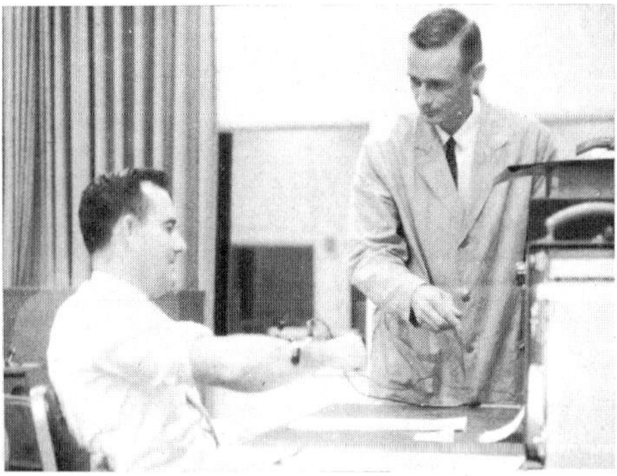

Die Versuchsperson erhält einen Probeschock

Die Versuchsperson bricht den Versuch ab

Tafel 2

Anordnung beim Experiment Berührungsnähe

Gehorsame Versuchsperson beim Experiment Berührungsnähe

Lage des Labors in Bridgeport (Eingang links von Austins)

Inneres des Labors in Bridgeport

und wer Schüler sein soll. Durch diese fingierte Losziehung wird ein Versuchsleiter zum Schüler, und man schnallt ihn auf den elektrischen Stuhl. Er spielt die gleiche Rolle wie das reguläre Opfer. So ruft er bei 150 Volt, daß er jetzt genug habe, und bittet, aus dem Experiment entlassen zu werden. Der zweite Versuchsleiter jedoch besteht darauf, daß das Experiment fortgesetzt werde. Und hier ergibt sich ein wichtiger Unterschied zu dem vorherigen Experiment mit einer Doppelautorität: die zwei Autoritätspersonen, die einander widersprechende Befehle erteilen, haben nicht mehr symmetrische Positionen innerhalb der Situationsstruktur. Einem wurde die Rolle des Opfers zugeteilt, der andere wurde durch den Fall einer Münze in den übergeordneten Status erhoben.

Die Ergebnisse dieses Experiments sind in Tabelle 4 verzeichnet.

Was dabei geschah, ist wirklich ganz überraschend: Der Versuchsleiter auf dem «elektrischen Stuhl» wird nicht besser behandelt als ein Opfer, das keinerlei Autorität besitzt. Gewiß, so gut wie alle Versuchspersonen brachen das Experiment entweder völlig ab, wenn er darum bat, freigelassen zu werden, oder sie kümmerten sich überhaupt nicht um ihn. Alle Ergebnisse – mit einer Ausnahme – fallen in dieses Muster von «alles oder nichts». Doch im Endergebnis wird der Versuchsleiter nicht besser behandelt als ein gewöhnlicher Mensch in der gleichen Situation. Er hat anscheinend alle Macht, die er als Autoritätsperson besaß, verloren.

Man bedenke also die folgenden drei Ergebnisse:

1. Wenn ein gewöhnlicher Mensch den Befehl erteilte, einem Versuchsleiter Schocks zuzufügen, führte keine einzige Versuchsperson diesen Befehl durch, nachdem der Versuchsleiter zum erstenmal protestiert hatte (Experiment 14).

2. Wenn zwei Versuchsleiter von gleichem Status und beide am Kommandopult sitzend gegensätzliche Befehle erteilten, wurden überhaupt keine Schocks verabreicht (Experiment 15).

3. Wenn ein Versuchsleiter einer Versuchsperson befahl, seinem in der Rolle des Opfers befindlichen Kollegen Schocks zu geben, hatte der Protest des Kollegen ebensowenig Erfolg wie der eines gewöhnlichen Menschen (Experiment 16).

Die erste Frage, die sich uns stellt, ist diese: Warum verliert der Versuchsleiter in der Rolle des Opfers seine Autorität, während dies in Experiment 15 nicht der Fall war?

Der überzeugendste Grund wäre, daß die Aktion der Versuchsperson von der Person mit dem höheren Status gelenkt wird. Gleichzeitig besteht der Zwang, in einer solchen Situation eine zusammenhängende Aktionslinie zu finden. Eine solche Linie wird nur sichtbar, wenn es ein klares hierarchisches Gefüge ohne Widersprüche und unvereinbare Elemente gibt.

Vergleich mit Experiment 14

In Experiment 14 gehorchte die Versuchsperson – indem sie beim ersten Protest des Versuchsleiters abbrach – dem Prinzip, daß die Aktion von der Person mit dem höheren Status beherrscht wird. Der Versuch von Mr. March, die Schocks an dem Versuchsleiter zu erzwingen, erwies sich als Fiasko. Sobald der Versuchsleiter darum bat, freigelassen zu werden, folgten alle Versuchspersonen diesem Wunsch. Die Gegenbefehle von Mr. March stellten überhaupt keine ernsthafte Konkurrenz dar. Es fehlte ihm der Status, um ernst genommen zu werden, und er wirkte wie ein Kind, das versucht, die Armee zu kommandieren, indem es sich die Stiefel des Generals anzieht. Also war die Aktion unvermeidlicherweise von der Person mit der höheren Autorität beherrscht.

Vergleich mit Experiment 15

In Experiment 15, in dem zwei Versuchspersonen vom Kommandopult aus einander widersprechende Befehle erteilten, wurde die Aktion gänzlich paralysiert, weil es keine deutlich sichtbare übergeordnete Autorität gab und folglich keine Möglichkeit zu entscheiden, welche Aktionslinie zu verfolgen sei. Es ist das wesentliche Merkmal eines funktionsfähigen Autoritätssystems, daß Individuen von übergeordneter Stelle Befehle annehmen und gegenüber einem vorbestimmten Objekt ausführen. Die Mindestvoraussetzungen für die Funktionsfähigkeit eines derartigen Systems sind verständliche und eindeutige Befehle. Im Fall von widersprüchlichen Befehlen findet die Versuchsperson heraus, wer der Boß ist, und handelt entsprechend. Wenn es für eine diesbezügliche Entscheidung keine Basis gibt, kann keine Aktion stattfinden. Dem Befehl fehlt es bereits an seinem Ursprung an Eindeutigkeit. Das Kreislaufsystem der Autorität muß von derartigen Widersprüchen frei sein, wenn es wirksam sein soll.

Warum aber verliert der eine Versuchsleiter in Experiment 16 seine Autorität völlig? Die Versuchspersonen sind prädisponiert, deutliche hierarchische Strukturen wahrzunehmen, die ohne innere Widersprüche und unvereinbare Elemente sind. Sie werden folglich jede nur denkbare Basis dazu benutzen, die übergeordnete Autorität herauszufinden und ihr zu gehorchen. In der Versuchsanordnung:

1. Ein Versuchsleiter hat freiwillig die Rolle des Opfers übernommen. Damit hat er – im Vergleich zum anderen Versuchsleiter – zeitweilig seinen Befehlsstatus vermindert.

2. Autorität ist nicht eine bloße Befehlsberechtigung, sondern das Innehaben eines spezifischen Aktionsortes innerhalb eines gesellschaftlich definierten Anlasses. Der König im Kittchen muß feststellen, daß der Gehorsam, den er von seinem Thron aus hervorrufen konnte, verschwunden ist. Der entthronte Versuchsleiter sieht sich physisch in die Lage des Opfers versetzt und muß einer Autoritätsperson die Stirn bieten, die die Befehlsgewalt hat.

3. Das reicht aus, um die sichtbare Autorität des einen Versuchsleiters am Kontrollpult zu stärken, und diese leichte Zunahme ist von entscheidender Bedeutung. Denn es liegt in der Natur der hierarchisch strukturierten Herrschaft, daß die Reaktion in der Weise eines «alles oder nichts» an die Person mit dem höchsten Status gebunden ist; dazu ist keine erhebliche Statusverbesserung nötig, eine winzige Verbesserung genügt. Es ist wie bei Waagschalen im Gleichgewicht, wenn auf einer Seite ein Steinchen zugelegt wird; gleichermaßen wird Herrschaft durch einen kleinen Zuwachs völlig in der Weise «alles oder nichts» bestimmt. Im Endergebnis zeigt sich kein Kompromiß.

Autoritätssysteme müssen zwangsläufig auf Menschen aufbauen, die in eine hierarchische Struktur eingeordnet sind. Also lautet die wichtige Frage bei der Bestimmung von Kontrollgewalt: Wer steht über wem? *Wie* hoch jemand darüber steht, ist bei weitem weniger wichtig als eine deutlich sichtbare Rangordnung.

9. Kapitel
Gruppeneffekte

Der einzelne ist in seiner isolierten Opposition gegenüber der Autorität schwach, doch die Gruppe ist stark. Das archetypische Ereignis wird bei Freud (1921) beschrieben: Unterdrückte Söhne tun sich zusammen und rebellieren gegen den despotischen Vater. Delacroix malt die Masse im Aufstand gegen eine ungerechte Autorität; Gandhi spielt erfolgreich den passiven Widerstand der Bevölkerung gegen die britische Autorität aus; Gefangene der Strafanstalt Attica organisieren sich und fordern eine Zeitlang die Gefängnisautorität heraus. Die Bindung des einzelnen an seinesgleichen kann die Bindung an Autorität konkurrierend beeinträchtigen und – gelegentlich – sogar ersetzen.

Unterscheidung zwischen Konformität und Gehorsam

Hier müssen wir zwischen den Begriffen Gehorsam und Konformität unterscheiden. Konformität insbesondere hat einen sehr großen Begriffsumfang, doch werde ich mich für die Zwecke dieser Erörterung hier darauf beschränken, sie als die Aktion eines Individuums zu bezeichnen, das sich neben Gleichrangige stellt, neben Menschen von gleichem Status, die kein besonderes Recht haben, sein Verhalten zu steuern. Gehorsam hingegen definieren wir eingeschränkt als Aktion einer Person, die sich einer Autorität unterwirft. Nehmen wir als Beispiel einen Rekruten, der in den Militärdienst eintritt. Er führt peinlich genau die Befehle seiner Vorgesetzten aus. Gleichzeitig jedoch übernimmt er den Status, das Benehmen und die Sprache der ihm Gleichrangigen. Ersteres stellt Gehorsam, letzteres Konformität dar.

Eine Reihe brillanter Experimente über Konformität wurde von S. E. Asch (1951) durchgeführt. Einer Gruppe von sechs als Versuchspersonen bezeichneten Leuten wurde eine Linie von bestimmter Länge vorgelegt, dann gefragt, welche von drei anderen Linien gleich lang sei. Fünf von ihnen jedoch waren zuvor insgeheim instruiert worden, bei jedem Versuch oder in einem bestimmten Prozentsatz der Versuche eine «falsche» Linie zu wählen! Die uneingeweihte Versuchsperson wurde so plaziert, daß sie die meisten Antworten der Gruppe hören konnte, ehe sie selbst ihre Entscheidung anzugeben hatte. Asch fand heraus, daß bei dieser Art von sozialem Druck die Versuchspersonen sich zu einem großen Teil der Gruppe anschlossen, statt den eindeutigen Beweisen vor ihren Augen zu glauben.

Aschs Versuchspersonen verhalten sich *gruppenkonform.* Die Versuchspersonen in unserem Experiment *gehorchen* dem Versuchsleiter. Gehorsam und Konformität bedeuten beide Verzicht auf Initiative zugunsten einer äußeren Quelle. Doch sie unterscheiden sich in folgenden wichtigen Punkten.

1. *Hierarchie.* Gehorsam gegenüber Autorität tritt innerhalb einer hierarchischen Struktur auf, in der der Handelnde glaubt, daß die übergeordnete Person das Recht besitze, Verhalten vorzuschreiben. Konformität reguliert das Verhalten zwischen Personen von gleichem Status; Gehorsam verknüpft den einen Status mit einem anderen.

2. *Imitation.* Konformität ist Imitation, Gehorsam ist es nicht. Konformität führt zur Vereinheitlichung von Verhalten, da die beeinflußte Person sich dem Verhalten Gleichrangiger anpaßt. Im Gehorsam dagegen ergibt sich Unterwerfung ohne Imitation der beeinflussenden Quelle. Ein Soldat wiederholt nicht bloß den gegebenen Befehl, sondern führt ihn aus.

3. *Nachdrücklichkeit.* Bei Gehorsam ist die Handlungsanweisung bestimmt und nachdrücklich und nimmt die Form einer Anordnung oder eines Befehls an. Bei Konformität bleibt der Zwang, sich der Gruppe anzuschließen, oft unausgesprochen. So wird etwa in dem Experiment von Asch über Gruppendruck von den Mitgliedern der Gruppe keine Aufforderung geäußert, daß die Ver-

suchsperson sich ihrer Meinung anschließe. Tatsächlich würden sich viele Versuchspersonen der ausdrücklichen Bitte von Mitgliedern ihrer Gruppe, sich konform zu verhalten, widersetzen, da die Situation definiert ist als eine unter Gleichberechtigten, die nicht das Recht haben, einander herumzukommandieren.

4. *Entscheidungsfreiheit.* Der deutlichste Unterschied zwischen Gehorsam und Konformität jedoch ergibt sich *im nachhinein*, das heißt aus der Art, in der Versuchspersonen ihr Verhalten erklären. Sie *leugnen* Konformität und *begrüßen* Gehorsam als Erklärungen für ihr Verhalten. Ich möchte dies verdeutlichen. In Aschs Experimenten über Gruppendruck unterbewerten die Versuchspersonen typischerweise den Grad, in dem ihre Aktionen von Gruppenmitgliedern beeinflußt wurden. Sie verkleinern den Gruppeneffekt und versuchen, die eigene Autonomie aufzuwerten, selbst wenn sie der Gruppe bei jedem einzelnen Versuch nachgegeben haben. Oftmals bestehen sie darauf, wenn sie sich in ihrem Urteil geirrt hätten, so sei dies ihr eigener Fehler gewesen, auf Sehfehler oder auch auf mangelnde Urteilskraft zurückzuführen. Sie setzen das Ausmaß, in dem sie sich gruppenkonform verhalten haben, so niedrig wie möglich an.

Beim Gehorsamsexperiment ist die Reaktion genau entgegengesetzt. Hier erklärt die Versuchsperson ihre Aktion der Schockverabreichung, indem sie jeden persönlichen Anteil leugnet und ihr Verhalten ausschließlich auf eine äußere Forderung zurückführt, die ihr von einer Autorität auferlegt worden sei. Während also das gruppenkonforme Individuum darauf beharrt, daß seine Autonomie durch die Gruppe nicht verletzt oder vermindert worden sei, behauptet die gehorsame Versuchsperson, daß sie in der Frage, ob dem Opfer Schocks gegeben werden sollten, überhaupt keine Autorität besessen habe und ihre Aktionen ihr völlig aus der Hand genommen gewesen seien.

Warum ist dies so? Weil Konformität eine Reaktion auf einen unausgesprochenen Druck ist, deutet das Individuum sein Verhalten als freien Willensentscheid. Es kann keinen anerkennenswerten Grund dafür finden, warum es Gleichberechtigten nachgeben sollte, also leugnet es nicht nur vor dem Versuchsleiter, sondern auch vor sich selbst, das getan zu haben. Bei Gehorsam trifft das Gegenteil zu. Die Situation ist offiziell definiert als nicht von freier Willensentscheidung bestimmt, denn es gibt einen ausdrücklichen Befehl, für den Gehorsam erwartet wird. Auf diese offizielle Definition zieht sich die Versuchsperson zurück, wenn sie sie als eine vollständige Erklärung für ihre Aktion hinstellt.

Die psychologischen Wirkungen von Gehorsam und Konformität sind also verschieden. Beide sind mächtige Methoden der sozialen Beeinflussung. Untersuchen wir also nun, welche Rolle sie in unserem Experiment spielen.[9]

Experiment 17: Zwei Gleichrangige lehnen sich auf

Wir sagten, daß die Auflehnung gegen eine böse Autorität am wirksamsten durch eine kollektive Aktion ermöglicht werde, nicht durch eine individuelle. Diese Lektion lernt jede revolutionäre Gruppe, und sie läßt sich durch ein einfaches Experiment im Labor demonstrieren. Wir haben weiter oben gesehen, daß zwischen den moralischen Prinzipien der Versuchspersonen und ihrem tatsächlichen Verhalten im Labor eine deutliche Diskrepanz besteht. Trotz der Proteste und der offenkundigen Gewissenskonflikte, wenn sie das Opfer schocken sollen, ist eine ansehnliche Zahl von Versuchspersonen unfähig, sich der Autorität des Versuchsleiters zu widersetzen, und gibt weiterhin die höchsten Schocks, die er anordnet.

Wir können nunmehr untersuchen, bis zu welchem Grad die Beeinflussung durch eine Gruppe die Versuchsperson aus der Autoritätskontrolle befreien und es ihr erlauben kann, in einer Richtung zu handeln, die mit ihren Wertvorstellungen und sonstigen persönlichen Auffassungen übereinstimmt. Strategisch gehen wir so vor, daß wir das Basisexperiment wiederholen, allerdings mit folgender Abänderung: Die Versuchsperson wird zwischen zwei ihr Gleichberechtigten plaziert, die sich dem Versuchsleiter widersetzen und sich weigern, das Opfer gegen seinen Willen zu bestrafen. In welchem Maß wird der durch ihre Aktionen entstehende Druck das Verhalten der uneingeweihten Versuchsperson beeinflussen?

Verfahrenstechnik

Vier als solche bezeichnete Versuchspersonen finden sich im Labor ein, um sich an einem Experiment über «die Auswirkungen kollektiven Unterrichtens und Strafens auf Gedächtnis und Lernen» zu beteiligen. Drei von ihnen sind Helfer des Versuchsleiters, eine ist eine uneingeweihte Versuchsperson. Der Versuchsleiter erklärt, daß bei dem Versuch drei Lehrer und ein Schüler Verwendung finden sollen, und durch eine vorgetäuschte Verlosung erhält die uneingeweihte Versuchsperson die Position des Lehrers 3. Die Rollen des Lehrers 1 und 2 und des Schülers werden von den Helfern übernommen. Dann wird der Schüler auf den «elektrischen Stuhl» geschnallt, und die drei Lehrer werden vor dem Schockgenerator plaziert. Lehrer 1 wird aufgefordert, die Liste mit den Wortpaaren zu verlesen, Lehrer 2 sagt dem Opfer, ob seine Antwort richtig oder falsch war, und Lehrer 3 (der Uneingeweihte) vollzieht die Bestrafung. Wie beim Basisexperiment werden die Versuchspersonen instruiert, den Schock jeweils um eine Stufe zu erhöhen, wenn der Schüler einen Fehler begeht.

Verhalten der Helfer. Die Helfer fügen sich den Anordnungen des Versuchsleiters bis zum 150-Volt-Schock, der die ersten heftigen Protestäußerungen des Opfers hervorruft.

An diesem Punkt informiert Lehrer 1 den Versuchsleiter, daß er nicht weiter mitmachen möchte, da der Schüler sich beklage. Der Versuchsleiter besteht darauf, daß Lehrer 1 fortfährt. Lehrer 1 läßt sich jedoch von seinen Anordnungen nicht umstimmen, erhebt sich von seinem Platz vor dem Schockgenerator und setzt sich auf einen Stuhl in einem anderen Teil des Raumes. Da die Bemühungen des Versuchsleiters, diese «Versuchsperson» zur Rückkehr an den Generator zu bewegen, sich als nutzlos erweisen, trägt er den zwei verbliebenen Versuchspersonen auf, mit dem Experiment fortzufahren. Lehrer 3 (der Uneingeweihte) soll das Verlesen der Wortpaare übernehmen und daneben weiterhin dem Schüler die Schocks verabreichen.

Nachdem Schockstufe 14 (210 Volt) verabreicht ist, äußert sich Lehrer 2 besorgt über den Schüler und weigert sich, weiter mitzumachen. Der Versuchsleiter befiehlt ihm fortzufahren, doch auch

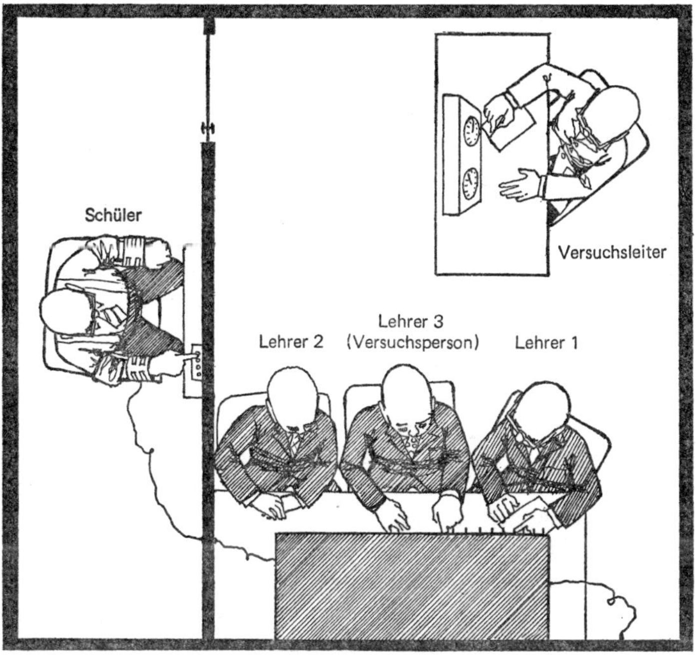

Abb. 14: Zwei Gleichrangige lehnen sich auf

er verläßt seinen Platz vor dem Schockgenerator, setzt sich in eine entgegengesetzte Ecke des Labors und sagt: «Ich bin bereit, Ihnen jede Frage zu beantworten, aber ich bin nicht bereit, diesem Mann gegen seinen Willen Schocks zu geben. Ich will damit nichts zu tun haben.»

Nun sitzt die echte Versuchsperson allein vor dem Schockgenerator. Sie ist Zeuge der Widerstandsaktionen zweier ihr Gleichrangiger geworden. Der Versuchsleiter befiehlt ihr weiterzumachen und behauptet, es sei wesentlich, daß das Experiment vollständig zu Ende geführt werde.

Die Ergebnisse des Experiments sind Tabelle 5 zu entnehmen. Bei dieser Gruppenanordnung widersetzten sich 36 von 40 Versuchspersonen (während die entsprechende Ziffer für die Anordnung ohne Gruppendruck 14 ist). Die Wirkung der Auflehnung von Gleichrangigen auf die Beschneidung der Autorität des Versuchsleiters ist sehr eindrucksvoll. In der ganzen Reihe von Variationen, die in dieser Untersuchung durchgeführt wurden, gab es keine, in der die Autorität des Versuchsleiters wirksamer eingeschränkt wurde, als in der hier dargestellten Anordnung.

Reaktionen auf die sich auflehnenden Gleichrangigen. Die Reaktionen der uneingeweihten Versuchspersonen auf die sich auflehnenden Helfer variierten beträchtlich und hingen zum Teil von dem genauen Zeitpunkt ab, an dem die Versuchsperson selbst sich dem Versuchsleiter widersetzte. Eine Versuchsperson, die gleichzeitig mit dem ersten Helfer ausschied, gab an: «Also, ich dachte bereits daran aufzuhören, als der Mann abbrach.» Die meisten sich widersetzenden Versuchspersonen lobten die Helfer mit Ausdrücken wie: «Ich hielt sie für Männer von gutem Charakter, wirklich. Als das Opfer ‹Halt› sagte, machten sie Schluß» (Abbruch bei Schockstufe 11). «Ich glaube, das waren äußerst sympathische Leute ... und sie wußten überhaupt nicht, was ihnen bevorstand» (Abbruch bei Schockstufe 14).

Eine Versuchsperson, die sich bei Schockstufe 21 gegen den Versuchsleiter auflehnte, schränkte ihre Zustimmung folgendermaßen ein: «Also, ich glaube, die hätten noch ein bißchen weiter mitmachen sollen, aber ich nehme es ihnen nicht übel, daß sie sich drückten.»

Vier ungehorsame Versuchspersonen erkannten ausdrücklich an, wie wichtig die Aktionen der Helfer für ihre eigene Weigerung gewesen sei: «Die Idee aufzuhören kam mir nicht in den Sinn, bis mich die beiden anderen darauf brachten» (Abbruch bei Schockstufe 14). «Der Grund, warum ich ausschied, war, daß ich nicht gefühllos und grausam erscheinen mochte in den Augen der zwei anderen Männer, die sich bereits geweigert hatten, mit dem Experiment fortzufahren» (Abbruch bei Schockstufe 14). Eine Mehrheit der ungehorsamen Versuchspersonen jedoch verneinte, daß die Aktion der Helfer der Auslöser ihrer eigenen Weigerung gewesen sei.

Eine eingehendere Analyse der Experimentalsituation weist auf mehrere Faktoren hin, die zur Wirksamkeit der Gruppe beitragen.

1. Die Gleichrangigen bringen die Versuchsperson auf den Gedanken, sich dem Versuchsleiter zu widersetzen. Vielleicht wäre diese

Tabelle 5: Maximalschocks bei Gruppenexperimenten

Schockstufe	Aufschrift und Voltangabe	Experiment 17: Zwei Gleichrangige lehnen sich auf (n = 40)	Experiment 18: Gleichrangiger gibt Schocks (n = 40)
	Leichter Schock		
1	15		
2	30		
3	45		
4	60		
	Mäßiger Schock		
5	75		
6	90		
7	105	1	
8	120		
	Mittlerer Schock		
9	135		
10	150	3	1
11	165	4	
12	180	1	1
	Kräftiger Schock		
13	195	4	
14	210	12	1
15	225		
16	240		
	Schwerer Schock		
17	255		
18	270	4	
19	285		
20	300	2	
	Sehr schwerer Schock		
21	315	3	
22	330		
23	345		
24	360	1	
	Gefahr! Bedrohlicher Schock		
25	375		
26	390	1	
27	405		
28	420		
	XXX		
29	435		
30	450	4	37
Durchschnittlich gegebener Maximalschock		16.45	28.65*
Prozentsatz gehorsamer Versuchspersonen		10.0%	92.5%*

* Für die Bedeutung dieser Ziffer siehe Text Seite 144.

Möglichkeit mancher Versuchsperson sonst nicht in den Sinn gekommen.

2. Das auf sich angewiesene Individuum in den vorherigen Experimenten konnte nicht wissen, ob es sich durch Weigerung gegenüber dem Versuchsleiter irgendwie abnorm verhielt oder ob eine solche Handlungsweise im Labor überhaupt vorkam. Wenn die Versuchsperson aber zwei Beispiele von Gehorsamsverweigerung erlebt, sieht sie, daß Widerstand eine natürliche Reaktion auf die Situation ist.

3. Die Reaktionen der ungehorsamen Helfer definieren den Akt der Schockverabreichung an das Opfer als unsittlich. Sie liefern die gesellschaftliche Bestätigung für die Mutmaßung der Versuchsperson, daß es unrecht sei, einen Menschen gegen seinen Willen zu bestrafen, selbst wenn dies im Zusammenhang mit einem psychologischen Experiment geschieht.

4. Die ungehorsamen Helfer bleiben auch nach ihrem Ausscheiden aus dem Experiment im Labor (sie haben sich bereit erklärt, Fragen im Anschluß an das Experiment zu beantworten). Jeder weitere Schock, den die uneingeweihte Versuchsperson verabreicht, bringt daraufhin ein bestimmtes Maß an gesellschaftlicher Mißbilligung von seiten der zwei Helfer mit sich.

5. Solange die zwei Helfer sich am experimentellen Verfahren beteiligen, verteilt sich die Verantwortung für die dem Opfer zugefügten Schocks auf alle Mitglieder der Gruppe. Sobald sie sich zurückziehen, konzentriert sich die Verantwortung auf die uneingeweihte Versuchsperson.

6. Die uneingeweihte Versuchsperson wird Zeuge von zwei Akten der Gehorsamsverweigerung und beobachtet, daß die Konsequenzen des Ungehorsams gegen den Versuchsleiter minimal sind.

7. Die Macht des Versuchsleiters wird möglicherweise durch die simple Tatsache geschwächt, daß es ihm nicht gelingt, die zwei Helfer bei der Stange zu halten, was mit der allgemeinen Regel übereinstimmen würde, daß jedes Mißlingen der Autorität, Gehorsam gegen ihre Befehle zu erzwingen, die sichtbare Macht der Autorität schwächt (Homans, 1961).

Die Tatsache, daß Gruppen die Macht des Versuchsleiters so wirksam beeinträchtigen, sollte uns daran erinnern, daß Individuen aus drei prinzipiellen Gründen handeln: Sie tragen bestimmte verinnerlichte Standardverhaltensweisen mit sich; sie reagieren unmittelbar auf Sanktionen, die von einer Autorität gegen sie erfolgen könnten; und schließlich sind sie empfindlich gegen Sanktionen, die von der Gruppe gegen sie verhängt werden könnten. Will eine Person sich in Opposition zur Autorität stellen, dann ist es am besten, wenn sie sich die Unterstützung anderer in ihrer Gruppe für ihre Position sucht. Der gegenseitige Halt, den Menschen einander bieten, ist das stärkste Bollwerk gegen Auswüchse der Autorität, das wir besitzen. (Damit sei nicht gesagt, daß die Gruppe stets die richtige Seite des Problems vertritt. Volksmassen, die Lynchjustiz üben, und Gruppen von räuberischen Strolchen erinnern uns daran, daß Gruppen sehr wohl einen schlechten Einfluß ausüben können.)

Experiment 18: Ein Gleichrangiger gibt die Schocks

Autorität ist nicht blind für die Nützlichkeit von Gruppen; sie wird sie vielmehr in einer Art einzusetzen versuchen, die Unterdrückung erleichtert. Eine einfache Abwandlung unseres Experiments zeigt diese Möglichkeit. Jede Kraft oder jedes Ereignis, das sich zwischen der Versuchsperson und den Folgen der Schockverabreichung befindet, jeder Faktor, der eine Distanz zwischen der Versuchsperson und dem Opfer herstellt, wird zu einer Verminderung des Drucks auf sie führen und somit die Bereitschaft zum Ungehorsam verringern. In der modernen Gesellschaft stehen häufig andere zwischen uns und dem endgültigen destruktiven Akt, zu dem wir beitragen.

Tatsächlich ist es ein typisches Kennzeichen der modernen Bürokratie – selbst wenn sie nicht destruktiven Zwecken dient –, daß die meisten, die zu ihrer Organisation gehören, keineswegs direkt irgendwelche destruktiven Aktionen durchführen. Sie wälzen Akten oder verladen Munition, oder erledigen irgendeine andere Tätigkeit, die – obgleich sie zu der endgültigen destruktiven Wirkung beiträgt – in den Augen und im Gewissen des Funktionärs weit davon entfernt ist.

Um dieses Phänomen unter Laborbedingungen zu untersuchen,

führten wir eine Variante durch, bei der der Akt der Schockverabreichung an das Opfer der uneingeweihten Versuchsperson entzogen und einem anderen Teilnehmer (einem Helfer) übertragen wurde. Die uneingeweihte Versuchsperson erledigt Hilfstätigkeiten, die zwar zum Gesamterfolg des Experiments beitragen, ihr aber die Betätigung der Schalthebel am Schockgenerator ersparen.

Diese neue Rolle ist für die Versuchsperson leicht erträglich. Tabelle 5 zeigt die Verteilung der Abbruchpunkte bei 40 Versuchspersonen. Nur 3 der 40 weigern sich, bis zum Ende des Experiments mitzumachen. Sie sind Mitschuldige an der Schockverabreichung, aber sie sind psychisch nicht bis zu dem Punkt in die Tat verstrickt, an dem Druck entsteht und Gehorsamsverweigerung sich ergibt.

Jeder kompetente Manager eines destruktiven bürokratischen Systems ist in der Lage, sein Personal derart zu plazieren, daß nur die gefühllosesten und abgestumpftesten Mitarbeiter direkt an Gewalttätigkeiten teilhaben. Der größere Teil des Personals kann aus Männern und Frauen bestehen, die – kraft ihrer von den tatsächlichen Akten der Brutalität entfernten Position – bei der Durchführung ihrer Handlangerfunktionen nur wenig Skrupel verspüren werden. Sie werden sich im Gegenteil auf doppelte Weise frei von Verantwortung fühlen. Einmal, weil die legitime Autorität ihren Handlungen Vollmacht erteilt hat. Und zweitens, weil sie nicht selbst brutale Tätlichkeiten begangen haben.

10. Kapitel
Warum Gehorsam? – Eine Analyse

Wir haben mittlerweile mehrere hundert Teilnehmer im Gehorsamsexperiment getestet und dabei ein Niveau an Gehorsamsbereitschaft feststellen müssen, das beunruhigend ist. Mit betäubender Regelmäßigkeit war zu sehen, wie nette Leute sich den Forderungen der Autorität beugten und gefühllos und hart handelten. Menschen, die im Alltagsleben verantwortungsvoll und anständig handeln, wurden durch Zurschaustellung von Autorität, durch Beeinflussung ihrer Wahrnehmungen und durch die unkritische Hinnahme der Definition, die der Versuchsleiter von der Situation gab, dazu verführt, grausame Handlungen zu begehen.

Wir müssen den theoretischen Aspekt des Phänomens zu begreifen versuchen, und wir müssen versuchen, die Ursachen des Gehorsams genauer zu erforschen. Gehorsam gegen Autorität ist eine starke und vorherrschende Anlage im Menschen. Warum ist dies so?

Der Wert der Hierarchie für das Überleben

Beginnen wir unsere Analyse mit der Bemerkung, daß der Mensch kein Einzelwesen ist, sondern innerhalb hierarchischer Strukturen funktioniert. Bei Vögeln, Amphibien und Säugetieren finden wir Herrschaftsstrukturen (Tinbergen, 1953; Marler, 1967), und bei menschlichen Wesen Autoritätsstrukturen, die eher durch Symbole vermittelt werden als durch unmittelbar physische Gewalt. Die Bildung hierarchisch organisierter Gruppierungen bietet für die so Organisierten enorme Vorteile bei der Bewältigung von Gefahren der physischen Umgebung, von Bedrohung durch konkurrierende Arten oder durch inneren Zerfall der Gruppe. Der Vorteil, den eine disziplinierte Miliz gegenüber einer aufgewühlten Menge hat, beruht genau auf der Organisation und Koordination der militärischen Einheit, die gegen Einzelpersonen eingesetzt wird, die ohne Leitung und Struktur handeln.

In dieser Perspektive zeigt sich eine evolutionäre Tendenz; Verhalten wurde – wie jedes andere charakteristische Merkmal des Menschen – in der Abfolge von Generationen durch die Überlebensbedingungen entwickelt. Verhaltensweisen, die nicht die Chance des Überlebens förderten, wurden schrittweise aus dem Organismus herausgezüchtet, weil sie zum Aussterben der Gruppen geführt hätten, die solche Verhaltensweisen zeigten. Ein Stamm, in dem einige Angehörige Krieger waren, während andere sich um die Kinder kümmerten und wieder andere auf die Jagd gingen, besaß enorme Vorteile gegenüber einem Stamm, bei dem es keine Arbeitsteilung gab. Ein Überblick über die Menschheitskulturen zeigt uns klar, daß ausschließlich gelenkte und konzentrierte Aktionen die Pyramiden errichten, die Gesellschaft des antiken Griechenland bilden und aus einer mitleiderregenden Kreatur, die um ihr Überleben ringt, den technischen Beherrscher des Planeten machen konnten.

Die Vorteile sozialer Organisation wirken nicht nur nach außen, sondern genauso nach innen, denn sie stabilisieren und harmonisieren die Beziehungen der Gruppenangehörigen zueinander. Durch die deutliche Statusbestimmung jedes Angehörigen wird die Reibung auf ein Minimum reduziert. Wenn ein Wolfsrudel seine Beute erlegt hat, ist der Leitwolf der erste, der fressen darf; ihm folgt der nächste im Rang, und so fort bis zum letzten in der Rangordnung. Daß jeder Wolf seinen Platz innerhalb der Hierarchie akzeptiert, stabilisiert das Rudel. Das gleiche trifft auf menschliche Gruppen zu: Innere Harmonie ist gesichert, wenn alle Mitglieder den ihnen zugeschriebenen Status akzeptieren. Anfechtung der Hierarchie hingegen ruft oft Gewalttätigkeit hervor. Also fördert eine stabile gesellschaftliche Organisation gleichzeitig die Fähigkeit der Gruppe, mit der Umwelt fertigzuwerden, und verringert durch Regulierung der Beziehungen innerhalb der Gruppe die interne Gewalttätigkeit.

Ein Potential an Gehorsamsbereitschaft ist Voraussetzung für eine derartige gesellschaftliche Organisation, und weil Organisation für das Überleben jeder Art von solch großem Wert ist, wurde diese Eigenschaft im Verlauf der langdauernden Evolutionsprozesse im Organismus entwickelt. Ich betrachte dies nicht als den Schlußpunkt meiner Erörterung, sondern als den Anfang, denn wir haben überhaupt nichts gewonnen, wenn alles, was wir sagen können, ist, daß Menschen gehorchen, weil sie einen Instinkt dazu besitzen.

Und wirklich wollen wir hier nicht einen einfachen Gehorsamsinstinkt erörtern. Wir sind vielmehr mit einem Potential an Gehorsamsbereitschaft geboren, das dann mit den gesellschaftlichen Einflüssen zusammenwirkt, um den gehorsamen Menschen hervorzubringen. In diesem Sinn ist Gehorsamsbegabung der Sprachbegabung vergleichbar: Bestimmte, höchst spezifische Gehirnstrukturen müssen vorhanden sein, wenn der Organismus ein Sprachpotential haben soll; doch ist die Einwirkung eines sozialen Milieus nötig, um einen sprechenden Menschen zu schaffen. Wenn wir die Ursachen für Gehorsam erklären wollen, müssen wir sowohl die angeborenen Strukturen in Betracht ziehen als auch die sozialen Einflüsse, die nach der Geburt wirksam sind. Das Verhältnis der beiden Einflüsse ist eine strittige Frage. Vom Standpunkt des Überlebens in der Evolution aus betrachtet, ist es einzig wichtig, daß wir Organismen erhalten, die in Hierarchien funktionieren können.[10]

Der kybernetische Gesichtspunkt

Ich glaube, man kann dies alles besser verstehen, wenn man das Problem von einem geringfügig verschiedenen Gesichtspunkt aus betrachtet – nämlich dem der Kybernetik. Der Sprung von der Evolution zur Kybernetik mag zunächst willkürlich erscheinen, doch wer über die zeitgenössischen Entwicklungen in der Wissenschaft auf dem laufenden ist, weiß, daß die Interpretation evolutionärer Prozesse von einem kybernetischen Standpunkt aus in jüngster Zeit erstaunlich vorangetrieben wurde (Ashby, 1956;

Wiener, 1950). Kybernetik ist die Wissenschaft von der Steuerung oder Regelung, und die entsprechende Frage lautet: *Welche Veränderungen in der Anlage eines Organismus müssen auftreten, wenn er sich bei der Evolution von der Fähigkeit zu autonomer Funktion zur Fähigkeit des Funktionierens innerhalb einer Organisation entwickelt?* In der Analyse werden bestimmte Minimalerfordernisse sichtbar, die für eine solche Verschiebung nötig sind. Von diesen etwas allgemeinen Grundzügen scheint es recht weit zu sein bis zum Verhalten der Versuchspersonen in unserem Experiment, aber ich bin überzeugt, daß sie genau an der Wurzel des fraglichen Verhaltens liegen. Denn die Hauptfrage in jeder wissenschaftlichen Theorie über Gehorsam lautet: Welche Veränderungen treten auf, wenn das autonom handelnde Individuum in einer Sozialstruktur verankert wird, in der es nicht mehr selbständig, sondern als Komponente eines Systems fungiert? Indem sie uns ein Modell liefert, kann die kybernetische Theorie uns aufmerksam machen für die Veränderungen, die auftreten *müssen*, wenn unabhängige Einheiten in ein hierarchisches Funktionsschema eingebracht werden. Und soweit Menschen an solchen Systemen teilhaben, müssen sie den allgemeinen Gesetzen unterworfen sein.

Beginnen wir mit einem Entwurf für ein vereinfachtes Geschöpf, für ein «Automaton». Wir fragen uns: Welche Abänderungen seiner Anlage werden nötig, wenn es sich von der Selbstregu-

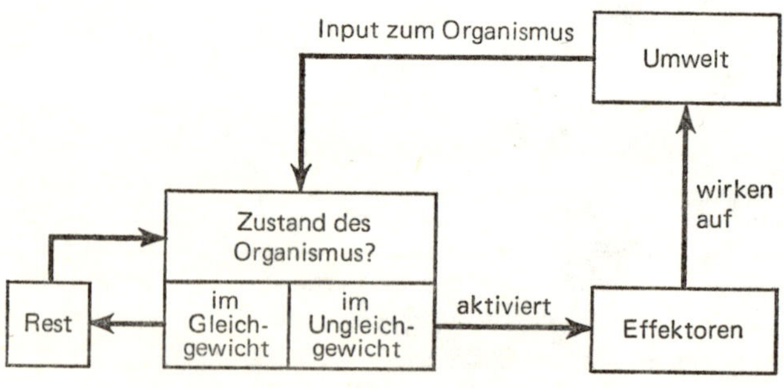

Abb. 15: Einfaches homöostatisches Modell

lierung zur Funktionsfähigkeit in einer Hierarchie verändern soll? Wir behandeln das Problem nicht historisch, sondern rein formal.

Nehmen wir eine Reihe von «Automata» a, b, c usw. an, die alle für isoliertes Fungieren entworfen sind. Jedes Automaton charakterisiert sich als ein offenes System, das Inputs von der Umgebung benötigt, um seine inneren Zustände aufrechtzuerhalten. Das Bedürfnis nach Inputs von außen (z. B. Nahrung) erfordert einen Apparat für die Suche nach außen, für die Einverleibung und für die Umwandlung von Teilen der Umwelt in brauchbare nährende Formen. Die Aktion wird angeregt durch Effektoren, die ausgelöst werden, wenn die internen Bedingungen einen Mangelzustand signalisieren, der die lebenswichtigen Zustände des Automatons bedroht. Das Signal aktiviert Suchprozesse nach nährenden Inputs, die das System wieder in den Stand lebensfähiger Funktion versetzen. Cannons homöostatisches Modell (1932) weist auf die Allgegenwärtigkeit solcher zustands-erneuernden Systeme in lebenden Organismen hin.

Nun leben die Automata isoliert als sich selbst regulierende Allesfresser. Um sie zueinander zu bringen – selbst in der primitivsten und undifferenziertesten Form von gesellschaftlicher Organisation –, muß dem Modell, das wir entworfen haben, etwas hinzugefügt werden. Der ungeregelten Äußerung des individuellen Triebs müssen Zügel angelegt werden; denn wenn dies nicht geschieht, erfolgt die wechselseitige Vernichtung der Automata, das heißt, andere Automata werden einfach als Teile der Umwelt behandelt und vernichtet oder gemäß ihrem Nahrungswert benutzt. Darum muß dem Entwurf ein neuer kritischer Grundzug hinzugefügt werden: ein Hemmfaktor (Inhibitor), der die Automata davon abhält, gegeneinander vorzugehen. Nachdem dieser generelle Hemmfaktor hinzugefügt ist, können die Automata das gleiche geographische Gebiet wie zuvor einnehmen, aber ohne die Gefahr gegenseitiger Vernichtung. Je höher der Grad wechselseitiger Abhängigkeit unter den Automata, desto weitgestreuter und wirksamer müssen diese hemmenden Mechanismen sein.

Allgemeiner, wenn Aktion durch Spannungen in die Wege geleitet wird, die ihren Ursprung innerhalb des Individuums haben, dann müssen einige interne Mechanismen im Individuum diese Äußerung hemmen, und sei es nur, um zu verhindern, daß sie sich gegen Artgenossen richtet. Wenn sich kein derartiger Inhibitionsmechanismus entwickelt, geht die Art zugrunde, und die Evolution muß einen neuen Entwurf vorlegen, der sich zum Überleben eignet. Ashby (1956) macht das folgendermaßen klar:

Die Organismen, die wir heute sehen, sind zutiefst geprägt durch das selektive Einwirken einer zweitausend Millionen Jahre dauernden Ausmerzung. Jede Art, die irgendwie in ihrer Überlebenskraft defekt war, wurde ausgemerzt; und heute weisen die Merkmale nahezu jeder Lebensform Anzeichen dafür auf, daß sie Anpassungsergebnisse sind, um das *Überleben* sicherzustellen, und nicht etwa irgendwelchen anderen Zielen. Augen, Wurzeln, Wimpern, Schalen und Klauen sind so gestaltet, daß die Überlebenschance maximal erhöht wird. Und wenn wir das Gehirn untersuchen, dann untersuchen wir ebenfalls nur wieder ein Werkzeug zum Überleben.

Gibt es etwas im Menschen, das diesen hemmenden Mechanismen, wie sie von dieser Analyse gefordert werden, entspräche? Die Frage ist rhetorisch, da wir wissen, daß der Drang, Instinkte zu befriedigen, die für andere schädlich sind, von einem Teil unseres Wesens gebremst wird. Gewissen oder Über-Ich sind die Begriffe, mit denen man dieses Hemmungssystem bezeichnet, und ihre Funktion ist es, die ungeregelte Äußerung von Trieben zu hemmen, die ihren Ursprung im Spannungssystem der Person haben. Wenn also unsere Automata allmählich manche der Eigenarten und Strukturen annehmen, die in menschlichen Wesen vorhanden sind, dann nicht deshalb, weil Menschen das Modell geliefert hätten, sondern weil sich bei der Konstruktion eines jeden Systems, in dem eingegliederte Organismen sich durch Inputs aus der Umwelt am Leben erhalten, aber die eigene Art nicht vernichten, parallele Probleme des Entwurfs ergeben.

Das Vorhandensein von Gewissen im Menschen kann man folglich als Sonderfall des allgemeineren Prinzips betrachten, daß jedes sich selbst regulierende Automaton einen Hemmungsmechanismus haben muß, der seine Aktionen gegen die eigene Art hemmt, denn ohne eine solche Hemmung könnten mehrere Automata nicht ein gemeinsames Territorium einnehmen. Der Hemmfaktor filtert oder bremst Aktionen, die aus inneren Ungleichgewichtszuständen des Automatons entstehen. Im Fall des Organismus Mensch werden – wenn wir die psychoanalytische Terminologie anwenden dürfen – Instinktantriebe, die ihren Ursprung im Es haben, nicht unmittelbar in Aktion umgesetzt, sondern der inhibierenden Überprüfung durch das Über-Ich unterworfen. Wir stellen fest, daß die meisten Menschen – als Zivilisten – im normalen Tagesablauf andere Menschen nicht verletzen, verstümmeln oder töten.

Hierarchische Strukturierung

Die Automata handeln nun individuell und sind nur durch die Hemmung gegen die Verletzung ihrer Artgenossen eingeschränkt. Was wird geschehen, wenn wir mehrere Automata zu einem gemeinsamen Funktionieren zu organisieren versuchen? Die Zusammenfügung der Elemente für ein konzentrisches Handeln wird am besten ermöglicht, indem man eine äußere Koordinationsquelle für zwei oder mehr Elemente schafft. Die Kontrolle ist von der Quelle zu jedem Automaton hin gerichtet.

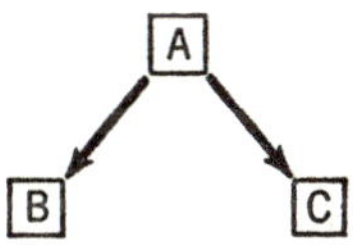

Noch wirksamere soziale Mechanismen kann man hervorbringen, indem man jedes untergeordnete Element gleichzeitig als Elementen auf einer darunter liegenden Stufe übergeordnet einsetzt.

Das Diagramm nimmt dann die für eine hierarchische Organisation typische Pyramidenform an. Aber diese Organisation kann nicht mit den Automata erreicht werden, wie wir sie beschrieben haben. Der innere Plan jedes Elements muß verändert werden. Die Kontrolle auf dem Niveau eines jeden Elements muß aufgegeben werden zugunsten einer Kontrolle von einem übergeordneten Punkt aus. *Die Hemmungsmechanismen, die lebenswichtig sind, wenn das Einzelelement für sich allein funktioniert, treten hinter der Notwendigkeit zurück, der koordinierenden Komponente die Kontrolle zu überlassen.*

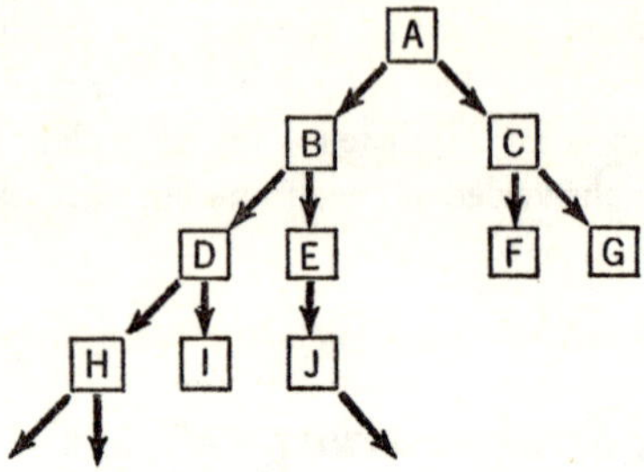

Allgemeiner, wenn Elemente, die autonom funktionieren, in ein System hierarchischer Koordination eingefügt werden, ergeben sich zwangsläufig Veränderungen in ihrer Innenstruktur. Diese Veränderungen stellen die Bedingungen für das System dar, und sie haben unweigerlich eine gewisse Unterdrückung lokaler Herrschaft im Interesse des Systemzusammenhalts zur Folge. Zusammenhang des Systems ist erreicht, wenn alle Teile des Systems in Harmonie und nicht im Widerspruch zueinander funktionieren.

Vom Standpunkt der Evolution aus muß jedes *autonom* funktionierende Element gegen die ungehemmte Befriedigung von Trieben, deren Hauptnutznießer es selbst ist, eingerichtet sein. Eben diese Funktion erfüllen das Über-Ich, das Gewissen oder irgendein ähnlicher Mechanismus, der moralische Ideale gegen die unkontrollierte Äußerung von Trieben ausspielt. Für die Funktionsfähigkeit eines Organisationssystems ist jedoch entscheidend, daß diese Hemmungen nicht deutlich in einen Widerspruch zu Direktiven höherrangiger Komponenten geraten. Wenn das Individuum *selbständig* handelt, wird deshalb das Gewissen ins Spiel gebracht. Wenn es aber innerhalb einer Organisation handelt, werden Direktiven, die von einer höherrangigen Komponente ausgehen, nicht gegen seine innere moralische Überzeugung abgewogen. Nur Triebe, die im Individuum selbst entstehen, in autonomer Art, werden auf solche Weise überprüft und reguliert.

Die Hierarchie besteht aus Einheiten, die sich aus einem Chef mit Anhängern zusammensetzen (also A: B, C). Jeder Anhänger kann seinerseits wieder anderen übergeordnet sein (also B: D, E), und die gesamte Struktur baut sich auf solchen ineinandergreifenden Einheiten auf. Die Psychologie des Gehorsams ist nicht abhängig von der Position der Einheit innerhalb der weiteren Hierarchie: Die Anpassung eines gehorsamen Generals der Wehrmacht an Adolf Hitler findet ihre Parallele in der Anpassung des untersten Infanteristen an seinen Vorgesetzten, und so weiter durch das ganze System. Nur für die Psychologie des obersten Führers braucht man eine andere Reihe von Erklärungsgründen.

Variabilität

Wir müssen hier nun einen Punkt klarstellen, der bisher in der Argumentation unausgesprochen enthalten war – nämlich die Beziehung zwischen Variabilität und der Notwendigkeit der Systemveränderung. Wo Variabilität vorhanden ist, kann die Strukturierung zu anderen Systemen nur erfolgreich stattfinden, wenn lokale Herrschaft zugunsten einer koordinierenden Komponente aufgegeben wird. Andernfalls wird das größere System eine geringere Wirksamkeit haben als die durchschnittliche individuelle Einheit.

Nehmen wir eine Reihe von identischen Einheiten an, die selbständig funktionieren können, sagen wir, fünf Elektrofahrzeuge mit Steuermechanismen, die jedes Fahrzeug bei genau 50 Stundenkilometern abbremsen. Solange es bei den individuellen Einheiten keine Varianten gibt, kann der Zug – wenn man die Fahrzeuge zu fünft koppelt – mit 50 Stundenkilometern dahinfahren. Nehmen wir jetzt aber an, daß Varianten eingeführt sind und daß die automatischen Geschwindigkeitsregler die fünf Fahrzeuge bei jeweils 10, 20, 30, 40 und 50 Stundenkilometern abbremsen. Wenn dann die Wagen zu einem übergeordneten System zusammengefaßt sind, kann sich der Zug als Ganzes nicht schneller bewegen als die langsamste Einheit.

Wenn eine soziale Organisation aus Individuen besteht, deren Beurteilung eines Handlungsablaufs variiert, dann kann Zusammenhalt nur dadurch erreicht werden, daß man sich auf den niedrigsten gemeinsamen Nenner bezieht. Dies wäre das am wenigsten wirksame System, und seine Bestandteile würden kaum Nutzen davon haben. Also werden Unterdrückung der Herrschaft auf lokaler Basis und ihre Übertragung auf höherrangige Komponenten um so wichtiger, je mehr die Variabilität zunimmt. Variabilität – wie die Evolutionstheoretiker es uns schon seit langem erklärten – ist von außerordentlichem biologischem Wert. Bemerkenswerterweise ist sie ein Charakteristikum der menschlichen Art. Denn da die Menschen keineswegs einander gleich sind, ist es, um in den Genuß der hierarchischen Strukturierung zu gelangen, notwendig, daß die lokale Herrschaft an dem Punkt, an dem sie in die Hierarchie einbezogen wird, rasch unterdrückt wird, damit die wenigst wirksame Einheit nicht die Wirksamkeit des Systems im Ganzen bestimmt.

Es ist lehrreich, sich ein paar der Systeme aufzuzählen, die durch Unterdrückung der lokalen Herrschaft funktionieren: Der einzelne Pilot tritt die Kontrollherrschaft an den Fluglotsen im Tower ab, wenn er einen Flughafen anfliegt, damit die Einheiten in ein koordiniertes Landesystem eingeordnet werden können; militärische Einheiten treten die Herrschaft an höhere Autoritäten ab, um die Einheitlichkeit der Aktion zu sichern. Wenn Individuen in eine Bedingung von hierarchischer Herrschaft eintreten, wird der Mechanismus, der gewöhnlich die Antriebe des Individuums reguliert, unterdrückt und auf eine höherrangige Komponente übertragen. Freud («Massenpsychologie und Ichanalyse», 1921) erkannte diesen Mechanismus deutlich, allerdings ohne auf die allgemeinen Folgerungen für eine Systemanalyse einzugehen: das Individuum gebe sein Ichideal auf und setze an seine Stelle das Gruppenideal, das sich im Führer verkörpere. Der Hauptgrund dafür liegt nicht in Bedürfnissen des Individuums, sondern in Bedürfnissen der Organisation. Hierarchische Strukturen können nur im Zusammenhang funktionieren, und Zusammenhang läßt sich nur durch Unterdrückung von lokaler Herrschaft herstellen.

Die bisherige Argumentation läßt sich folgendermaßen zusammenfassen: (1) Organisiertes soziales Leben bringt den Einzelwesen, die an ihm teilhaben, Überlebensvorteile, ebenso wie der ganzen Gruppe. (2) Welche verhaltensmäßigen und psychischen Eigenschaften auch immer nötig gewesen sein mögen, um die Fähigkeit zu *organisiertem* sozialem Leben hervorzubringen, sie wurden von evolutionären Kräften geformt. (3) In der Sicht der Kybernetik besteht die allgemeinste Notwendigkeit bei der Überprüfung autonomer Automata in eine koordinierte Hierarchie darin, individuelle Herrschaft und Kontrolle zugunsten einer Kontrolle durch höherrangige Komponenten zu unterdrücken. (4) Allgemeiner gesagt, können Hierarchien nur funktionieren, wenn bei den Elementen, aus denen sie zusammengesetzt sind, eine interne Modifikation eintritt. (5) Funktionsfähige Hierarchien im sozialen Leben sind durch jede dieser Eigenschaften charakterisiert, und (6) die Individuen, die in solche Hierarchien eintreten, werden notwendigerweise in ihrer Funktionsweise modifiziert.

Eine derartige Analyse ist nur aus einem einzigen Grund wichtig: Sie schärft unser Auge für die Veränderungen, die auftreten müssen, wenn eine unabhängig funktionierende Einheit Teil eines Systems wird. Eine solche Veränderung entspricht haargenau dem Kerndilemma unseres Experiments: Wie ist es möglich, daß ein Mensch, der normalerweise anständig, höflich, freundlich ist, im Experiment mit brutaler Härte gegen einen anderen Menschen vorgeht? Er handelt so, weil das Gewissen, das triebhafte Aggressionshandlungen reguliert, beim Eintritt in eine hierarchische Struktur *durch Unterdrückung* abnimmt.

Die Verschiebung der ursächlich wirkenden Kraft

Wir sind zu dem Schluß gekommen, daß eine interne Modifikation für die Fähigkeit eines jeden Elements nötig sei, erfolgreich innerhalb einer Hierarchie zu funktionieren, und daß dies im Fall der sich selbst steuernden Automata die Unterdrückung lokaler Herrschaft zugunsten der Regulierung durch eine höherrangige Komponente mit sich bringt. Der Konstruktionsplan eines solchen Automatons muß – soll es menschlichen Funktionen entsprechen – in ausreichendem Maß flexibel sein, um zwei Handlungsweisen zu gestatten: den selbstbestimmten (autonomen) Modus, wenn es unabhängig und ausschließlich zur Befriedigung der eigenen internen Bedürfnisse fungiert, und den systemgebundenen Modus, wenn es in eine größere Organisationsstruktur integriert ist. Sein Verhalten wird davon abhängen, in welchem der beiden Zustände es sich befindet.

Gesellschaftliche Organisationen und die Einzelwesen, die an ihnen beteiligt sind, sind von den Erfordernissen der Systemintegration nicht ausgenommen. Was also entspricht in der Erfahrung des Menschen dem Schritt vom autonomen zum systemgebundenen Modus, und welches sind die Konsequenzen in spezifisch menschlicher Sicht? Um dies zu beantworten, müssen wir von einer allgemeinen Erörterung übergehen zur exakten Untersuchung eines Menschen, während er in eine funktionale Position innerhalb einer sozialen Hierarchie gerät.

Wo werden wir im Menschen den Schalter finden, der den Übergang von einem autonomen zu einem systemgebundenen Modus bewirkt? Genau wie im Fall der Automata erfolgt auch hier, und in keineswegs geringerem Maß, eine Veränderung der internen Operationen der Person, und diese reduzieren sich ohne Zweifel auf Verschiebungen im Muster der nervlichen Funktionen. Chemische Hemmer und Enthemmer verändern die Wahrscheinlichkeit, daß bestimmte Nervenbahnen oder Abläufe benutzt werden. Es liegt jedoch weit jenseits unserer technischen Möglichkeiten, ein solches Ereignis auf der chemischen Ebene genau festzustellen. Dennoch gibt es ein Phänomen dieser Verschiebung, das uns zugänglich ist. Die kritische Funktionsverschiebung spiegelt sich in einer Verhaltensänderung wider. Spezifisch sieht sich jemand, der in ein Autoritätssystem eintritt, nicht mehr als eine Person, die aufgrund eigener Zielsetzungen handelt, sondern allmählich als einen Vollstrecker der Wünsche einer anderen Person. Sobald eine Person ihre Handlungen unter diesem Gesichtspunkt sieht, treten grundlegende Veränderungen in ihrem Verhalten und in ihrer inneren Funktionsfähigkeit auf. Dies kann so drastisch sein, daß man sagen könnte, die veränderte Haltung versetze die Person in einen *Zustand, verschieden* von dem, in dem sie sich vor der Integration in die Hierarchie befunden hatte. Ich möchte das den *Agens-Zustand* nennen, womit ich die Bedingung meine, in der sich jemand befindet, wenn er sich als eine die Wünsche eines anderen ausführende Kraft empfindet. Wir werden diesen Begriff als antithetisch zu *Autonomie* anwenden – das heißt, wenn jemand sich als aus eigenem Antrieb handelnd betrachtet.

Der Agens-Zustand ist hauptsächlich die Haltung, aus der das beobachtete Verhalten entspringt. Dieser Zustand ist mehr als eine begriffliche Zumutung, die ich an den Leser stelle; er ist der Schlußstein unserer Analyse. Wenn er nützlich ist, werden wir finden, daß die Laborerfahrungen durch ihn verknüpft werden können. Wenn er überflüssig ist, werden wir feststellen, daß er nichts zum Zusammenhang unserer Ergebnisse beiträgt. Aus Gründen der Verdeutlichung möchte ich noch einmal erklären, was unter *Agens-Zustand* zu verstehen ist. Man kann dies sowohl von einem kybernetischen wie auch von einem phänomenologischen Standpunkt aus definieren.

In der Sicht der kybernetischen Analyse ist der Agens-Zustand dann gegeben, wenn eine sich selbst regulierende Einheit intern modifiziert wird, um ihr ein Funktionieren innerhalb eines hierarchischen Herrschaftssystems zu erlauben.

Von einem subjektiven Standpunkt aus befindet sich ein Mensch im Agens-Zustand, wenn er sich selbst in einer sozialen Situation in einer Weise definiert, die ihn empfänglich macht für die Vorschriften einer höherrangigen Person. Unter diesen Umständen betrachtet sich der einzelne nicht mehr als verantwortlich für seine Handlungen, sondern definiert sich als ein Instrument zur Durchführung der Wünsche anderer.

Ein Element freier Willensentscheidung bestimmt zwar, ob der Mensch sich in dieser Weise definiert oder nicht, aber angesichts bestimmter kritischer Auslösefaktoren ist die Tendenz zu ersterem übermächtig, und die Verschiebung folglich nicht freizügig umkehrbar.

Da der Agens-Zustand weitgehend ein geistiger Zustand ist, wird man von einigen Seiten vielleicht einwenden, daß diese Haltungsverschiebung keine *reale* Veränderung im Zustand der Person sei. Ich möchte jedoch behaupten, daß diese Verschiebungen bei Menschen das genaue Gegenstück sind zu jenen gravierenden Veränderungen im logischen System der oben behandelten Automata. Wir Menschen haben natürlich keine Schalthebel, die an unserem Körper vorstehen, und die Verschiebungen finden an den Synapsen statt, aber das macht sie keineswegs weniger wirklich.

11. Kapitel
Der Gehorsamsvorgang: Anwendung der Analyse auf das Experiment

Nachdem wir ins Zentrum unserer Analyse den Agens-Zustand gestellt haben (Diagramm auf S. 159), ergeben sich bestimmte Kernprobleme. Erstens, unter welchen Bedingungen begibt sich jemand vom autonomen in den Agens-Zustand (Vorbedingungen)? Zweitens, wenn die Verschiebung stattgefunden hat, was für verhaltensmäßige und psychische Eigenschaften der Person sind dann verändert (Konsequenzen)? Und drittens, was führt dazu, daß jemand im Agens-Zustand verharrt (Bindungsfaktoren)? Wir unterscheiden also zwischen Bedingungen, die das Eintreten in den Zustand bewirken, und solchen, die den Zustand aufrechterhalten. Betrachten wir uns nun den Vorgang im einzelnen.

Vorbedingungen für Gehorsamsbereitschaft

Zunächst müssen wir uns mit den Kräften befassen, die auf eine Person einwirkten, ehe sie an unserem Experiment teilnahm, Kräfte, die ihre fundamentale Orientierung an der Sozialwelt formten und das Fundament zu Gehorsam legten.

Familie

Die Versuchsperson wuchs innerhalb von Autoritätsstrukturen heran. Von den allerersten Lebensjahren an war sie den Vorschriften der Eltern unterworfen, wodurch ein Gefühl von Respekt vor der Autorität der Erwachsenen eingeprägt wurde. Elterliche Befehle sind auch der Ursprung moralischer Imperative. Wenn aber ein Elternteil ein Kind lehrt, einem moralischen Imperativ zu gehorchen, dann tut er damit effektiv zweierlei. Zunächst legt er einen speziellen moralischen Zusammenhang vor, dem Folge zu leisten ist. Zweitens trainiert er das Kind, überhaupt autoritativen Befehlen nachzukommen. Wenn also ein Vater oder eine Mutter sagt: «Du darfst keine kleineren Kinder hauen», liefern sie damit nicht nur einen Imperativ, sondern zwei. Der erste betrifft die Art, in der der Be-

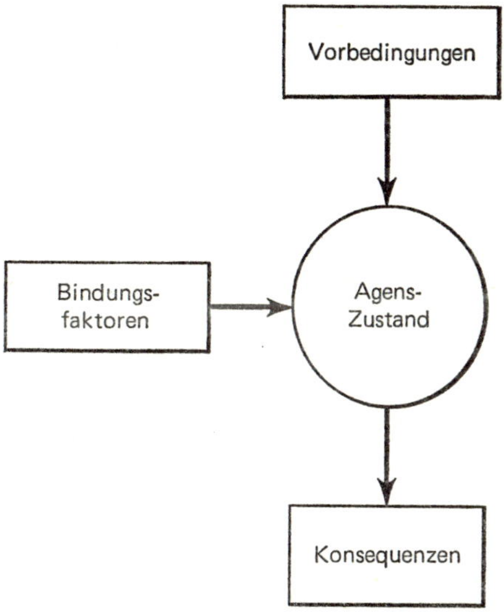

fehlsempfänger ein kleineres Kind (das Muster des Hilflosen und Unschuldigen) zu behandeln hat; der zweite (unausgesprochene) Imperativ lautet: «Und gehorche mir!» So ist die Entstehungsgeschichte unserer moralischen Ideale untrennbar mit der Einprägung der Gehorsamshaltung verbunden. Mehr noch, die Gehorsamsforderung bleibt bei der Vielzahl von speziellen Befehlen das einzig konstante Element und tendiert folglich dahin, im Zusammenhang mit jedem beliebigen moralischen Inhalt vorherrschend wirksam zu werden.[11]

Der institutionelle Rahmen

Aus dem Schoß der Familie gelangt das Kind in ein *institutionelles Autoritätssystem,* die Schule. Hier lernt es nicht nur einen speziellen Lehrstoff, sondern auch das Funktionieren innerhalb eines Organisationsrahmens. Seine Handlungen werden stark von seinen Lehrern bstimmt, doch gleichzeitig kann es auch feststellen, daß die Lehrer ihrerseits einer Disziplin und den Forderungen eines Direktors unterworfen sind. Der Schüler erlebt, daß Autorität keine Anmaßung duldet, sondern sie streng zurückweist und daß Unterwerfung die einzig angemessene und bequeme Antwort auf Autorität ist.

Die ersten zwanzig Jahre im Leben eines jungen Menschen vergehen damit, daß er als untergeordnetes Element in einem Autoritätssystem funktionieren muß, und nach dem Schulabschluß gehen männliche Menschen normalerweise entweder in einen zivilen Beruf oder zum Militär. Im Beruf lernt der junge Mensch, daß zwar eine diskret geäußerte andere Meinung in gewissem Ausmaß möglich ist, daß jedoch für das reibungslose Funktionieren im Konnex mit Vorgesetzten eine grundsätzlich unterwürfige Haltung erfordert wird. Wieviel Freiheit im einzelnen dem Individuum auch immer eingeräumt werden mag, die Situation ist dahingehend festgelegt, daß es eine ihm von anderen vorgeschriebene Aufgabe erfüllen muß.

Autoritätsstrukturen gibt es zwangsläufig in allen Gesellschaften, fortschrittlichen wie primitiven, doch die moderne Gesellschaft hat die zusätzliche Eigenschaft, daß sie dem einzelnen beibringt, mit unpersönlichen Autoritäten zu leben. Während vielleicht Unterwerfung unter Autorität für einen afrikanischen Aschanti nicht geringer ist als für einen Fabrikarbeiter in den USA, besteht doch für den Eingeborenen der Kreis der Leute, die Autorität darstellen, aus persönlich bekannten Menschen, wogegen die moderne industrialisierte Welt den einzelnen dazu zwingt, sich unpersönlichen Autoritäten unterzuordnen, so daß er also auf einen abstrakten Rang reagiert, der durch Abzeichen, Uniform oder Titel gekennzeichnet ist.

Belohnungen

Im gesamten Verlauf der Konfrontation mit Autorität trifft der Mensch ständig auf eine Belohnungsstruktur, in der Nachgiebigkeit gegenüber der Autorität im allgemeinen belohnt wird, während die Verweigerung der Unterordnung in den meisten Fällen bestraft wird. Obgleich es viele Arten gibt, Belohnung für pflichtgemäße Unterordnung zuzumessen, ist doch die genialste die folgende: Das Individuum darf in der Hierarchie eine Stufe höher steigen, wobei zugleich der einzelne motiviert und das System in seiner Struktur bestärkt und fortgesetzt wird. Diese Art von Belohnung – «Beförderung» – enthält eine tiefe emotionale Befriedigung des Individuums; ihr Hauptcharakteristikum ist jedoch, daß sie die Kontinuität der hierarchischen Form sichert.

Das Endresultat dieser Erfahrung ist die *Verinnerlichung der Gesellschaftsordnung* – d. h. die Verinnerlichung des Komplexes von Grundsätzen, die das Leben der Gesellschaft bestimmen. Und der oberste Grundsatz lautet: Tu, was der Chef sagt. Genau wie wir grammatikalische Regeln verinnerlichen und so neue Sätze sowohl verstehen wie auch selbst hervorbringen können, so verinnerlichen wir die Grundregeln des sozialen Lebens, die uns in die Lage versetzen, sozialen Anforderungen in neuen Situationen gerecht zu werden. In jeder Rangordnung von Regeln nimmt die über Gehorsam gegen Autorität eine überragende Stellung ein.

Unter den Vorbedingungen finden wir also die Erfahrungen des Individuums mit seiner Familie, die allgemeine Gesellschaftsordnung, die auf unpersönlichen Autoritätssystemen beruht, und im weiteren Sinn die Erfahrungen mit einem System von Belohnungen, in dem Gehorsam gegen Autorität belohnt, Gehorsamsverweigerung jedoch bestraft wird. Obwohl diese Umstände und Bedingungen zweifellos den Hintergrund liefern, vor dem und gegen den sich die Einstellung unserer Versuchspersonen herausbildete, entziehen sie sich doch der Kontrolle durch das Experiment und lösen nicht unmittelbar den Übergang in den Agens-Zustand aus. Wenden wir uns nun den näheren Faktoren innerhalb einer spezifischen Situation zu, die den Agens-Zustand heraufbeschwören.

Unmittelbare Vorbedingungen

Wahrnehmung der Autorität. Die erste Bedingung für die Veränderung in den Agens-Zustand ist das Erkennen einer legitimen Autorität. Psychologisch bedeutet Autorität eine Person, der man in einer gegebenen Situation die Position gesellschaftlicher Macht zuschreibt. Autorität wird in einem engeren Zusammenhang akzeptiert und geht nicht unbedingt über die Situation hinaus, in der sie auftritt. Wenn der Versuchsleiter etwa einer Versuchsperson auf der Straße begegnet, würde er keinen besonderen Einfluß auf sie ausüben können. Die Autorität des Piloten über seine Passagiere erstreckt sich nicht über das Flugzeug hinaus. Autorität wird durch Normen aufrechterhalten: Man erwartet, daß bestimmte Situationen gewöhnlich auch eine soziale Kontrollfigur haben. Autoritätspersonen brauchen nicht notwendigerweise einen hohen Status im Sinne von «Prestige» zu besitzen. Auch der Logenschließer in einem Theater übt soziale Kontrolle aus, und wir ordnen uns ihm gewöhnlich bereitwillig unter. Die Macht einer Autoritätsperson stammt nicht aus persönlichen Eigenschaften, sondern von ihrer wahrgenommenen Position innerhalb einer sozialen Struktur.

Die Frage, wie sich Autorität mitteilt, scheint zunächst keine bestimmte Antwort zu erfordern. Wir scheinen unweigerlich zu *wissen*, wer das Heft in der Hand hat. Aber wir können dennoch das Verhalten im Labor untersuchen, um den Vorgang ein wenig zu sezieren.

Zunächst einmal tritt die Versuchsperson in die Situation ein mit der Erwartung, daß *irgend jemand* die Leitung haben wird. Also füllt der Versuchsleiter bei der ersten Begegnung mit der Versuchsperson eine Lücke aus, die diese verspürte. Infolgedessen braucht er seine Autorität gar nicht zu betonen, er muß sie nur identifizieren. Er tut dies durch ein paar einführende Bemerkungen, und da dieses Ritual der Selbstdefinition vollkommen den Erwartungen der Versuchsperson entspricht, einen Mann zu treffen, der die Leitung hat, wird es von ihr nicht in Frage gestellt. Weitere Hilfsfaktoren sind das Selbstvertrauen und das «Autoritätsgehabe», die der Versuchsleiter ausströmt. Genau wie ein Bediensteter ein unterwürfiges Gehabe an den Tag legt, verbreitet sein Herr das Gefühl seiner befehlenden Anwesenheit, das auf subtile Weise seinen Herrschaftsstatus innerhalb der gegebenen Situation mitteilt.

Zweitens wird oft eine äußerliche Staffage benutzt, um die Autorität in einer gegebenen Situation erkennbar zu machen. Unser Versuchsleiter trug den grauen Kittel eines Technikers, wodurch er automatisch mit dem Labor in Verbindung gebracht war. Die Polizei, das Militär und andere uniformierte Dienstleistungsorganisationen tragen die für die allgemeine Erfahrung deutlichsten Autoritätsinsignien. Drittens stellt die Versuchsperson das Fehlen von konkurrierenden Autoritätspersonen fest. (Niemand sonst beansprucht die Führungsposition, und dies trägt dazu bei, die Annahme zu bekräftigen, daß der Versuchsleiter der richtige Mann sei.) Viertens fehlen deutliche Anomaliefaktoren (d. h. etwa, daß ein fünfjähriges Kind behauptet, der Wissenschaftler zu sein).

Es ist also der Anschein von Autorität und nicht tatsächliche Autorität, worauf die Versuchsperson reagiert. Wenn nicht eine gegenteilige Information oder anomale Fakten eintreten, wird die Selbsternennung der Autoritätsperson fast immer ausreichen.[12]

Der Eintritt in das Autoritätssystem. Ein zweiter die Versetzung in den Agens-Zustand auslösender Umstand ist der Akt, in dem die Person als Teil des gegebenen Autoritätssystems definiert wird. Es reicht nicht aus, daß wir Autorität wahrnehmen, die Autoritätsperson muß in einem relevanten Bezug zu uns stehen. Wenn wir eine Militärparade sehen und einen Oberst rufen hören «Augen rechts!», dann wenden wir uns nicht nach rechts, denn wir sind ja nicht als unter seinem Kommando stehend definiert. Es gibt immer einen Übergang von dem Augenblick, da wir außerhalb eines Autoritätssystems stehen, zu dem Punkt, an dem wir uns innerhalb dieses Systems befinden. Autoritätssysteme sind häufig durch einen physischen Zusammenhang begrenzt, und wir geraten oft unter den Einfluß einer Autoritätsperson, wenn wir die physische Schwelle zu ihrem Herrschaftsgebiet überschreiten. Die Tatsache, daß unser Experiment in einem Laboratorium durchgeführt wird, ist von beträchtlichem Einfluß auf den Grad des sich ergebenden Gehorsamsverhaltens. Es herrscht etwa das Gefühl, daß der Versuchsleiter «Besitzer» der Räumlichkeiten ist und daß die Versuchsperson sich so verhalten muß, als wäre sie Gast im Haus eines andern. Wenn man das Experiment außerhalb des Labors fortsetzte, würde die Gehorsamsbereitschaft drastisch abnehmen.[13]

Von noch größerer Bedeutung für unser Experiment jedoch ist die Tatsache, daß das Eintreten in den Autoritätsbereich des Versuchsleiters freiwillig geschieht, daß also die Versuchspersonen aus eigener Entscheidung sich bereit erklären. Die psychische Konsequenz der freiwilligen Beteiligung erzeugt ein Gefühl von Verpflichtung und Pflicht, die in der Folge eine wichtige Rolle in der Bindung der Versuchspersonen an ihre Funktion spielen.

Wenn unsere Versuchspersonen gewaltsam in das Experiment einbezogen würden, könnten sie sich sehr wohl genauso der Autorität beugen, doch die psychischen Mechanismen würden dann von denen, die wir feststellten, völlig verschieden sein. Im allgemeinen versucht die Gesellschaft, wo immer das möglich ist, ein Gefühl von Freiwilligkeit beim Eintritt in ihre verschiedenen Institutionen zu erzeugen. Nach der Einberufung zum Militär schwören die Rekruten einen Treueid, und meist werden Freiwillige den Zwangseinberufenen vorgezogen. Wenn auch Menschen sich unter Zwang der Äußerung sozialer Herrschaft beugen (zum Beispiel, wenn ein Gewehr auf sie gerichtet ist), beschränkt sich doch der Gehorsam unter solchen Umständen seinem Wesen nach auf die direkte Überwachung. Wenn der Mann mit dem Gewehr verschwindet – oder wenn seine Fähigkeit, Sanktionen zu üben, beseitigt ist –, hört die Gehorsamsbereitschaft auf. Aber im Fall des freiwilligen Gehorsams gegen eine legitime Autorität haben die prinzipiellen Sanktionen für Ungehorsam ihren Ursprung in der Person selbst. Sie sind nicht von äußeren Zwangsmaßnahmen abhängig, sondern entspringen dem Gefühl des Betroffenen für seine Rollenverpflichtung. In diesem Sinn *gibt es eine verinnerlichte Basis für seine Gehorsamsbereitschaft, nicht nur eine äußerliche.*

Koordination von Befehl und Funktion der Autorität. Autorität ist die wahrgenommene Quelle sozialer Herrschaft innerhalb eines bestimmten Zusammenhangs. Der Zusammenhang entscheidet über die Reichweite der Befehle, die als der fraglichen Autorität angemessen betrachtet werden. Im allgemeinen muß es zwischen der Funktion der herrschenden Person und der Natur der von ihr erlassenen Befehle ein klar verständliches Bindeglied geben. Es muß nicht sorgfältig ausgestaltet, es braucht nur im allgemeinsten Sinn vernünftig zu sein. So kann etwa beim Militär ein Hauptmann einem Untergebenen die Durchführung einer höchst gefährlichen Aktion befehlen, doch er kann ihm nicht befehlen, seine Braut zu küssen. Im einen Fall ist der Befehl logisch an die militärische Funktion gebunden, im anderen Fall ist er das nicht.[14]

Bei unserem Gehorsamsexperiment agiert die Versuchsperson innerhalb eines Rahmens, nämlich des Lernexperiments, und betrachtet deshalb die Befehle des Versuchsleiters als in sinnvoller Weise koordiniert mit seiner Funktion. Im Rahmen des Labors werden derartige Befehle ganz allgemein als angemessen betrachtet, wie stark man auch besondere Entwicklungen, die später auftreten, in Zweifel ziehen mag.

Weil der Versuchsleiter Befehle innerhalb eines Zusammenhangs erteilt, von dem man annimmt, daß er darüber Bescheid weiß, gewährt man ihm Machtzuwachs. Im allgemeinen herrscht die Überzeugung, daß Autoritätspersonen mehr wissen als der, dem sie befehlen; ob dies zutrifft oder nicht, die Situation ist definiert, als träfe es zu. Selbst wenn eine untergeordnete Person über mehr technisches Wissen verfügt als ihr Vorgesetzter, darf sie sich nicht anmaßen, das Weisungsrecht der Autoritätsperson zu übergehen, sondern muß dem Vorgesetzten ihr Wissen zur Verfügung stellen, damit er nach seinem Gutdünken entscheide. Typische Spannungszustände treten dann auf, wenn innerhalb eines Autoritätssystems eine Autoritätsperson in einem Ausmaß inkompetent ist, das die ihr Untergebenen gefährdet.[15]

Der übergeordnete ideologische Rahmen. Das Erkennen einer legitimen Quelle sozialer Herrschaft innerhalb einer klar definierten sozialen Situation ist eine zwangsläufige Voraussetzung für den Übergang in den Agens-Zustand. Aber die Legitimität des Anlasses selbst ist abhängig von ihrer Artikulierung im Zusammenhang mit einer rechtfertigenden Ideologie. Wenn die Versuchspersonen ins Labor kommen und man sie bittet mitzuarbeiten, dann rufen sie keineswegs verwirrt aus: «Ich habe noch nie was von Wissenschaft gehört. Was meinen Sie damit?» Innerhalb dieser gegebenen Situation liefern der Ausdruck Wissenschaft und die Bejahung der so bezeichneten sozialen Unternehmung die übergeordnete ideologische Rechtfertigung für das Experiment. Institutionen wie das Unternehmertum, die Kirchen, die Regierung und das erzieherische Establishment bieten weitere legitime Aktionsbereiche, deren jeder durch die Wertvorstellungen und Bedürfnisse der Gesellschaft gerechtfertigt sind, aber sie werden vom Durchschnittsmenschen noch zusätzlich deshalb bejaht, weil sie als Teil der Welt vorhanden sind, in die er hineingeboren und in der er aufgewachsen ist. Man könnte Gehorsam auch außerhalb solcher Institutionen sicherstellen, doch würde es sich dann nicht um die Art bereitwilligen Gehorsams handeln, bei der man sich mit dem starken Gefühl beugt, das Richtige zu tun. Überdies, wenn unser Experiment in einer von der unseren völlig verschiedenen Kultur durchgeführt würde – sagen wir bei den Trobriandern –, würde es sich als notwendig erweisen, das funktionale Äquivalent zu unserer «Wissenschaft» zu finden, wenn man psychologisch vergleichbare Ergebnisse erhalten will. Der Trobriander glaubt möglicherweise nicht an Wissenschaftler, aber er respektiert den Medizinmann. Der Diener der Inquisition lehnte vielleicht die Wissenschaft ab, doch er ging völlig in der Ideologie seiner Kirche auf, und in ihrem Namen und zur Sicherung ihres Fortbestehens drehte er die Schraube an der Folterbank fester, ohne die geringsten Gewissensbisse zu empfinden.

Will man *freiwilligen* Gehorsam erreichen, ist die ideologische Rechtfertigung von entscheidender Wichtigkeit, weil sie der betroffenen Person erlaubt, ihr Verhalten so zu sehen, als diene sie mit ihm einem erstrebenswerten Ziel. Nur unter einem solchen Gesichtspunkt ist Gehorsamsbereitschaft ohne Schwierigkeiten möglich.

Ein Autoritätssystem besteht also aus wenigstens zwei Personen, denen die Erwartung gemeinsam ist, daß eine von ihnen das Recht besitzt, der andern ihr Verhalten vorzuschreiben. In unserer Untersuchung ist der Versuchsleiter das Schlüsselelement innerhalb eines Systems, das sich über seine Person hinaus erstreckt. Das System umfaßt die Anlage des Experiments, die beeindruckende Einrichtung des Labors, die Apparate, die der Versuchsperson ein Gefühl von Verpflichtung vermitteln, die mystische Atmosphäre der Wissenschaft, zu der das Experiment gehört, und den breiteren institutionellen Zusammenhang, der derartige Aktivitäten gestattet – d. h. die unbestimmte Billigung durch die Gesellschaft, die sich unausgesprochen durch die Tatsache ergibt, daß das Experiment in einer zivilisierten Stadt durchgeführt und geduldet wird.

Der Versuchsleiter erlangt seine Fähigkeit, Verhalten beeinflussen zu können, nicht durch Anwendung von Gewalt oder durch Drohung, sondern kraft der Position, die er innerhalb einer sozialen Struktur einnimmt. Es besteht nicht nur allgemeine Übereinkunft, daß er Verhalten beeinflussen *kann*, sondern daß er es tun können *sollte*. Also entsteht seine Macht bis zu einem gewissen Grad durch die Zustimmung derer, über die er gesetzt ist. Doch sobald diese Zustimmung einmal ursprünglich gewährt ist, kann sie nicht automatisch oder ohne großen Aufwand widerrufen werden.

Der Agens-Zustand

Welche Charakteristika hat der Agens-Zustand und was sind seine Folgen für die Versuchsperson?

Sobald sie sich im Agens-Zustand befindet, wird die Person zu einem anderen, von ihrem früheren Selbst verschiedenen Wesen mit neuen Eigenschaften, die sich nicht leicht bis in die normale Persönlichkeit zurückverfolgen lassen.

Zunächst wird der gesamte Rahmen der Handlungen, die eine Versuchsperson ausführt, von ihrer Beziehung zum Versuchsleiter eingefärbt; die Versuchsperson möchte im Normalfall eine angemessene Leistung liefern und bei dieser Zentralfigur einen guten Eindruck erwecken. Darum richtet sie ihre Aufmerksamkeit auf die Merkmale der Situation, die für eine derartige angemessene Leistung nötig erscheinen. Sie hört aufmerksam auf die Instruktionen, konzentriert sich auf die technischen Anforderungen bei der Verabreichung von Schocks und sieht sich plötzlich von den beschränkten technischen Aufgaben, die ihr gestellt sind, absorbiert. Die Bestrafung des Schülers schrumpft zu einem unbedeutenden Bestandteil der Gesamterfahrung zusammen, wird zu einem bloßen Firnis über den komplexen Aktivitäten im Labor.

Einstimmung

Wer mit unserem Experiment nicht vertraut ist, könnte denken, daß die Versuchsperson sich in einer Konfliktsituation befindet, in der sie von einander widerstreitenden Kräften attackiert ist, die vom Schüler und vom Versuchsleiter ausgehen. Und doch findet in einem sehr realen Sinn in der Versuchsperson ein Einstimmungsprozeß statt, bei dem sich eine maximale Empfangsfähigkeit für die «Frequenzen» der Autorität ergibt, während die vom Schüler ausgehenden Signale gedämpft und psychisch fern wirken. Wer an einer solchen Wirkung zweifelt, sollte sich das Verhalten von Einzelpersonen, die in einer hierarchischen Struktur organisiert sind, betrachten. Es genügt, sich die Sitzung eines Unternehmensleiters mit seinen Untergebenen vorzustellen. Die Untergebenen reagieren mit besorgter Aufmerksamkeit auf jedes Wort, das der Leiter äußert. Gute Ideen, von Personen mit niederem Status vorgebracht, werden häufig ignoriert, doch wenn der Leiter sie wiederholt, begrüßt man sie enthusiastisch.

Darin liegt nichts außergewöhnlich Schlechtes; es ist einfach der Ausdruck natürlicher Reaktion auf Autorität. Wenn wir ein wenig tiefer nachforschen, erkennen wir, warum dies so ist: Die Autoritätsperson ist kraft ihrer Stellung in der optimalen Position, Wohltaten zu vergeben und den Entzug von Wohltaten zu verhängen. Ein Chef kann jemanden feuern oder ihn aufsteigen lassen; der militärische Vorgesetzte kann einen Soldaten auf ein Himmelfahrtskommando schicken oder ihm einen Druckposten geben; der Stammespatriarch billigt eine Heirat oder befiehlt eine Exekution; es ist also folglich ein höchst geschicktes Anpassungsverhalten, sich peinlich genau nach den Launen der Autorität zu richten.

Aus diesem Grund auch hält man Autorität für etwas Größeres als das Individuum. Oft sieht der einzelne Autorität als eine unpersönliche Kraft, deren Diktat über das bloße menschliche Wünschen und Verlangen hinausgeht. Für manche Menschen werden mit Autorität Behaftete zu Übermenschen.

In unseren Experimenten tritt das Phänomen der unterschiedlichen Einstimmung mit beeindruckender Regelmäßigkeit auf. Der Schüler fungiert unter dem Handikap, daß die Versuchsperson nicht wirklich auf ihn eingestellt ist, da ihre Gefühle und Wahrnehmungen von der Anwesenheit des Versuchsleiters beherrscht werden. Für viele Versuchspersonen wird der Schüler ganz einfach zu einem unangenehmen Hindernis, das sich zwischen ihnen und dem Aufbau einer befriedigenden Beziehung zum Versuchsleiter breitmacht. Seine Bitten um Schonung sind nur insofern wirksam, als sie den an die Versuchsperson gestellten Anforderungen ein gewisses Unbehagen hinzufügen, Anforderungen, die die Versuchsperson offenbar erfüllen muß, will sie den Beifall der zentralen emotionalen Figur innerhalb der gegebenen Situation gewinnen.

Neudefinition der Bedeutung der Situation

Wenn man die Art kontrolliert, in der jemand seine Welt interpretiert, hat man bereits einen großen Schritt in Richtung auf die Kontrolle seines Verhaltens getan. Dies ist der Grund, warum Ideologie – ein Versuch, das menschliche Dasein zu interpretieren – stets einen so bedeutenden Anteil hat an Revolutionen, Kriegen und anderen Vorkommnissen, in denen der einzelne aufgefordert ist, außergewöhnliche Handlungen zu vollbringen. Regierungen stecken viel Geld in Propaganda, die die offizielle Interpretation von Ereignissen darstellt.

Nun gehört zu jeder Situation so etwas wie Ideologie, und wir bezeichnen diese als «Definition der Situation», das heißt, als Interpretation eines sozialen Ereignisses. Sie liefert die Sichtweise, die die einzelnen Bestandteile einer Situation zu einer Einheit zusammenfaßt. Eine Handlung kann in einer bestimmten Sichtweise als verabscheuenswürdig erscheinen, in einer anderen als vollkommen berechtigt. *Die Menschen neigen dazu, jene Definitionen von Handlungen zu akzeptieren, die von einer legitimen Autorität gegeben werden.* Das heißt, daß der Einzelne der Autorität zugesteht, den Sinn einer Handlung zu definieren, auch wenn er es ist, der sie vollzieht.

Es ist diese ideologische Abtretung an die Autorität, die die hauptsächliche Erkenntnisgrundlage der Gehorsamsbereitschaft liefert. Wenn nach all dem die Welt oder eine einzelne Situation so ist, wie die Autorität sie definiert, dann gehen bestimmte Handlungen ganz folgerichtig daraus hervor.

Die Beziehung zwischen der Autorität und der Versuchsperson darf also nicht so gesehen werden, daß eine Zwang ausübende Figur von einem unwilligen Untergebenen Handlungen erzwingt. Denn da die Versuchsperson die Definition der Situation durch die Autorität akzeptiert, erfolgt die Handlung bereitwillig und freiwillig.

Schwund der Verantwortung

Die weitestreichende Konsequenz der Versetzung in den Agens-Zustand ist, daß jemand sich *vor* der ihn leitenden Autorität verantwortlich fühlt, aber keinerlei Verantwortungsgefühle *für* die ihm von der Autorität vorgeschriebenen Handlungen hat. Moral geht zwar nicht verloren, aber sie nimmt eine ganz andere Richtung: Die untergeordnete Person empfindet Scham oder Stolz, je nachdem sie die von der Autorität verlangten Handlungen ausgeführt hat.

Die Sprache bietet zahlreiche Ausdrücke, um diese Art von Moral festzulegen: *Loyalität, Pflicht, Disziplin* sind Ausdrücke, die alle zutiefst von moralischer Bedeutung durchtränkt sind, und sie beziehen sich auf das Ausmaß, in dem jemand seine Verpflichtungen gegen eine Autorität erfüllt. Sie beziehen sich nicht auf die «Gutheit» der fraglichen Person selbst, sondern auf das Ausmaß, in dem eine untergeordnete Person eine ihr gesellschaftlich zugeteilte Rolle erfüllt. Die am häufigsten festzustellende Schutzbehauptung bei Personen, die auf Befehl einer Autorität eine verabscheuenswerte Handlung begangen haben, ist, daß sie ja nur ihre Pflicht getan hätten. Mit einer solchen Schutzbehauptung bringt der Einzelne nicht etwa ein für den Augenblick aufgebautes Alibi vor, sondern gibt auf ganz ehrliche Weise den psychischen Zustand wieder, in dem er sich durch die Unterordnung unter die Autorität befand.

Damit ein Mensch sich für seine Handlungen verantwortlich fühlt, muß er spüren, daß sein Verhalten seinem «Selbst» entsprungen ist. In der von uns untersuchten Situation betrachten die Versuchspersonen ihre Handlungen genau entgegengesetzt. Sie sehen sie nämlich so, als gingen sie aus den Motiven einer anderen Person hervor. Unsere Versuchspersonen sagten häufig: «Wenn es an mir gelegen hätte, dann hätte ich dem Schüler keine Schocks gegeben.»

Die Funktion des Über-Ich verschiebt sich von der Bewertung der Gutheit oder Schlechtheit der Handlungen auf die Feststellung, wie gut oder wie schlecht man innerhalb eines Autoritätssystems funktioniert.[16] Da bei den Hemmungen, die verhindern, daß der Einzelne sich aus eigenem Willen grausam gegen andere verhält, ein Kurzschluß eingetreten ist, werden die Handlungen nicht mehr durch das Gewissen eingeschränkt.

Nehmen wir eine Person an, die im alltäglichen Leben liebenswürdig und freundlich ist. Selbst im Zorn wird sie gegen Menschen, die sie dazu veranlaßt haben, nicht gewalttätig. Das Gefühl, ein freches Kind schlagen zu müssen, ist ihr unangenehm; sogar die Muskeln verkrampfen sich, und die Person verzichtet auf die Tat. Aber wenn die gleiche Person als Soldat den Befehl erhält, Bomben auf Menschen zu werfen, dann tut sie es. Die Handlung entspringt nicht ihrem eigenen Motivationssystem und wird folglich auch nicht von den Hemmungen in ihrem Inneren kontrolliert. Während des Erwachsenwerdens hat das normale Individuum gelernt, die Äußerung seiner aggressiven Triebe zu hemmen. Doch die menschliche Kultur hat nahezu völlig darin versagt, innere Hemmungen für Handlungen einzubauen, deren Ursprung in einer Autorität liegt. Dies bedeutet eine bei weitem größere Gefahr für das Überleben der Menschheit.[17]

Selbstverständnis

Für Menschen ist es nicht nur wichtig, bei anderen einen guten Eindruck zu machen, sie müssen auch vor sich selbst gut dastehen. Das Ich-Ideal eines Menschen kann der Ursprung einer wichtigen inneren Hemmung werden. Zu grausamen Handlungen versucht, bewertet er vielleicht die Konsequenzen für sein Selbstverständnis und enthält sich der Handlung. Doch sobald der Mensch in den Agens-Zustand übergegangen ist, fehlt dieser Bewertungsmechanismus vollkommen. Da die Handlung nicht mehr Eigenmotivationen entspringt, betrifft sie auch nicht mehr das Selbstverständnis des Individuums und hat für dieses keinerlei Konsequenzen. Tatsächlich unterscheidet das Individuum häufig scharf zwischen eigenen Wünschen und Anforderungen, die von außen kommen. Es empfindet die Handlung, selbst wenn es selbst sie ausführt, als seiner eigenen Natur fremd. Aus diesem Grund sind Handlungen, die unter Befehl durchgeführt werden, in den Augen der betreffenden Person beinahe unschuldig, so unmenschlich sie auch sein mögen. Es ist die Autoritätsfigur, der sich der Einzelne zuwendet, um die Bestätigung seines Werts zu erlangen.

Befehle und der Agens-Zustand

Der Agens-Zustand stellt ein Potential dar, aus dem spezifische Gehorsamsakte hervorgehen können. Doch ist über das Potential hinaus noch etwas anderes nötig – nämlich spezielle Befehle, die als Auslöser dienen. Wir haben bereits darauf hingewiesen, daß die gegebenen Befehle, allgemein betrachtet, mit der Rolle der Autorität übereinstimmen müssen. Ein Befehl ist aus zwei Hauptbestandteilen zusammengesetzt: aus einer Definition der Aktion und aus dem Imperativ, daß diese Aktion durchgeführt werden soll. (Ein Ersuchen etwa enthält die Definition der Aktion, doch fehlt ihm der Nachdruck, der die Durchführung garantieren würde.)

Befehle führen also zu speziellen Handlungen aus Gehorsam. Ist demnach der Agens-Zustand nur ein anderes Wort für Gehorsam? Nein, er ist jener psychische Zustand, der die Wahrscheinlichkeit von Gehorsamsverhalten erhöht. Gehorsam ist nur der verhaltensmäßige Aspekt des Zustands. Jemand kann im Agens-Zustand sein – das heißt, in einem Zustand von Bereitwilligkeit gegen die Steuerung durch eine Autorität –, ohne daß er jemals einen Befehl erhält und also jemals gehorchen müßte.

Bindungsfaktoren

Was hält eine Person im Agens-Zustand fest, wenn sie einmal in ihn eingetreten ist? Sobald in einer Hierarchie Einzelelemente aneinander gebunden sind, müssen Kräfte vorhanden sein, die diese Bindung aufrechterhalten. Wenn sie fehlen, führt die geringfügigste Störung zur Auflösung der Struktur. Es muß also für Menschen in einer sozialen Hierarchie irgendeinen zementierenden Mechanismus geben, der die Struktur wenigstens mit einer Mindeststabilität versieht.

Manche Leute verstehen die Situation in unserem Experiment so, als könne die Versuchsperson auf eine ganz rationale Weise die in der Situation widerstreitenden Wertgefühle abwägen, die Faktoren berechnen und ihre Handlung nach dem Ergebnis einer derartigen Berechnung einrichten. Damit wird das Problem der Versuchsperson auf das Problem einer rationalen Entscheidung reduziert. Eine solche Analyse übersieht einen entscheidenden Faktor im Verhalten, den unsere Experimente aufzeigten. Obwohl viele Versuchspersonen die intellektuelle Entscheidung treffen, dem Schüler nicht weiterhin Schocks zu verabreichen, sind sie doch oft nicht in der Lage, diese Überzeugung in Aktion zu übersetzen. Wenn man sie im Labor beobachtet, kann man ihren heftigen inneren Kampf, sich der Autorität zu entziehen, nachempfinden, während sie durch zwar mangelhaft definierte, aber starke Bande am Schockgenerator festgehalten werden. Eine Versuchsperson sagt zum Versuchsleiter: «Er kann's nicht aushalten. Ich werde den Mann da drin doch nicht umbringen! Sie hören doch, wie er schreit dort drin. Er schreit. Er kann es nicht aushalten.» Obwohl die Versuchsperson sich auf der sprachlichen Ebene entschlossen hat, nicht weiterzumachen, handelt sie weiter in Übereinstimmung mit den Befehlen des Versuchsleiters. Viele Versuchspersonen bewegen sich versuchsweise in Richtung Ungehorsam, wirken dann jedoch gehemmt, als hielte eine Fessel sie zurück. Untersuchen wir also nun die Kräfte, die einen Menschen so stark an seine Rolle binden.

Die beste Methode, diesen Kräften auf die Spur zu kommen, ist die Frage: Was muß eine Versuchsperson durchmachen, wenn sie das Experiment abbrechen möchte? Durch welches psychische Unterholz muß sie sich durcharbeiten, um von ihrer Position vor dem Schockgenerator in den Zustand der Verweigerung zu kommen?

Der konsequente Charakter des Handlungsablaufs

Die Stunde im Labor ist ein Handlungsablauf, in dem jede Aktion die nächstfolgende beeinflußt. Der Gehorsamsakt hat Stetigkeitscharakter; denn nach den anfänglichen Instruktionen befiehlt der Versuchsleiter der Versuchsperson nicht jeweils eine neue Handlung, sondern trägt ihr nur auf, weiterhin zu tun, was sie bereits tut. Der Wiederholungscharakter der von der Versuchsperson geforderten Handlung enthält in sich selbst bereits Bindungskräfte. Wenn die Versuchsperson immer höhere und schmerzlichere Schocks verabreicht, muß sie vor sich selbst rechtfertigen, was sie getan hat; und eine Art von Rechtfertigung ist, bis zum Ende weiterzumachen. Denn wenn man abbricht, muß man sich eingestehen: «Was ich bisher gemacht habe, ist schlecht, und jetzt trage ich dem Rechnung, indem ich abbreche.» Wenn man jedoch weitermacht, erscheint das vorherige Verhalten gerechtfertigt. Zeitlich vorhergehende Handlungen erregen Unlustgefühle, die von nachfolgenden Handlungen neutralisiert werden.[18] Und die Versuchsperson in unserem Experiment wird Schritt für Schritt in das destruktive Verhalten hineingeführt.

Situationsbedingte Verpflichtungen

Allen gesellschaftlichen Vorkommnissen liegt eine situationsbezogene Etikette zugrunde, die in der Steuerung des Verhaltens eine Rolle spielt. Um das Experiment abzubrechen, muß die Versuchsperson die unausgesprochenen Übereinkünfte brechen, die Teil des sozialen Vorkommnisses sind. Sie gab zu Anfang das Versprechen, dem Versuchsleiter behilflich zu sein. Und nun ist sie genötigt, es zu brechen. In der Sicht eines Außenstehenden stammt der Akt der Verweigerung, Schocks zu geben, aus moralischen Erwägungen; von der Versuchsperson selbst jedoch wird er als Verleugnung einer Verpflichtung gegenüber dem Versuchsleiter empfunden, und eine solche Verleugnung wird nicht leichthin unternommen. Die Sache hat jedoch noch eine andere Seite.

Goffman (1959) weist darauf hin, daß jede soziale Situation sich auf einem Arbeitskonsens der Beteiligten aufbaut. Eine Hauptvoraussetzung dafür ist, daß – nachdem die Beteiligten die Definition der Situation erhalten und übereinstimmend akzeptiert haben – diese Situation nicht mehr in Frage gestellt werden darf. So nimmt denn auch ein Bruch mit der akzeptierten Definition durch einen der Beteiligten den Charakter einer moralischen Verfehlung an. In keinem Fall ist ein offener Konflikt über die Definition einer Situation verträglich mit höflichem sozialem Verhalten.

Spezieller ist – entsprechend der Analyse von Goffman – «die Gesellschaft nach dem Prinzip organisiert, daß jeder Einzelne, der über bestimmte soziale Eigenschaften verfügt, ein moralisches Recht auf die Erwartung besitzt, daß andere ihn in der entsprechenden und angemessenen Weise wertschätzen und behandeln... Wenn ein Individuum eine Definition einer Situation vorträgt und den ausgesprochenen oder unausgesprochenenen Anspruch gegen andere erhebt, eine Person mit besonderen Wesensmerkmalen zu sein, erhebt es automatisch eine moralische Forderung an die anderen und verpflichtet sie, es in einer Weise zu behandeln und zu achten, wie Personen seiner Art berechtigterweise behandelt werden müssen» (Goffman, S. 185). Da es bedeutet, den Anspruch des Versuchsleiters auf Kompetenz und Autorität in der gegebenen Situation zurückzuweisen, wenn man ihm den Gehorsam verweigert, ergibt sich zwangsläufig ein ernstes soziales Mißverhalten.

Die experimentelle Situation ist so konstruiert, daß es für die Versuchsperson keine Möglichkeit gibt, die Schockverabreichung an den Schüler abzubrechen, ohne die Selbstdefinition des Versuchsleiters zu verletzen. Denn der Lehrer kann nicht abbrechen und gleichzeitig die Definition der Kompetenz der Autorität beibehalten. Also fürchtet die Versuchsperson, im Fall des Abbrechens als arrogant, widerspenstig und ungeschliffen zu erscheinen. Derartige Empfindungen, auch wenn sie neben der dem Schüler angetanen Gewalt gering erscheinen mögen, binden nichtsdestoweniger die Versuchsperson weitgehend an Gehorsam. Sie durchdringen Gefühl und Verstand der Versuchsperson, die sich elend fühlt, weil sie einer Autoritätsperson direkten Widerstand entgegensetzen soll. Der Komplex insgesamt, sich gegen die Autorität des Versuchsleiters wenden zu müssen, einschließlich der damit zusammenhängenden Durchbrechung einer wohldefinierten sozialen Situation, ist eine derart starke Behinderung, daß viele Menschen nicht in der Lage sind, mit dieser Situation fertigzuwerden.[19] Um dieses peinliche Geschehen zu vermeiden, halten viele unserer Versuchspersonen Gehorsam für die weniger schmerzliche Alternative.

Bei normalen sozialen Begegnungen sind häufig Vorsichtsmaßnahmen getroffen, um einen solchen Bruch zu verhindern, doch unsere Versuchsperson befindet sich in einer Lage, in der nicht einmal diskreter Takt verhindern kann, daß der Versuchsleiter mißachtet wird. Nur Gehorsam kann den Status und die Würde des Versuchsleiters aufrechterhalten. Es ist eine kuriose Sache, daß ein gewisses Maß an Mitgefühl bei der Versuchsperson, eine Unlust, die »Gefühle des Versuchsleiter zu verletzen«, stark an jenen Bindungskräften beteiligt sind, die Ungehorsam verhindern. Der Entzug derartiger Unterordnung ist möglicherweise für das Individuum ebenso schmerzhaft wie für die Autorität, der es sich widersetzt. Wer das für eine triviale Überlegung hält, der sollte das folgende Experiment durchführen. Es wird ihm helfen, die Stärke der Hemmung nachzuempfinden, die auf unsere Versuchsperson einwirkt.

Wählen Sie eine Person, für die Sie echten Respekt empfinden, vorzugsweise eine Person, die mindestens eine Generation älter ist und in einem Ihnen wichtigen Lebensbereich eine Autorität darstellt. Es könnte etwa ein angesehener Professor sein, ein verehrter Geistlicher oder – unter bestimmten Umständen – Vater oder Mutter. Es muß ferner eine Person sein, die Sie gewohnt sind mit einem Titel anzureden, also etwa mit «Herr Professor», «Herr Pastor» oder «Herr Doktor». Sie müssen Distanz zu dieser Person empfinden und ihr den feierlichen Charakter einer echten Autorität zusprechen. Um zu begreifen, was es bedeutet, die Etikette im Umgang mit Autorität zu durchbrechen, brauchen Sie sich eigentlich nur dieser Person zu nähern und sie – anstatt den Titel zu gebrauchen – mit ihrem Vornamen anreden, vielleicht sogar mit einem Spitznamen. Sie könnten also etwa statt «Guten Morgen, Herr Doktor!» sagen «Morgen, Hans!»

Bei dem Versuch einer solchen Begrüßung werden Sie wahrscheinlich Angst und eine starke Hemmung verspüren, durchaus geeignet, Sie daran zu hindern, das Experiment erfolgreich zu Ende zu führen. Sie sagen sich vielleicht: Warum soll ich dieses idiotische Experiment durchführen? Meine Beziehungen zu Dr. Müller sind doch eigentlich recht gut, und jetzt riskiere ich sie womöglich. Warum soll ich ihm gegenüber arrogant auftreten?

Es ist mehr als wahrscheinlich, daß Sie nicht in der Lage sind, die unehrerbietige Handlung auszuführen, doch auch wenn Sie es nur versuchen, werden Sie mehr Verständnis für die Erfahrungen aufbringen, die unsere Versuchspersonen durchmachen mußten.

Soziales Zusammenleben wird also durch das Wirken einer bestimmten situationsbedingten Etikette ermöglicht, bei der jeder die von einem anderen definierte Situation respektiert und damit Konflikte, Peinlichkeiten und den unangenehmen Abbruch sozialer Kontakte vermeidet. Dieser Etikette liegt zutiefst nicht eine Information zugrunde, die von einer Person auf die andere übergeht,, sondern die Aufrechterhaltung strukturaler Beziehungen zwischen diesen Personen. Solche Beziehungen können auf der Basis der Gleichrangigkeit oder auf der einer Hierarchie beruhen. Wenn die Umstände hierarchisch definiert sind, wird jeder Versuch, die definierte Situation zu verändern, als moralischer Übergriff gelten und Angstzustände, Schamgefühle, Peinlichkeitsgefühle und ein reduziertes Selbstbewußtsein hervorrufen.[20,21]

Angstzustände

Die von der Versuchsperson erlebten beklemmenden Zustände sind ihrer Natur nach weitgehend vorwegnehmend und enthalten unbestimmte Besorgnisse vor etwas Unbekanntem. Eine dergestalt unbestimmte Besorgnis bezeichnet man als *Angst.*

Was ist der Ursprung einer solchen Angst? Sie entspringt der langen Sozialisationsgeschichte des Individuums. Das Individuum muß sich auf dem Entwicklungsweg von einer biologischen Kreatur zu einem zivilisierten Wesen die Grundregeln des Sozialverhaltens einverleiben. Die fundamentalste Regel betrifft den Respekt vor und für Autorität. Innerlich werden diese Regeln bestärkt, indem ihre tatsächliche Übertretung an ein Gefälle von ich-bedrohenden, systemstörenden Affekten gebunden ist. Die emotionalen Anzeichen, die wir im Labor feststellen konnten – Zittern, ängstliches Lachen und Äußerungen von Verwirrung –, liefern den Beweis für den Angriff auf diese Regeln. Während die Versuchsperson sich den Abbruch überlegt, entsteht Angst, und diese wiederum signalisiert ihr, daß sie von dem verbotenen Akt zurücktreten soll; auf diese Weise entsteht eine emotionale Barriere, die die Versuchsperson durchbrechen muß, wenn sie sich einer Autoritätsfigur widersetzen will.

Bemerkenwert ist jedoch, daß – sobald «das Eis gebrochen» ist, wenn Ungehorsam geschieht – so gut wie jede Spannung, Angst und Furcht sich in Nichts auflösen.

12. Kapitel
Spannungszustände und Ungehorsam

Versuchspersonen verweigern den Gehorsam. Warum? Zunächst neigen wir dazu, zu sagen: weil es unmoralisch ist, dem Opfer Schocks zu versetzen. Doch eine Erklärung nach moralischen Wertmaßstäben ist nicht ausreichend. Der moralische Gehalt der Verabreichung von Schocks an ein hilfloses Opfer bleibt konstant, ob das Opfer nun fern oder nah ist, doch wir haben festgestellt, daß eine einfache Veränderung der räumlichen Beziehungen den Prozentsatz der ungehorsamen Personen wesentlich verändert. Es handelt sich eher um eine allgemeinere Art von Spannung, die die Versuchsperson zum Ungehorsam treibt, und wir müssen diesen Begriff sowohl in menschlicher Hinsicht wie im Sinne des theoretischen Modells, das unserer Analyse zugrunde lag, klären.

Theoretisch tritt Spannung meist auf, wenn eine autonom funktionsfähige Einheit in eine Hierarchie versetzt wird, denn die Anforderungen an die Konstruktion einer autonomen Einheit sind völlig verschieden von denen, die an eine Komponente gestellt werden, die spezifisch und ausschließlich für eine Funktion innerhalb eines Systems konstruiert wurde. Menschen können unabhängig funktionieren oder durch Rollenübernahme in größere Systeme eintreten. Diese zweifache Möglichkeit erfordert einen Kompromiß in der Anlage. Wir sind nicht perfekt auf eine völlige Autonomie, aber auch nicht auf völlige Unterordnung zugeschnitten.

Natürlich muß jede komplizierte Einheit, die sowohl auf autonomes Funktionieren wie auf eine Funktion innerhalb eines hierarchischen Systems angelegt ist, über Mechanismen verfügen, die Spannungszustände lösen, denn wenn es keine derartigen Lösungsmechanismen gibt, bricht das System zwangsläufig rasch zusammen. Darum fügen wir unserem Modell noch einen letzten Begriff hinzu, der die Lösung von Spannung beinhaltet. Und wir gestatten uns die Aufstellung einer kurzen Formel, um die Verhaltensprozesse, die wir beobachtet haben, zusammenzufassen:

$$G; B > (s - a)$$
$$U; B < (s - a),$$

wobei G Gehorsam symbolisiert; U Gehorsamsverweigerung (Ungehorsam); B die Bindungsfaktoren; s Spannung und a die spannungslösenden (auflösenden) Mechanismen. Das Ergebnis ist Gehorsam, wenn die Bindungsfaktoren größer sind als die Netto-Spannung (also Spannung minus Lösungsmechanismen), während sich Gehorsamsverweigerung ergibt, wenn die Netto-Spannung die Stärke der Bindefaktoren übersteigt.

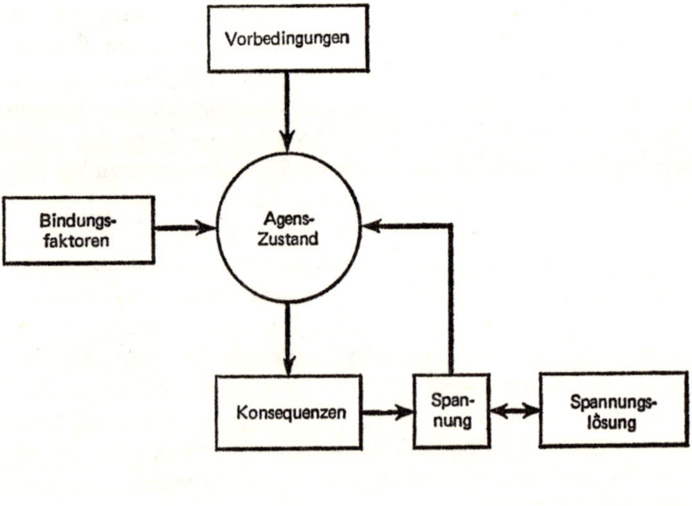

Spannungszustände

Die Erfahrung von Spannungszuständen bei unseren Versuchspersonen weist nicht auf die Macht der Autoritätsperson hin, sondern auf ihre Schwäche und verdeutlicht ferner einen äußerst wichtigen

Aspekt des Experiments: Die Versetzung in den Agens-Zustand erfolgt für einige Versuchspersonen nur teilweise.

Wenn das Eintreten des Einzelnen in das Autoritätssystem total wäre, würde er beim Befolgen von Befehlen gleich welchen Grausamkeitsgrades keine Spannung fühlen, denn er würde die geforderten Aktionen ausschließlich gemäß ihrer von der Autorität auferlegten Bedeutung sehen, und damit wären sie für ihn völlig akzeptabel. Jedes Anzeichen von Spannung ist also ein Beweis für das Unvermögen der Autorität, die Person in einen reinen Agens-Zustand zu versetzen. Das Autoritätssystem, das im Labor wirksam wird, ist weniger überzeugend als die übermächtigen Systeme, die in den totalitären Strukturen unter Stalin oder Hitler verkörpert waren, in denen Untergebene weitgehend in ihren Rollen aufgingen. Reste von Selbständigkeit, die in unterschiedlichem Maß außerhalb der Reichweite der Autorität verbleiben, erhalten persönliche Wertbegriffe in der Versuchsperson aufrecht und führen so zu Spannungen, die – falls sie genügend stark sind – in Gehorsamsverweigerung enden können. In diesem Sinn ist der im Labor geschaffene Agens-Zustand störungsanfällig, genau wie ein Schlafender durch die Einwirkung eines ausreichend lauten Geräusches gestört werden kann. (Im Schlaf sind Hör- und Sehfähigkeit des Menschen drastisch vermindert, doch können genügend heftige Reizungen ihn aus diesem Zustand aufwecken. Ähnlich ist im Agens-Zustand die moralische Urteilsfähigkeit weitgehend herabgesetzt, doch eine ausreichend heftige Erschütterung kann die Aufrechterhaltung dieses Zustands stören.) Man könnte den im Labor herbeigeführten Zustand mit einem leichten Schlummer vergleichen, gegenüber dem Tiefschlaf, den das übermächtige Autoritätssystem einer Regierung bewirkt.

Spannungsursachen

Innerhalb des Experiments reichen die Spannungsursachen vom primitiven autonomen Zurückschrecken davor, einem anderen Schmerzen zufügen zu sollen, bis zu komplizierten Erwägungen möglicher rechtlicher Folgen.

1. Die Schmerzensschreie des Schülers wirkten auf manche Teilnehmer stark ein, die Reaktion war unvermittelt, viszeral und un-

willkürlich. Solche Reaktionen sind möglicherweise angeborene Mechanismen, die etwa der Aversion vergleichbar sind, mit der manche reagieren, wenn sie z. B. eine Messerklinge auf Blech oder Porzellan quietschen hören. Und da der Teilnehmer sich mit seinem Gehorsamsakt diesen Reizen aussetzen muß, entsteht Spannung.

2. Ferner verletzt die Tatsache, daß die Versuchsperson einem unschuldigen Wesen Schmerzen zufügt, ihre moralischen und sozialen Wertvorstellungen. Diese Wertvorstellungen sind für manche Versuchspersonen tief verinnerlichte Überzeugungen, bei anderen spiegeln sie Kenntnis jener menschlichen Verhaltensstandards, zu denen sich die Gesellschaft bekennt.

3. Eine zusätzliche Ursache für Spannung ist die unausgesprochene Vergeltungsdrohung, die Versuchspersonen verspüren, wenn sie den Schüler bestrafen. Manche glauben vielleicht, sie erzürnen den Schüler so heftig, daß er nach Beendigung des Experiments versuchen wird, sich zu rächen; andere befürchten, daß sie als Mitwirkende an dem Experiment irgendwie in die Lage des Schülers geraten könnten, auch wenn nichts an dem Verfahren dies erwarten läßt. Andere Versuchspersonen fürchten, daß sie bis zu einem gewissen Grad rechtlich für ihre Handlungen verantwortlich sein könnten, und fragen sich, ob der Schüler nicht vielleicht einen Prozeß gegen sie anstrengen wird. Alle diese Formen von Vergeltung – ob möglicherweise real oder eingebildet – erzeugen Spannung.

4. Die Versuchsperson erhält sowohl vom Schüler wie vom Versuchsleiter Anweisungen. Die des Schülers lautet, abzubrechen; sie ist mit den Anweisungen des Versuchsleiters unvereinbar; selbst wenn die Person vollkommen gehorsam wäre und ausschließlich auf die aus dem Feld entspringenden Pressionen reagierte und überhaupt keine persönlichen Wertbegriffe hätte, so würde dennoch Spannung entstehen, weil widersprüchliche Befehle im gleichen Moment auf sie eindringen.

5. Dem Opfer Schocks zu verabreichen ist mit dem Selbst-Bild vieler Versuchspersonen unvereinbar. Sie können sich nicht so einfach als gefühllose Personen sehen, die fähig sind, einem anderen Schmerzen zuzufügen. Doch haargenau das stellen sie an sich fest, und die Inkongruität ihres Handelns stellt eine starke Ursache für Spannung dar.

Spannung und Stoßdämpfer

Jedes Merkmal, das den Abstand zwischen der Aktion und ihren Folgen für die Versuchsperson verringert, verringert auch den Grad der Spannung. Jedes Mittel, die erfahrene Bedeutung des Akts «ich bereite einem Menschen Schmerzen» zu beseitigen oder abzuschwächen, macht es leichter, den Akt auszuführen. So reduziert sich die Spannung, wenn zwischen Versuchsperson und Opfer körperliche Distanz hergestellt wird und die Schmerzensschreie des Opfers gedämpft werden. Der Schockgenerator selbst ist bereits insofern eine wichtige Dämpfung, als ein eindrucksvolles Präzisionsinstrument, das zwischen der Leichtigkeit, mit der man einen der dreißig Schalter drücken kann, und der starken Wirkung auf das Opfer eine drastische Diskontinuität herstellt. Das Drücken eines Schalters ist präzis, wissenschaftlich und unpersönlich. Wenn unsere Versuchspersonen dem Opfer Fausthiebe versetzen müßten, wären sie dabei viel gehemmter. Nichts ist für das menschliche Überleben gefährlicher als eine böse Autorität in Verbindung mit den entmenschlichenden Wirkungen von Stoßdämpfern. Es besteht hier ein Widerspruch zwischen dem, was logisch und was psychologisch ist. Denkt man nur an die Anzahl, ist es verwerflicher, zehntausend Menschen zu töten, indem man ein Artilleriegeschoß in eine Stadt feuert, als einen Menschen zu töten, indem man mit einem Stein auf ihn einschlägt; dies ist jedoch bei weitem der psychisch schwierigere Akt. Entfernung, Zeit und physische Barrieren neutralisieren das Moralempfinden. Es gibt praktisch überhaupt keine psychologischen Hemmungen, Küstengebiete zu bombardieren oder aus einem Flugzeug, siebentausend Meter hoch, Napalm abzuwerfen. Und für einen Mann vor einem Knopf, der die Vernichtung eines ganzen Landstrichs auslöst, hat die Bedienung dieses Knopfs etwa die gleiche emotionale Bedeutung, wie wenn er nach dem Aufzug klingelt. Die Technik hat zwar den Willensbereich des Menschen vergrößert, indem sie ihm die Mittel zur Vernichtung anderer aus der Ferne an die Hand gab, doch die Evolution hatte noch nicht die Chance, Hemmfaktoren gegen diese Formen von Fernaggressionen aufzubauen, die jenen starken Hemmungen entsprechen, die es in der Konfrontation von Person zu Person so zahlreich und überreichlich gibt.[22]

Auflösung von Spannung

Welche Mechanismen lösen Spannungen?

Gehorsamsverweigerung ist das äußerste Mittel, um Spannung zu beenden. Sie ist jedoch nicht allen gleichermaßen möglich, und die zuvor beschriebenen Bindungsfaktoren hinderten viele unserer Versuchspersonen an diesem Akt. In Anbetracht der Tatsache, daß die Versuchspersonen Gehorsamsverweigerung als eine extreme, ja radikale Handlungsweise innerhalb des sozialen Feldes erleben, ist es wahrscheinlicher, daß sie auf Methoden zurückgreifen, die sozial weniger zerrüttend sind. Sobald sich eine Spannung aufbaut, kommen einige psychische Mechanismen ins Spiel, um ihre Heftigkeit zu reduzieren. Wenn man die Flexibilität des menschlichen Verstandes und seine Fähigkeit, Spannung durch verstandesmäßige Regulierungen zu verdünnen, in Betracht zieht, kommt dies nicht überraschend.

Vermeidung ist der primitivste dieser Mechanismen: Die Person schirmt sich gegen die sensorischen Folgen ihrer Handlungen ab. Wir haben beschrieben, wie Versuchspersonen verlegen den Kopf abwandten, um das Opfer nicht leiden zu sehen. Manche lasen die Wortpaare bewußt laut und schallend, um die Proteste des Opfers zu verdecken. Solche Personen lassen es nicht zu, daß die Reize, die von den Schmerzen des Opfers ausgehen, auf sie einwirken. Eine weniger deutliche Form von Vermeidung wird erreicht, indem man dem Opfer keine Aufmerksamkeit mehr schenkt. Damit geht oft Hand in Hand eine bewußte Beschränkung der Aufmerksamkeit auf die mechanischen Anforderungen des experimentellen Verfahrens. Auf diese Weise wird das Opfer psychologisch als Quelle des Unbehagens ausgeschaltet. Wir haben nun das Bild des kleinen Büroangestellten vor uns, der eifrig Akten wälzt und kaum wahrnimmt, was um ihn herum geschieht.

Wenn Vermeidung die Versuchspersonen gegen unangenehme Geschehnisse abschirmt, so reduziert *Leugnung* Spannung durch den geistigen Mechanismus der Zurückweisung greifbarer Beweise, um zu einer tröstlicheren Auffassung der Geschehnisse zu kommen. Beobachter der Nazizeit (siehe Bruno Bettelheim, «Aufstand gegen die Masse») weisen darauf hin, wie verbreitet Leugnung bei Opfern wie Verfolgern war. Juden konnten angesichts ihrer unmittelbar bevorstehenden Ermordung die klaren und eindeutigen Beweise für Massenvernichtung nicht glauben. Und sogar heute noch leugnen Millionen Deutsche, daß von der damaligen Regierung Unschuldige in riesigem Ausmaß hingemordet wurden.

Im Rahmen des Experiments leugnen einige Versuchspersonen etwa, daß die Schocks, die sie verabreichen, schmerzhaft seien oder daß das Opfer überhaupt Schmerz empfinde. Derartige Leugnung erleichtert die Spannung in bezug auf den Gehorsam gegen den Versuchsleiter und beseitigt den Konflikt zwischen Schmerzzufügen und Gehorchen. Doch das im Labor gebotene Drama war überzeugend, und nur ein Bruchteil unserer Versuchspersonen verfuhren nach dieser Methode (siehe Kapitel 14). (Aber auch dann wird der Defensivcharakter der Leugnung im allgemeinen deutlich, wenn etwa eine Versuchsperson leugnet, daß die Schocks schmerzhaft waren, sich aber weigert, selbst einen stärkeren Probeschock zu erleiden.) Am häufigsten finden wir bei gehorsamen Versuchspersonen nicht die Leugnung der Geschehnisse, sondern die Leugnung ihrer Verantwortlichkeit dafür.

Manche Versuchspersonen versuchen Spannung zu vermindern, indem sie zwar innerhalb der von der Autorität auferlegten Regeln operieren, aber den Gehorsam «nur leicht» praktizieren. Man muß sich daran erinnern, daß die Schockdauer veränderlich ist und im Belieben der uneingeweihten Versuchsperson steht. Die meisten Versuchspersonen aktivierten den Schockgenerator für die Dauer von 500 Millisekunden, doch einige reduzierten die Spanne auf ein Zehntel davon. Sie tippten den Schalter behutsam an, und der entsprechende Schock klang wie das allerkürzeste «Bip» im Vergleich zu dem gewöhnlich halbsekundenlangen Summen. In den Interviews betonten diese Versuchspersonen, daß sie «ihre Menschlichkeit verteidigt» hätten, indem sie nur die kürzestmöglichen Schocks verabreichten. Die Spannung auf diese Weise zu behandeln war leichter als Widerstand. Es gestattet den maximalen Ausdruck persönlicher Gutherzigkeit innerhalb der Zwänge eines grausamen Systems. Doch enthält dieser Typ von minimaler Nachgiebigkeit ein Element der Selbsttäuschung. Er widersetzt sich der Autorität nicht. Er verringert vielleicht die Durchsetzung des Willens der Autorität, doch er macht diesen Willen nicht zunichte. So ist diese Art Nachgiebigkeit hauptsächlich wichtig als Balsam für das Gewissen der Versuchsperson.

Von möglicherweise größerem Gewicht sind die *Auswege*, die manche Versuchspersonen benutzten, um die grausamen Züge des Experiments abzuschwächen. Manche wurden dabei ertappt, daß sie dem Opfer die richtige Antwort signalisierten, indem sie sie beim Vorsagen betonten. Das heißt, sie versuchten, dem Schüler zu soufflieren und so zu verhindern, daß er Schocks erhielt. Solche Versuchspersonen sind bereit, das Experiment zu vereiteln, aber nicht, einen offenen Bruch mit der Autorität heraufzubeschwören. Sie versuchen, dem Schüler ohne zum Ausdruck gebrachte Gehorsamsverweigerung zu helfen. Selbst wenn der Schüler die Hinweise nicht ausgenutzt hatte, erklärte die Versuchsperson manchmal im folgenden Interview, wie sehr sie ihm zu helfen versucht habe: «durch Tips».

In manchen Fällen erweist sich ein Ausweg als wirksam (wie in Experiment 7, wo die Versuchspersonen dem Schüler niedrigere Schocks verabreichten, als sie angaben). Doch meistens nützt er gar nichts. Die Versuchsperson ist unfähig, offen gemäß ihren menschlichen Empfindungen zu handeln, und leitet sie auf einen banalen Ausweg ohne reale Folgen. Doch daß «sie was tut» – selbst wenn das nur eine Scheinbedeutung hat –, hilft ihr, das Selbstverständnis von einem gutherzigen Menschen zu bewahren.

Die Ablehnung persönlicher Verantwortung – wir haben bereits darauf hingewiesen – ist die wichtigste psychologische Konsequenz der Nachgiebigkeit gegenüber Autorität. Wenn die Spannung zunimmt, verlangen manche Versuchspersonen zusätzlich eine Versicherung, daß sie nicht für ihre Handlungen haftbar gemacht werden können, und möglicherweise ist diese Forderung ein aktives Mittel, Spannung zu reduzieren. Betrachten wir den folgenden Dialog zwischen Versuchsperson und Versuchsleiter. Die Versuchsperson ist unter beträchtlicher Spannung bis 375 Volt vorgegangen.

Lehrer: Ich glaube, mit dem Mann da drin ist was passiert. Ich kriege keine Antwort mehr. Er hat schon bei kleineren Volts gebrüllt. Könnten Sie nicht mal reinsehen, bitte, ob alles in Ordnung ist?

Versuchsleiter (mit gleicher unbeteiligter Ruhe): Nicht, nachdem wir begonnen haben. Bitte fahren Sie fort, Lehrer.

Lehrer (setzt sich, seufzt tief): «Kühl – Tag, Schatten, Wasser, Farbe.» Antwort bitte! Sind Sie da drin in Ordnung? Sind Sie okay?

Versuchsleiter: Bitte fahren Sie fort, Lehrer. Bitte machen Sie weiter.

(Lehrer drückt den Schalter)

Lehrer (dreht sich auf seinem Stuhl um): Irgendwas ist mit dem Mann da drin passiert. (Dreht sich wieder zurück.) Die nächste. «Niedrig – Dollar, Halsband, Mond, Farbe.» (Wendet sich erneut um.) Irgendwas ist mit dem Mann dort drin passiert. Sie sehen da besser mal nach, Sir. Er gibt einfach keine Antwort, und nichts.

Versuchsleiter: Fahren Sie fort! Machen Sie bitte weiter!

Lehrer: Sie übernehmen die ganze Verantwortung?

Versuchsleiter: Ich trage die Verantwortung, richtig. Bitte machen Sie weiter!

(Der Lehrer wendet sich wieder seiner Liste zu, liest die Wörter, so rasch er kann, geht bis 450 Volt.)

Lehrer: So, das war's.

Sobald der Versuchsleiter der Versuchsperson versicherte, daß sie nicht für ihre Handlungen verantwortlich sei, ließ die Spannung merklich nach.

Verantwortung kann aber auch anders abgeschüttelt werden: Sie kann auf das Opfer übertragen werden, als veranlasse es seine Bestrafung selbst. Ihm wird vorgeworfen, sich freiwillig an dem Experiment beteiligt zu haben, und noch vorwurfsvoller gibt man ihm die Schuld an seiner Dummheit und Widerspenstigkeit. Hier sind wir auf dem Weg von der Verantwortungsverschiebung zur grundlosen Diskriminierung des Opfers. Der psychische Mechanismus ist durchsichtig: Wenn das Opfer eine unwürdige Person ist, braucht man sich keine Gewissensbisse zu machen, wenn man ihm Schmerzen zufügt.[23]

Physische Umwandlung

Die Umwandlung von psychischem Streß in physische Symptome ist ein allgemein in der psychiatrischen Praxis zu beobachtendes Phänomen. Gewöhnlich tritt eine Besserung im emotionalen Zustand des Patienten ein, wenn der psychische Streß durch physische Symptome absorbiert wird. Im Rahmen des Experiments können wir zahlreiche Anzeichen für Streß feststellen: Schwitzen, Zittern und bei manchen Anlässen ängstliches Lachen. Derartige physische Äußerungen weisen nicht nur auf Streß (oder Spannung) hin, sondern sie reduzieren ihn auch. Die Spannung wird – statt in Gehorsamsverweigerung zu enden – in physischem Ausdruck abgeleitet, wodurch die Spannung gelöst wird.

Dissens

Wenn Spannung genügend stark ist, führt sie zu Ungehorsam, doch zunächst bewirkt sie Dissens. Dissens bezieht sich auf die Äußerung von Widerspruch bei der Versuchsperson gegen den Aktionsverlauf, den der Versuchsleiter vorschreibt. Doch diese sprachliche Kontroverse bedeutet nicht zwangsläufig, daß die Versuchsperson dem Versuchsleiter nicht gehorchen wird, denn Dissens erfüllt eine zweifache und widersprüchliche Funktion. Einerseits kann er der erste Schritt in einer zunehmenden Verstimmung zwischen Versuchsperson und Versuchsleiter sein, ein Abtasten der Absichten des Versuchsleiters und ein Versuch, ihn zu einer Änderung des Kurses zu überreden. Doch paradoxerweise kann Dissens auch als spannungsreduzierender Mechanismus dienen, als ein Ventil, durch das die Versuchsperson Druck ablassen kann, ohne ihre Handlungsweise zu ändern.

Dissens kann auftreten, ohne daß die hierarchischen Bande zerrissen werden, und gehört somit zu einer Gattung von Erfahrungen, die qualitativ nicht im Zusammenhang mit Gehorsamsverweigerung stehen. Viele dissidente Personen, die in der Lage sind, ihre Nichtübereinstimmung mit der Autorität auszudrücken, respektieren dennoch das Recht der Autorität, ihre geäußerte Ansicht zu verwerfen. Obwohl sie anderer Meinung sind, sind sie nicht bereit, gemäß dieser Überzeugung zu handeln.

Als spannungsreduzierender Mechanismus stellt Dissens ein Mittel zur Beruhigung für die Versuchsperson in bezug auf den bestehenden moralischen Konflikt dar. Die Versuchsperson erklärt sich ausdrücklich gegen die Schockverabreichung und stellt so ein wünschenswertes Bild von sich selbst auf. Gleichzeitig behält sie die Unterordnungsbeziehung zur Autorität bei, indem sie fortfährt, ihren Befehlen zu gehorchen.

Die verschiedenen hier dargestellten Mechanismen – Vermeidung, Leugnung, physische Umwandlung, Minimalgehorsam, Auswege, Suchen nach sozialer Absicherung, Beschuldigung des Opfers und unwirksamer Dissens – können jeweils an spezifische Spannungsursachen gebunden sein. So werden viszerale Reaktionen durch Vermeidung reduziert; das Selbstwertgefühl wird durch Ausweghandlungen geschützt, durch Minimalgehorsam und Dissens usw. Ein kritischer Blick muß in diesen Mechanismen ein Mittel zu dem vorherrschenden Zweck sehen: zu gestatten, daß die Beziehung der Versuchsperson zur Autorität intakt bleibt, indem sie das Konflikterlebnis auf ein erträgliches Maß reduzieren.

Gehorsamsverweigerung

Gehorsamsverweigerung ist das äußerste Mittel zur Beendigung von Spannung. Dieser Akt erfolgt nicht leicht.

Er enthält nicht nur die Weigerung, einen bestimmten Befehl des Versuchsleiters auszuführen, sondern bedeutet auch eine Neuformulierung der Beziehung zwischen Person und Autorität.

Gehorsamsverweigerung ist gefärbt von Furcht. Die Versuchsperson sah sich in eine wohlgeordnete soziale Ordnung eingefügt. Der Ausbruch aus der zugeschriebenen Rolle schafft in kleinem Maßstab eine Art von Gesetzlosigkeit. Die Zukunft der Interaktion zwischen Versuchsperson und Versuchsleiter ist vorhersehbar, solange die Versuchsperson die Beziehung, innerhalb derer ihre Rolle definiert ist, aufrechterhält, im Gegensatz zu dem völlig unbekannten Charakter der Beziehung, die sie nach einem Bruch erwartet. Viele Versuchspersonen empfanden Furcht vor den Folgen ihrer Gehorsamsverweigerung, häufig gefärbt von Vorstellungen von einer undefinierten Vergeltung seitens der Autorität. Aber wenn der vom Versuchsleiter geforderte Aktionsverlauf unerträglich wird, kommt ein Prozeß in Gang, der bei manchen Versuchspersonen in Gehorsamsverweigerung zum Ausbruch gelangt.

Die Sequenz beginnt mit *innerem Zweifel*, einer Spannung, die anfangs eine innerliche Erfahrung ist, jedoch unweigerlich eine *äußere Form* annimmt, wenn die Versuchsperson dem Versuchsleiter von ihren Befürchtungen Kenntnis gibt oder ihn auf die Schmerzen des Opfers aufmerksam macht. An einem gewissen Punkt erwartet sie, daß der Versuchsleiter aus diesen Fakten die gleiche Schlußfolgerung zieht wie sie: daß nämlich die Schocks nicht weiter fortgesetzt werden sollten. Wenn der Versuchsleiter dies nicht tut, geht die Kommunikation allmählich in *Dissens* über, bei dem die Versuchsperson die Autorität zu einer Änderung ihres Kurses zu überreden versucht. Ebenso wie die Schockserie aus einer stufenweisen Verstärkung des Schweregrads besteht, so erlaubt auch die Äußerung von Dissens eine stufenweise Bewegung in Richtung auf den Bruch mit dem Versuchsleiter. Die erste Äußerung von Widerspruch, wie vorsichtig sie auch formuliert sein mag, bietet ein erhöhtes Plateau, von dem aus der nächste Widerspruch abgeschossen werden kann. Im Geiste hätte die Versuchsperson gern, daß der Versuchsleiter sie davon entbindet, den Ablauf des Experiments ändert und damit die Notwendigkeit eines Bruchs mit der Autorität beseitigt. Wenn dies mißlingt, verwandelt sich Dissens in die *Drohung*, daß die Versuchsperson sich weigern werde, die Befehle der Autorität auszuführen. Nachdem die Versuchsperson schließlich alle anderen Mittel erschöpft hat, glaubt sie nun zum Kern der Beziehung zum Versuchsleiter vorstoßen zu müssen, um zu verhindern, daß das Opfer noch Schocks erhält: Sie verweigert den Gehorsam. *Innerer Zweifel, Äußerung von Zweifel, Dissens, Drohung, Gehorsamsverweigerung*: Es ist ein beschwerlicher Weg, und nur wenige Versuchspersonen sind fähig, ihn bis zum Ende zu gehen. Doch handelt es sich nicht um ein böses Ende, es besitzt vielmehr die Merkmale eines positiven Akts: gegen den Strom schwimmen. Der Gehorsam ist es, der einen passiven Begriffsinhalt zeigt. Der Akt der Gehorsamsverweigerung erfordert die Mobilisierung innerer Kräfte und ihre Umwandlung über den inneren Vorbehalt hinaus, über bloßes höfliches Wortewechseln in den Bereich der Aktion. Der psychische Aufwand dabei ist beträchtlich.

Für die meisten Menschen ist es peinlich, das Hilfeversprechen, das sie dem Versuchsleiter gegeben haben, zurückzuziehen. Während die gehorsame Versuchsperson die Verantwortung für die dem Schüler verabreichten Schocks dem Versuchsleiter zuschiebt, nehmen jene Versuchspersonen, die den Gehorsam verweigern, die Verantwortung für das Scheitern des Experiments auf sich. Die Versuchsperson glaubt, durch ihren Ungehorsam das Experiment verdorben, die Pläne des Wissenschaftlers durchkreuzt und sich für die ihr übertragene Aufgabe als ungeeignet erwiesen zu haben. Doch in eben diesem Moment liefert sie uns den Maßstab, den wir suchten, und den Beweis für menschliche Werte.

Der Preis für Gehorsamsverweigerung ist ein nagendes Gefühl, man habe treulos gehandelt. Obwohl die Versuchsperson die moralisch richtige Handlung gewählt hat, bleibt sie doch weiterhin beunruhigt wegen der Durchbrechung der sozialen Ordnung, die sie herbeigeführt hat, und kann nicht gänzlich das Gefühl abstreifen, Deserteur in einer Sache zu sein, zu deren Unterstützung sie sich verpflichtet hatte. Diese Versuchsperson – und nicht die gehorsame – erlebt die Bürde ihrer Aktion.

13. Kapitel
Eine Alternativtheorie: Aggression als Erklärung?

Ich habe die im Labor beobachteten Verhaltensweisen erklärt, wie es mir am sinnvollsten erschien. Eine andere Möglichkeit wäre, das im Labor beobachtete Verhalten als Aggression zu betrachten, als den Strom negativer Tendenzen, der freigesetzt wird, weil die Umstände ihren Ausdruck erlauben. Diese Ansicht erscheint mir irrig, und ich werde darlegen, warum. Doch zunächst wollen wir die Argumente der «Aggressions»-Befürworter vorbringen.

Unter Aggression verstehen wir einen Trieb oder eine Aktion mit dem Ziel, einem anderen Organismus zu schaden. Nach Freuds Schule sind in allen Individuen destruktive Kräfte vorhanden, doch werden sie nicht immer leicht freigesetzt, da ihre Äußerung durch das Über-Ich (das Gewissen) gehemmt wird. Ferner halten auch die Ich-Funktionen – die realitätsorientierte Seite des Menschen – die destruktiven Neigungen unter Kontrolle. (Wenn wir im Zorn jedesmal losschlagen, wird uns das letztlich schaden, und so halten wir uns zurück.) In der Tat sind diese destruktiven Triebe so unannehmbar, daß sie häufig nicht ins Bewußtsein gelangen. Doch sie drängen beständig nach Ausdruck und entladen sich schließlich in Gewalttätigkeiten: in Kriegen, in sadistischer Lust, in Einzelakten antisozialer Zerstörung und unter bestimmten Umständen in der Selbstvernichtung.

Unser Experiment nun hat Umstände geschaffen, in denen es sozial annehmbar ist, einem anderen Schaden zuzufügen; mehr noch, es gestattet dies den Versuchspersonen unter dem Deckmantel der Förderung einer sozial anerkannten Sache, der Wissenschaft.

Auf diese Weise sieht sich die Person auf der bewußten Stufe im Dienst eines sozial hochgeschätzten Ziels, doch die Motivation für ihre Bereitwilligkeit entspringt der Tatsache, daß sie mit der Verabreichung von Schocks an den Schüler ihre triebhaft destruktiven Strebungen befriedigt.

Diese Ansicht entspricht auch dem typischen Feld-Wald-und-Wiesen-Verständnis des beobachteten Gehorsamsverhaltens. Denn wenn man durchschnittlichen Männern und Frauen das Experiment zum erstenmal beschreibt, denken sie sofort in Begriffen wie «Die Bestie im Menschen kommt zum Vorschein», «Sadismus», «Lust, anderen Qualen zuzufügen», «Ausfluß des finsteren und bösen Teils der Seele».

Obschon Aggressionstriebe wesentlich zur menschlichen Natur gehören, haben sie doch kaum etwas mit dem Verhalten zu schaffen, das in unserem Experiment festgestellt wurde. Sie haben auch wenig zu tun mit dem destruktiven Gehorsam von Soldaten im Krieg – von Bomberfliegern, die Tausende bei einem einzigen Einsatz töten oder die ein Dorf in Vietnam mit flammendem Napalm belegen. Der typische Soldat tötet, weil man ihm befohlen hat zu töten und er als seine Pflicht ansieht, Befehlen zu gehorchen. Der Akt der Schockverabreichung entspringt nicht destruktiven Trieben, sondern der Tatsache, daß die Versuchspersonen in eine Sozialstruktur integriert wurden und unfähig sind, aus ihr auszubrechen.

Nehmen wir an, der Versuchsleiter weist die Versuchsperson an, ein Glas Wasser zu trinken. Bedeutet dies etwa, daß die Versuchsperson durstig ist? Offensichtlich nicht, denn sie tut nur einfach, was man ihr befohlen hat. Es ist das Wesen des Gehorsams, daß die durchgeführte Handlung nicht mit den Motiven des Handelnden übereinstimmt, sondern durch das Motivationssystem der in der sozialen Hierarchie Höherstehenden veranlaßt wird.

Es gibt experimentelle Beweise bezüglich dieses Problems. Man wird sich erinnern, daß in Experiment 11 die Versuchspersonen die Freiheit hatten, jede von ihnen gewünschte Schockstufe zu wählen, und daß der Versuchsleiter mit Nachdruck die Anwendung sämtlicher Schalter auf dem Schockgenerator als erlaubt erklärte. Obwohl sie jede Möglichkeit hatten, dem Schüler Schmerz zuzufügen, verabreichten nahezu alle Versuchspersonen den niedrigsten Schock auf dem Schaltbrett, und das durchschnittliche Schockniveau betrug 3,6. Wenn dabei tatsächlich destruktive Neigungen ihren Ausdruck gesucht hätten und wenn die Versuchsperson die

Anwendung von hohen Schockstufen als Dienst an der Wissenschaft hätte erklären können, warum haben sie dann dem Opfer keine Schmerzen zugefügt?

Die Tendenz, dies zu tun, war gering, wenn sie nicht völlig fehlte. Eine oder zwei Versuchspersonen schienen eine gewisse Befriedigung bei der Schockverabreichung zu empfinden. Aber die Stufen waren in keiner Weise denen vergleichbar, die sich ergaben, wenn Versuchspersonen den Befehl erhielten, dem Opfer Schocks zu geben. Die beiden Werte lagen immerhin um eine Zehnerpotenz auseinander.

Zu ähnlichen Ergebnissen kommen wir, wenn wir uns den Aggressionsuntersuchungen zuwenden, die Buss (1961) und Berkowitz (1962) durchführten, wobei sie eine Versuchsanordnung verwendeten, die der unseres Experiments 11 ziemlich ähnlich war. Das Ziel dieser Forscher war die Untersuchung von Aggression an sich. In typischen experimentellen Manipulationen frustrierten sie die Versuchsperson, um festzustellen, ob sie im Zustand der Verärgerung höhere Schocks verabreichen würde. Die Auswirkungen dieser Manipulationen waren äußerst gering im Vergleich zu denen der Gehorsamsexperimente. Das heißt, gleich, was diese Experimentatoren unternahmen, um die Versuchsperson zu ärgern, zu reizen oder zu frustrieren, sie ging äußerstenfalls um ein oder zwei Schockstufen höher, sagen wir, von Schockstufe 4 auf Schockstufe 6. Dies stellte einen echten Aggressionszuwachs dar. Es ergab sich aber ein Unterschied in Höhe einer Zehnerpotenz zwischen den Befunden bei Verhaltensänderung, die auf diese eben beschriebene Weise herbeigeführt wurde, und den Befunden bei einer Versuchsanordnung, wo die Versuchsperson auf Befehle reagierte.

Bei der Beobachtung der Versuchspersonen in unserem Gehorsamsexperiment konnte man feststellen, daß diese Personen – mit geringfügigen Ausnahmen – eine Aufgabe erfüllten, die ihnen zuwider und oft unerträglich war, die durchzuführen sie sich jedoch verpflichtet fühlten. Viele protestierten dagegen, dem Opfer Schocks zu geben, selbst wenn sie sich nicht von der Autorität des Versuchsleiters freimachen konnten. Hin und wieder fand sich eine Versuchsperson, die die Aufgabe, das Opfer zum Schreien zu bringen, zu genießen schien. Doch war dies eine seltene Ausnahme, und diese Versuchspersonen erwiesen sich eindeutig als zweifelhafte

Existenzen unter unseren Versuchspersonen.

Eine zusätzliche Quelle für experimentelles Beweismaterial sind die Untersuchungen über Rollenwechsel (siehe Kapitel 8). Bei mehreren dieser Experimente war den Versuchspersonen Gelegenheit geboten, das Opfer zu strafen, doch sie taten das erst, wenn die soziale Struktur der Situation entsprechend arrangiert war.

Der Schlüssel zum Verhalten von Personen liegt nicht in einem aufgestauten Ärger oder in Aggression, sondern in ihrer Beziehung zur Autorität. Sie haben sich der Autorität überantwortet; sie betrachten sich als Werkzeuge zur Ausführung der Wünsche einer Autorität, und sobald sie einmal so definiert sind, sind sie unfähig, sich davon zu befreien.

14. Kapitel
Methodologische Probleme

Manche Kritiker haben ein Bild vom Menschen, das es einfach nicht gestattet, das in unserem Experiment beobachtete Verhalten gelten zu lassen. Normale Menschen, behaupten sie, versetzen einem protestierenden anderen Menschen nicht schmerzhafte Schocks, nur weil man es ihnen so empfohlen hat. Nur Nazis und Sadisten verhalten sich so. In den vorherigen Kapiteln habe ich versucht zu erklären, warum sich Verhaltensweisen wie die im Laboratorium festgestellten ergeben: Wie die Person zunächst eine Reihe von Verpflichtungen gegenüber der Autoritätsperson eingeht, wie die Bedeutung der Aktion durch den Zusammenhang, in dem sie erfolgt, verändert wird und wie Bindungsfaktoren die Person von Ungehorsam abhalten.

Der Kritik an unserem Experiment liegt ein Alternativmodell der menschlichen Natur zugrunde, das behauptet, normale Menschen würden bei einer Wahl zwischen Verletzung anderer Menschen und dem Gehorsam gegen Autorität die Autorität zurückweisen. Manche Kritiker sind doppelt überzeugt, daß insbesondere Amerikaner auf Befehl einer Autorität nicht inhuman gegen ihre Mitmenschen verfahren. Und man betrachtet das Experiment als fehlerhaft in dem Maße, in dem es diesem Standpunkt widerspricht. Die gebräuchlichsten Behauptungen, mit denen unsere Ergebnisse abgelehnt werden, sind: (1) Die im Experiment untersuchten Versuchspersonen sind nicht typisch. (2) Sie glaubten nicht wirklich, daß sie dem Schüler Schocks zufügten, und (3) es ist nicht möglich, Laborergebnisse verallgemeinernd auf einen größeren Bereich zu übertragen. Betrachten wir uns diese Punkte nacheinander.

1. *Sind die im Experiment untersuchten Personen repräsentativ für die gesamte Bevölkerung, oder sind sie eine Sondergruppe?* Ich

möchte mit einer Anekdote beginnen. Als die ersten Experimente durchgeführt wurden, verwendeten wir ausschließlich Yale-Studenten als Versuchspersonen, und etwa 60 Prozent von ihnen waren völlig gehorsam. Einer meiner Kollegen lehnte diese Ergebnisse sofort ab, da sie für «gewöhnliche» Leute irrelevant seien, und behauptete, die Studenten an der Yale-Universität seien ein höchst aggressiver Haufen von Konkurrenten und drückten einander auf den kleinsten Anlaß hin die Gurgel zu. Er versicherte mir, bei Tests mit «gewöhnlichen» Leuten würden die Resultate völlig anders ausfallen. Als wir von den Voruntersuchungen zur regulären Versuchsreihe übergingen, wurden Menschen aus allen sozialen Schichten der Gesellschaft in New Haven experimentell getestet: Akademiker und Freiberufliche, Büroangestellte, Arbeitslose und Industriearbeiter. *Das Ergebnis der Experimente war das gleiche wie das bei Studenten.*

Es trifft zu, daß die Teilnehmer am Experiment Freiwillige waren, und wir mögen uns vielleicht fragen, ob vielleicht die Rekrutierungsmethode einen Unzuverlässigkeitsfaktor in die Population der Versuchspersonen gebracht haben könnte.

In Folgeuntersuchungen befragten wir die Versuchspersonen, warum sie sich gemeldet hätten. Die größte Gruppe (17 Prozent) gab an, sie sei neugierig auf psychologische Experimente gewesen, 8,9 Prozent nannten das Geld als Hauptgrund, 8,6 Prozent erklärten, ein besonderes Interesse an Gedächtniserforschung zu haben, 5 Prozent gaben an, sie hätten geglaubt, etwas über sich selbst erfahren zu können. Die Motive für die Teilnahme waren also offensichtlich verschieden, und die Auffächerung der Versuchspersonen war extrem breit. Überdies haben Rosenthal und Rosnow (1966) bewiesen, daß freiwillige Teilnehmer an Experimenten dazu tendieren, *weniger* autoritätsbewußt zu sein als unfreiwillige. Wenn also durch Freiwilligkeit überhaupt ein Unzuverlässigkeitsfaktor ins Spiel gebracht wurde, dann dergestalt, daß Versuchspersonen mit stärkerer Neigung zu Gehorsams*verweigerung* erfaßt wurden.

Mehr noch, als unsere Experimente in Princeton, München, Rom, Südafrika und Australien wiederholt wurden, wobei jeweils etwas andere Rekrutierungsmethoden angewendet wurden und die Populationen andere Merkmale aufwiesen als unsere Versuchspersonen, war das Gehorsamkeitsniveau stets etwas *höher* als die Ergebnisse der Untersuchung, die in diesem Buch vorgelegt sind. So kam Mantell bei seinem Experiment in München zu einem Ergebnis von 85 Prozent gehorsamer Versuchspersonen.[24]

2. *Glaubten die Versuchspersonen, daß sie dem Schüler schmerzhafte Schocks zufügten?* Das Auftreten von Spannung liefert den schlagenden Beweis für eine tatsächliche Einbeziehung der Versuchspersonen in den experimentellen Konflikt, und dies ließ sich durchgehend in der Form repräsentativer Protokolle (1963), in Daten über Größenverhältnisse (1965) und in Filmberichten (1965a) feststellen und vorlegen.

Tabelle 6: Vermutungen der Versuchspersonen über die Schmerzen des Opfers

Versuchsanordnung	$\bar{x}$ gehorsame Versuchs-personen	$\bar{x}$ ungehorsame Versuchs-personen	$\bar{x}$ alle Versuchs-personen
	n	n	
Fernraum	13.50 (20)	13.27 (11)	13.42
akustische Rückkopplung	11.36 (25)	11.80 (15)	11.53
Raumnähe	12.69 (16)	11.70 (24)	12.15
Berührungsnähe	12.25 (28)	11.17 (12)	11.93
Neue Versuchsanordnung	11.40 (26)	12.25 (14)	11.70
Personalwechsel	11.98 (20)	12.05 (20)	12.02
Wiederholung in Bridgeport	11.79 (19)	11.81 (18)	11.80
Weibliche Versuchspersonen	12.88 (26)	12.07 (14)	12.60
Nähe der Autorität	11.67 (31)	12.39 (9)	11.83

Bei allen Versuchsanordnungen hielten die Versuchspersonen das Schmerzniveau für sehr hoch (Tabelle 6 liefert die Daten für eine repräsentative Gruppe von Experimenten). Bei Experiment 2 (akustische Rückkopplung: Opfer hörbar, aber nicht sichtbar) betrug das Mittel für gehorsame Versuchspersonen auf der 14-Punkte-Skala 11,36 und fiel somit in die Zone «Äußerst schmerzhaft» auf der Skala. Mehr als die Hälfte der gehorsamen Versuchspersonen benutzten die höchste Stufe der Skala, und zumindest eine gab durch das Zeichen + zu erkennen, daß «Äußerst schmerzhaft» für sie nicht stark genug sei. Von den 40 Versuchspersonen in dieser Anordnung gaben zwei auf der Skala (bei einem Punktwert von 1 und 3) an, sie glaubten nicht, daß das Opfer schmerzhafte Schocks erhalte. Beide waren gehorsam. Es könnte den Anschein haben, als seien diese beiden Versuchspersonen nicht in ausreichendem Maße der manipulatorischen Absicht des Versuchsleiters ausgesetzt gewesen. Doch ist die Sache nicht so einfach, da die Leugnung einer unangenehmen Aktion eine defensive Funktion besitzen kann, und so kamen einige Versuchspersonen nur zu einer günstigen Beurteilung ihres Verhaltens, indem sie rekonstruierten, wie sie sich innerlich fühlten, während sie die Schocks verabreichten. Die Frage ist nun, war dieser Unglaube eine feste Hypothese oder nur ein flüchtiger Gedanke unter vielen anderen?

Man kann, unter anderem, das umfangreiche Material der Zeugnisse der Versuchspersonen über ihren Glauben bzw. Unglauben (an die Schmerzhaftigkeit) untersuchen, indem man die Antworten auf den Anschluß-Fragebogen genau prüft, der etwa ein Jahr nach der Teilnahme der Versuchspersonen am Experiment verschickt wurde. Punkt 4 dieses Fragebogens ist im folgenden nebst der Streuung der Antworten wiedergegeben.

Zwei Drittel der Versuchspersonen (die beiden ersten Kategorien) handelten nach eigener Aussage unter dem Eindruck, schmerzhafte Schocks zu verabreichen. Zu diesem Zeitpunkt wäre es ein leichtes gewesen zu leugnen, daß man den Schwindel akzeptiert habe. Doch nur ein Fünftel der Gruppe gab ernsthafte Zweifel an.

Tabelle 7: Antworten auf die Fragen nach Überzeugtheit

Im Experiment	Ungehorsame	Gehorsame	Alle
1 war ich vollkommen überzeugt, daß der Schüler schmerzhafte Schocks bekam	62.5% (230)	47.0% (139)	56.1% (369)
2 glaubte ich trotz einiger Zweifel, daß der Schüler Schocks verspürte	22.6% (83)	25.9% (75)	24.0 (158)
3 war ich nicht ganz sicher, ob der Schüler die Schocks verspürte oder nicht	6.0% (22)	6.2% (18)	6.1% (40)
4 glaube ich trotz einiger Zweifel, daß der Schüler die Schocks wohl nicht verspürte	7.6% (28)	16.2% (47)	11.4% (75)
5 war ich überzeugt, daß der Schüler Schocks erhielt	1.4% (5)	3.8% (11)	2.4% (16)

David Rosenhan vom Swarthmore College führte eine Wiederholung dieses Experiments durch, um einen Bezugsmaßstab für weitere eigene Untersuchungen zu erhalten. Er plante ausführliche Interviews ein. Unter anderem führte er den Interviewer als eine vom Experiment unabhängige Person ein, die die Versuchsperson um einen detaillierten Bericht über ihre Erfahrungen bat, und stellte sogar so bohrende Fragen über die Überzeugtheit wie: «Glauben Sie tatsächlich, daß Sie das Experiment nicht durchschaut haben?» Auf die höchst zwingenden Kriterien der vollen Akzeptation gestützt, berichtet Rosenhan, daß (gemäß der Entscheidung unabhängiger Beurteiler) 60 Prozent der Versuchspersonen die Authentizität des Experiments völlig akzeptierten. Bei der Nachprüfung des Verhaltens dieser Personen ergab sich, daß 85 Prozent vollkommen gehorsam gewesen waren. (Es muß darauf hingewiesen werden, daß Rosenhan eine Testpopulation verwendete, die jünger war als die im Original-Experiment, und das ist meiner Meinung nach der Grund für das höhere Gehorsamkeitsniveau.)

Wenn man meine experimentellen Ergebnisse einer vergleichbaren statistischen Kontrolle unterzieht, ändert sich nichts Wesentliches. So waren z. B. in Experiment 2 (akustische Rückkopplung) von den Versuchspersonen, die angaben, an die Täuschung geglaubt zu haben (Kategorie 1 und 2), 58 Prozent gehorsam; in der Kategorie 1 waren 60 Prozent gehorsam. Für die Gesamtheit der Versuchsanordnungen verringerte diese Art Datenkontrolle das Verhältnis gehorsamer Versuchspersonen zu ungehorsamen nur geringfügig. Die Verschiebungen berühren die Relation zwischen den Versuchsanordnungen nicht und sind für die Interpretation der Bedeutung oder Wichtigkeit der Ergebnisse ohne Konsequenz.

Zusammenfassend sei gesagt, daß die Mehrheit der Versuchspersonen die experimentelle Situation als echt akzeptierte; nur wenige taten dies nicht. Bei jeder Versuchsanordnung schätzte ich, daß zwei bis vier Versuchspersonen nicht glaubten, sie verabreichten dem Opfer schmerzhafte Schocks, doch ich machte es zur Grundregel, keine Versuchspersonen aus dem Datenmaterial auszuklammern, denn eine Auswahl von Versuchspersonen aufgrund von einigermaßen ungenauen Kriterien führt am raschesten dazu, unabsichtlich Hypothesen zu formulieren. Selbst jetzt bin ich nicht bereit, diese Versuchspersonen auszuklammern, denn es ist nicht klar erwiesen, ob ihre Ablehnung der technischen Illusion eine Ursache für ihre Gehorsamsbereitschaft war oder aber eine Folge davon. Erkenntnisprozesse können dazu beitragen, das Verhalten zu rechtfertigen, das zur Schau zu stellen jemand sich gedrängt fühlte. Und es ist für eine Versuchsperson wirklich einfach, ihr Verhalten zu erklären, indem sie angibt, sie habe nicht daran geglaubt, daß das Opfer Schocks erhalten habe, und einige Versuchspersonen bezogen diesen Standpunkt vielleicht, um eine nachträgliche Erklärung zu liefern. Es kostete sie nichts und half ihnen eine ganze Menge, ihre positive Selbsteinschätzung zu bewahren. Außerdem demonstrierte es zusätzlich, wie scharfsinnig und gescheit sie die sorgfältig angelegte Mystifikation durchschauten.

Es ist jedoch bei weitem wichtiger, die Rolle von Leugnung in den Gesamtprozeß von Gehorsam und Gehorsamsverweigerung eingeordnet zu sehen. Leugnung ist nur eine von mehreren Anpassungen des Denkens, wie sie speziell in unseren Experimenten auftreten, und muß daher in bezug auf den Funktionswert im Verhalten mancher Versuchspersonen richtig eingeordnet werden (siehe Kapitel 12).

3. *Ist die Situation im Labor etwas so Besonderes, daß keines der dabei gefundenen Ergebnisse zu einer allgemeineren Beurteilung von Gehorsam in einem größeren sozialen Rahmen beitragen kann?* Nein. Jedenfalls nicht, wenn man versteht, was da festgestellt wurde: nämlich, wie leicht der Einzelne zu einem Instrument der Autorität werden kann und daß er – sobald als ein solches Instrument definiert – unfähig ist, sich davon freizumachen. Die Gehorsamsprozesse gegenüber Autorität, die ich ausführlich in Kapitel 11 darzustellen versuchte, bleiben unverändert, solange die Grundbedingung für sie gegeben ist: daß man *per definitionem* in eine Beziehung zu einer Person gestellt ist, von der man glaubt, sie habe kraft ihres Status das Recht, Verhalten zu bestimmen. Die Färbung und Einzelheiten des Gehorsamsverhaltens sind vielleicht unter anderen Umständen anders, doch die fundamentalen Prozesse bleiben die gleichen, genau wie der Verbrennungsprozeß bei einem Streichholz und bei einem Waldbrand der gleiche ist.

Das Problem der Verallgemeinerung eines Prozesses auf andere besteht nicht darin, sie Punkt für Punkt zu vergleichen (das Streichholz ist klein, der Wald ist ausgedehnt usw.), sondern ist gänzlich davon abhängig, ob man zu einem richtigen theoretischen Verständnis der relevanten Prozesse vorgedrungen ist. Im Fall der Verbrennung sehen wir den Prozeß rapider Oxydation unter Bedingungen der Anregung von Molekülen, bei Gehorsam die Umstrukturierung geistiger Prozesse im Agens-Zustand.

Es gibt Kritiker, die argumentieren, ein psychologisches Experiment sei ein einmaliger Vorgang und könne deshalb keine allgemeinen Folgerungen für größere Bereiche des Lebens zulassen.[25] Aber es erscheint mir nützlicher, anzuerkennen, daß jeder sozialen Bedingung einzigartige Merkmale eigen sind und daß es die Aufgabe des Sozialwissenschaftlers ist, die Grundstrukturen zu finden, die dieser oberflächlichen Verschiedenheit zugrunde liegen.

Der Anlaß, den wir als psychologisches Experiment bezeichnen, besitzt die gleichen wesentlichen Strukturmerkmale wie andere Situationen, die sich aus unter- und übergeordneten Rollen zusammensetzen. In all diesen Fällen reagiert der Einzelne nicht so sehr auf den Gehalt der Forderung, sondern gemäß der Basis, auf der seine Beziehung zu der fordernden Person beruht. Tatsächlich *ist Beziehung stärker als Gehalt,* wo eine legitime Autorität die Ursache einer Aktion ist. Das ist gemeint mit der Wichtigkeit der sozialen Struktur, und genau das wird in den vorliegenden Experimenten demonstriert.

Manche Kritiker versuchten, die Folgerungen unserer Experimente abzutun, indem sie behaupteten, das Verhalten sei durch den Versuchsleiter legitimiert, als wenn es dadurch folgewidrig würde. Aber Verhalten wird in allen sozial bedeutungsvollen Gehorsamszusammenhängen legitimiert, ob es sich nun um den Gehorsam eines Soldaten, eines Arbeitnehmers oder um den Henker handelt. Und unsere Untersuchung befaßt sich mit eben diesem Verständnis für das Verhalten innerhalb von Hierarchien. Alles in allem befand sich Eichmann in eine legale soziale Organisation eingegliedert, und von seinem Standpunkt aus erfüllte er eine legitime Aufgabe. Mit anderen Worten: diese Untersuchung befaßt sich *nicht* mit der Gehorsamsbereitschaft von Unterdrückten, die durch brutale Strafen zur Willfährigkeit gezwungen werden, sondern mit der Gehorsamsbereitschaft derer, die sich bereitwillig fügen, weil die Gesellschaft ihnen eine entsprechende Rolle zuordnet und sie dahingehend motiviert sind, den Erfordernissen dieser Rolle gerecht zu werden.

Eine andere Frage betrifft etwas spezieller das Ausmaß, in dem sich Parallelen des Gehorsams im Labor und seinerzeit in Nazideutschland ergeben. Offensichtlich bestehen da enorme Unterschiede. Man bedenke nur den Unterschied in der Dauer. Das Experiment im Labor dauert eine Stunde; die Nazikatastrophe entwickelte sich über mehr als ein Jahrzehnt. Kann also die im Labor beobachtete Gehorsamsbereitschaft auf irgendeine Weise mit der unter der Naziherrschaft verglichen werden? (Kann die Flamme eines Streichholzes mit den Brandkatastrophen von 1898 in Chikago verglichen werden?) Die Antwort muß dahingehend lauten, daß zwar enorme Unterschiede betreffs der Umstände und der Größenordnung bestehen, daß jedoch unter beiden Bedingungen ein gemeinsamer psychologischer Prozeß eine zentrale Rolle spielt.

Im Labor betrachteten sich durchschnittliche Menschen – aufgrund einer Reihe von einfachen Manipulationen – nicht mehr als einen verantwortlichen Teil der Kausalkette, die zu Aktionen gegen einen anderen führte. Die Art, wie Verantwortung abgeschüttelt wurde und Einzelpersonen zu gedankenlosen Werkzeugen einer Aktion wurden, hat allgemeine Tragweite. Man findet Beweise für das Auftreten derartiger Ereignisse immer wieder; man braucht nur die Berichte über die Kriegsverbrecherprozesse in Nürnberg zu lesen oder die Prozeßberichte über die amerikanischen Mörder bei dem My-Lai-Massaker oder die des Kommandanten von Andersonville. Als Gemeinsamkeit können wir für den Soldaten, den Parteifunktionär und die gehorsame Versuchsperson feststellen, daß sie über eine unbegrenzte Fähigkeit verfügen, sich der Autorität zu beugen, und daß sie die gleichen psychischen Mechanismen anwenden, um die Spannung zu reduzieren, die sich aus der Aktion gegen ein hilfloses Opfer ergibt. Gleichzeitig ist es natürlich wichtig, zu erkennen, inwiefern sich die Situation unserer Versuchspersonen von der der Deutschen unter Hitler unterscheidet.

Das Experiment wird unseren Versuchspersonen in einer Weise dargestellt, die seine positiven menschlichen Vorzüge betont: Zuwachs an Wissen über Lern- und Gedächtnisprozesse. Diese Ziele stimmen mit den allgemeinen kulturellen Anschauungen überein.

Gehorsam spielt nur die Rolle eines Werkzeugs, um dieses Ziel zu erreichen. Im Gegensatz dazu waren die Ziele, die die Nazis in Deutschland verfolgten, schon an sich verwerflich, und viele Deutsche erkannten dies auch.[26]

Die Aufrechterhaltung von Gehorsam bei unseren Versuchspersonen hängt in hohem Maße von dem direkten Konfrontationscharakter der sozialen Bedingung und der ihr zugeordneten Überwachungsfunktion ab. Wir haben gesehen, daß Gehorsam drastisch abnahm, wenn der Versuchsleiter nicht anwesend war. Die Formen von Gehorsam in Nazi-Deutschland waren in weit größerem Maße abhängig von einer Verinnerlichung der Autorität und wahrscheinlich weniger an ständige Überwachung gebunden. Ich möchte vermuten, daß eine solche Verinnerlichung nur im Verlauf einer recht langdauernden Indoktrination auftreten kann, wie sie im Verlauf der einstündigen Laborexperimente nicht möglich ist. Also waren die Mechanismen, die einen Deutschen unter den Nazis an Gehorsam gebunden haben, nicht nur die bloß augenblickliche Peinlichkeit und Scham bei Ungehorsam, sondern stärker verinnerlichte Strafmechanismen, die sich nur in langwährendem Kontakt mit der Autorität entfalten können.

Andere Unterschiede sollen zumindest kurz erwähnt werden: Den Nazis Widerstand zu leisten war an und für sich schon eine heroische Tat, nicht etwa eine folgenlose Entscheidung, und die Strafe konnte der Tod sein. Strafen und Drohungen waren ständig gegenwärtig, und die Opfer waren gründlich als minderwertig, als lebensunwert und unwert menschlicher Zuneigung gekennzeichnet worden. Schließlich wurden unsere Versuchspersonen informiert, daß ihre Handlungen gegen das Opfer zwar kurzfristig schmerzhaft sein könnten, aber keine bleibenden Schädigungen hinterlassen würden, wohingegen jene Deutschen, die direkt mit der «Ausrottung» befaßt waren, sehr wohl wußten, daß sie nicht nur Qualen zufügten, sondern Menschenleben vernichteten. Also kann in einer endgültigen Analyse das, was in Deutschland von 1933 bis 1945 geschah, nur verstanden werden als Ausdruck einer einzigartigen historischen Entwicklung, die sich niemals mehr in gleicher Weise wiederholen wird.

Und doch kann man das Wesen von Gehorsam als eines psychischen Prozesses erfassen, wenn man die einfache Situation untersucht, in der einem Menschen befohlen wird, auf Wunsch einer legitimen Autorität gegen eine Drittperson vorzugehen. Dieser Situation sahen sich sowohl die Versuchspersonen unseres Experiments gegenüber wie der deutsche Staatsbürger unter Hitler, und in beiden Fällen bewirkte die Situation eine Reihe von parallelen psychischen Anpassungsmechanismen.

Eine im Jahre 1972 von H. V. Dicks veröffentlichte Untersuchung bringt mehr Licht in die problematische Angelegenheit. Dicks interviewte ehemalige Mitglieder der SS und der Gestapo, die in Konzentrationslagern Dienst getan hatten, und bezieht sich in den Schlußfolgerungen seiner Studie auf meine Experimente über Gehorsam. Er stellt deutliche Parallelen in den psychischen Mechanismen seiner Interviewpartner aus der SS und der Gestapo einerseits und der Versuchspersonen im Labor andererseits fest:

Milgram war ... in der Lage, das wachsende Bedürfnis zu ermitteln, das Opfer herabzusetzen ... wir erkennen die gleiche Tendenz zum Beispiel in BS, BT und GM (Interviewpartner in der Untersuchung von Dicks) ... In gleicher Weise eindrucksvoll für die Beurteilung des «hilflosen Rädchens» als moralischer Entschuldigung waren Milgrams Aufzeichnungen von Versuchspersonen, die hinterher erklären konnten, daß «sie von der Falschheit dessen, was zu tun man ihnen auftrug, überzeugt» waren, und die sich dadurch als tugendhaft empfinden konnten. Ihre Moral blieb wirkungslos, da sie sich nicht entschließen konnten, der Autorität Widerstand zu leisten. Dieses Resultat erinnert uns an das vollkommen gespaltene Bewußtsein eines Menschen wie zum Beispiel des PF (Mitglied der SS), dem es hinterher möglich war, eine starke Entrüstung über das zu äußern, was er zu tun gezwungen gewesen war.

Milgrams Experiment hat treffend die «allzumenschliche» Neigung zu Konformität und zu Gehorsam gegenüber einer Gruppenautorität bloßgelegt ... Seine Arbeit weist auch auf einige Ich-Schutzmechanismen hin, die im Nachhinein gleichermaßen von seinen «gewöhnlichen» Versuchspersonen wie von meinen SS-Männern als Rechtfertigung vorgebracht werden ...

Gordon W. Allport liebte es, mein experimentelles Muster als «Eichmann-Experiment» zu bezeichnen, denn er sah in der Situation meiner Versuchspersonen etwas, das der Position des infamen Nazi-Bürokraten entsprach, der «im Rahmen seiner Pflichterfüllung» zur Vernichtung von Millionen von Menschen beitrug. «Eichmann-Experiment» ist vielleicht eine passende Bezeichnung, doch sie sollte uns nicht dazu verleiten, die Bedeutung dieser Untersuchung mißzuverstehen. Wenn man sich ausschließlich auf die Nazis und ihre scheußlichen Taten konzentriert und meine Untersuchung als bedeutsam nur für die meistpublizierten verbrecherischen Scheußlichkeiten hält, dann geht man am Wesentlichen vollkommen vorbei. Denn meine Untersuchungen befassen sich hauptsächlich mit der gewöhnlichen und routinemäßigen Destruktion, die von Alltagstypen auf Befehl geleistet wird.

15. Kapitel
Epilog

Das Dilemma, das sich aus dem Konflikt zwischen Gewissen und Autorität ergibt, ist in der Gesellschaft selbst beschlossen, und wir würden damit leben müssen, selbst wenn es Nazideutschland nie gegeben hätte. Wenn man das Problem ausschließlich historisch behandelt, verleiht man ihm eine allzu große, zu Illusionen verleitende Distanz.

Manche lehnen das Nazi-Beispiel ab, weil wir heute in einer Demokratie und nicht in einem autoritären Staat lebten. Aber das Problem wird dadurch nicht beseitigt. Denn es lautet nicht «unbedingte Autorität in der Art politischer Organisation» oder «Gruppe von psychischen Einstellungen», sondern «Autorität». Unbedingte Autoritätsgläubigkeit kann demokratischer Praxis weichen, aber Autorität als solche kann nicht ausgeklammert werden, solange die Gesellschaft in der uns vertrauten Form weiterexistieren soll.[27]

In Demokratien werden Menschen durch öffentliche Wahlen in ihr Amt eingesetzt. Doch sobald sie einmal installiert sind, besitzen sie nicht weniger Autorität als jene, die durch andere Mittel ihre Position erlangt haben. Und wie wir wiederholt gesehen haben, können auch die Forderungen einer demokratisch installierten Autorität mit dem Gewissen in Konflikt geraten. Der Import und die Versklavung von Millionen schwarzer Menschen, die Vernichtung der indianischen Bevölkerung Amerikas, die Internierung japanischer US-Bürger, der Einsatz von Napalm gegen Zivilisten in Vietnam – alle diese Aktionen waren grausam und entsprangen der Autorität einer demokratischen Nation, und man begegnete ihnen mit dem erwarteten Gehorsam. In jedem einzelnen Fall erhoben sich Stimmen des moralischen Protests, doch die typische Reaktion des Durchschnittsmenschen war, den Befehlen zu gehorchen.

Ich wundere mich immer wieder, wenn ich bei Vortragsreisen im ganzen Land auf junge Männer treffe, die über das Verhalten der Versuchspersonen in unseren Experimenten entsetzt waren und behaupteten, sie würden sich niemals so verhalten, und die wenige Monate später zum Militärdienst eingezogen wurden und ohne Gewissensbisse Handlungen begingen, die die Schockverabreichung an unser Opfer als harmlos erscheinen lassen. In dieser Hinsicht sind sie nicht besser und nicht schlechter als irgendwelche Menschen einer anderen Epoche, die sich den Zielen der Autorität unterwarfen und Werkzeuge für deren destruktive Prozesse wurden.

Gehorsam und der Vietnamkrieg

Jede Generation lernt das Problem des Gehorsams durch ihre eigene historische Erfahrung kennen. Die USA haben erst seit kurzem einen kostspieligen und umstrittenen Krieg hinter sich.

Die Aufzählung der unmenschlichen Handlungen, die von Durchschnittsamerikanern im Vietnamkrieg begangen wurden, würde zu viel Platz einnehmen. Ich verweise den Leser auf mehrere Schriften, die sich mit diesem Thema befassen (Taylor, 1970; Glasser, 1971; Halberstam, 1965). Wir wollen hier nur wiederholen, daß unsere amerikanischen Soldaten routinemäßig Dörfer niederbrannten, eine Strategie des «freien Schußfeldes» betrieben, Napalm extensiv anwendeten, die fortschrittlichste Technik gegen primitive Armeen einsetzten, weite Gebiete des Landes entlaubten, die Evakuierung von Kranken und Alten aus Gründen militärischer Zweckdienlichkeit erzwangen und unmittelbare Massaker unter Hunderten von unbewaffneten Zivilisten veranstalteten.

Für den Psychologen sind dies nicht unpersönliche historische Ereignisse, sondern Handlungen, die von Menschen wie du und ich durchgeführt wurden, Menschen, die durch Autorität verwandelt wurden und dabei jedes Gefühl für persönliche Verantwortung verloren.

Wie kommt es, daß ein anständiger Mensch im Verlauf von wenigen Monaten dazu gebracht wird, andere Menschen zu töten, ohne daß ihm sein Gewissen Grenzen setzt? Überdenken wir den Prozeß noch einmal.

Zuerst muß dieser Mensch von seinem Standort außerhalb des militärischen Autoritätssystems an einen Standort innerhalb dieses Systems gebracht werden. Der wohlbekannte Gestellungsbefehl liefert dazu den formalen Mechanismus. Ein Treueid dient dann dazu, die Verpflichtung des Rekruten auf seine neue Rolle zu stärken.

Der Raum, in dem militärische Ausbildung stattfindet, ist von der übrigen Gesellschaft abgegrenzt, um sicherzustellen, daß keine konkurrierenden Autoritäten auftreten. Belohnungen und Strafen werden verteilt, je nachdem, wie brav einer gehorcht. Eine Zeitspanne von einigen Wochen wird für die Grundausbildung verwendet. Und obwohl der sichtbare Zweck dieser Ausbildung die Vermittlung militärischer Fertigkeiten ist, ist es doch ihr fundamentales Ziel, jeden Rest von Individualität und Autonomie zu beseitigen.

Die Stunden, die auf dem Exerzierplatz verbracht werden, zielen nicht in erster Linie darauf ab, einen wirkungsvollen Paradeschritt zu pauken. Ihr Ziel ist Disziplin und der sichtbare Ausdruck der Unterordnung des Individuums unter eine Organisation. Kolonnen und Trupps bewegen sich bald «wie *ein* Mann» und reagieren auf die Autorität des Ausbilders. Derartige Formationen bestehen nicht aus Individuen, sondern aus Automaten. Die militärische Ausbildung zielt grundsätzlich darauf ab, den Soldaten auf eben diesen Zustand zu reduzieren, alle Spuren von Ichgefühl zu beseitigen und durch langanhaltende Beeinflussung sicherzustellen, daß die militärische Autorität akzeptiert wird.

Bevor der Soldat in das Kriegsgebiet kommt, bemüht sich die Autorität, seine künftigen Handlungen in einer Weise zu definieren, die eine Verbindung zu allgemein hochgeschätzten Idealen und zu den umfassenderen Zielen der Gesellschaft herstellt. Den Soldaten wird erklärt, daß die Leute, die sie in der Schlacht treffen werden, Feinde der Nation seien und daß das Land in Gefahr sei, wenn sie nicht vernichtet würden. Die Situation wird so definiert, daß eine grausame und inhumane Aktion gerechtfertigt erscheint. Im Vietnamkrieg machte noch etwas Zusätzliches das grausame Verhalten leichter: Der «Feind» gehörte einer anderen Rasse an. Die

Vietnamesen wurden gemeinhin als «Gooks» (etwa: «Kanaken», d. Übers.) bezeichnet, als wären sie Untermenschen und folglich keines Mitgefühls wert.

Im Kampfgebiet treten neue Realitäten in den Vordergrund; der Soldat sieht sich nun einem ähnlich ausgebildeten und indoktrinierten Gegner gegenüber. Jede Desorganisation in den eigenen Reihen stellt eine Gefahr für die Einheit dar, da sie dadurch weniger schlagkräftig würde und besiegt werden könnte. Also verwandelt sich die Aufrechterhaltung von Disziplin in eine für das Überleben wichtige Angelegenheit, und der Soldat hat kaum eine andere Wahl, als zu gehorchen.

Bei der Routineerfüllung seiner Pflichten empfindet der Soldat keine persönliche Hemmung gegen Tötung, Verwundung oder Verstümmelung anderer Menschen, seien sie Zivilisten oder Soldaten. Durch seine Handlungen fügt er Männern, Frauen und Kindern Angst und Tod zu, doch er sieht darin keine Ereignisse, die ihn persönlich angehen. Er erfüllt einen Auftrag.

Manche Soldaten denken daran, den Gehorsam zu verweigern oder zu desertieren, doch die aktuelle Situation, in der sie stehen, läßt beides als wenig praktisch erscheinen. Wohin desertieren? Überdies gibt es harte Strafen für Widersetzlichkeit, und schließlich ist da die mächtige innerliche Grundlegung Gehorsam. Der Soldat will nicht als Feigling, als illoyal oder als unamerikanisch erscheinen. Die Situation ist so definiert, daß er sich selbst nur für patriotisch, tapfer und mannhaft halten kann, wenn er sich fügt.

Man hat ihm aufgetragen, andere Menschen für die gute Sache zu töten. Und diese Definition stammt von höchster Stelle – nicht von seinem Zugführer, nicht nur von dem höchsten Ordensträger in Vietnam, sondern von seinem Präsidenten selbst. Wer in der Heimat gegen den Krieg protestiert, ruft Ressentiments hervor. Denn der Soldat ist in eine Autoritätsstruktur eingespannt, und alle, die behaupten, seine Taten seien teuflisch, stellen geradenwegs die psychischen Anpassungsmechanismen in Frage, die sein Leben erträglich machen. Den Tag hinter sich zu bringen und am Leben zu bleiben, das ist Plackerei genug; es bleibt keine Zeit, sich Gedanken über den moralischen Aspekt zu machen.

Für manche ist die Versetzung in den Agens-Zustand nur partiell, und menschliche Wertbegriffe brechen immer wieder durch.

Solche von ihrem Gewissen geplagte Soldaten, so wenige es auch sind, stellen potentielle Unruheherde dar und werden von ihren Einheiten abgesondert.

Aber hierbei können wir eine hochinteressante Lektion über die Funktionsweise von Organisationen lernen. Solange man das Abspringen eines einzelnen im Griff behalten kann, werden kaum Konsequenzen gezogen. Das Individuum wird durch das nächste ersetzt. Die einzige Gefahr für die Funktionsfähigkeit des Militärs liegt in der Möglichkeit, daß ein einsamer Renegat andere anregen könnte. Deshalb muß er isoliert oder hart bestraft werden, um Nachahmung zu entmutigen.

In vielen Fällen hilft die Technik Spannung vermindern, indem sie die nötigen Stoßdämpfer liefert. Napalm wird aus dreitausend Meter Höhe auf Zivilisten abgeworfen; nicht Menschen, sondern winzige Echopunkte auf dem Infrarot-Oszilloskop sind das Ziel.

Der Krieg geht weiter; gewöhnliche Menschen handeln mit einer Grausamkeit und Härte, die das Verhalten der Versuchspersonen in unserem Experiment wie das von Engeln erscheinen läßt. Der Krieg findet sein Ende nicht durch Gehorsamsverweigerung der einzelnen Soldaten, sondern durch eine veränderte Politik der Regierung; die Soldaten legen die Waffen nieder, wenn es ihnen befohlen wird.

Doch bevor der Krieg zu Ende geht, tritt ein menschliches Verhalten an den Tag, das unsere düstersten Befürchtungen wahrmacht. Im Vietnamkrieg enthüllte das Massaker von My Lai mit besonderer Deutlichkeit das Problem, dem dieses Buch gewidmet ist. Hier ein Bericht von einem Beteiligten, der in den Nachrichten der CBS von Mike Wallace interviewt wurde.

Frage: Wieviel Mann pro Hubschrauber?

Antwort: Fünf. Wir landeten bei dem Dorf, und wir reihten uns auf und begannen auf das Dorf loszumarschieren. Da war ein Mann, ein Gook in einem Unterschlupf, er hockte ganz zusammengekauert da drunten, und der Mann rief, daß da drüben ein Gook war.

Frage: Wie alt war dieser Mann? Ich meine, war er ein Kämpfer oder ein älterer Mann?

Antwort: Ein älterer Mann. Und unser Mann rief und sagte, daß da herüben ein Gook war, und Sergeant Mitchell brüllte zurück und sagte, erschieß ihn.

Frage: Sergeant Mitchell hatte das Kommando über euch zwanzig Mann?

Antwort: Er hatte das Kommando über den ganzen Zug. Und dann erschoß der Mann ihn. Dann stießen wir in das Dorf vor, und wir fingen an, das Dorf zu durchsuchen und die Leute zusammenzutreiben, und wir rannten durch die Dorfmitte.

Frage: Wieviele Leute haben Sie zusammengetrieben?

Antwort: Also, das waren so ungefähr vierzig bis fünfzig, die wir in der Dorfmitte zusammenbrachten. Und wir ließen sie dort, und es war wie eine kleine Insel, dort genau in der Mitte des Dorfes, würde ich sagen ... Und ...

Frage: Was für Leute – Männer, Frauen, Kinder?

Antwort: Männer, Frauen, Kinder.

Frage: Säuglinge?

Antwort: Säuglinge. Wir drängten sie zusammen. Wir ließen sie niederhocken, und Leutnant Calley kam rüber und sagte: «Sie wissen doch, was Sie mit denen zu tun haben, oder?» Und ich sagte ja. Ich glaubte, er wollte, daß wir sie nur bewachen sollten. Und er ging weg und kam zehn, fünfzehn Minuten wieder zurück und sagte: «Wieso habt ihr sie noch nicht umgelegt?» Ich sagte ihm, ich glaubte nicht, daß Sie wollen, daß wir sie umlegen, daß Sie nur wollen, daß wir sie bewachen. Er sagte: «Nein. Ich will sie tot sehen.» Also –

Frage: Sagte er das zu allen von Ihnen, oder zu Ihnen besonders?

Antwort: Also ich stand vor ihm. Aber die anderen drei, vier Männer hörten es, und er ging vier, fünf Meter zurück und begann sie zu erschießen. Und er befahl mir zu schießen. Also begann ich zu schießen. Ich schickte ungefähr vier Magazine voll in die Gruppe rein.

Frage: Sie schossen die Magazine aus Ihrer ...

Antwort: M-16.

Frage: Und das macht etwa wieviele Magazine – ich meine, wieviele –

Antwort: Ich hatte siebzehn Schuß pro Magazin.

Frage: Also feuerten Sie etwa siebenundsechzig Schuß ab?

Antwort: Ja.

Frage: Und Sie töteten wieviele? Damals?

Antwort: Also, ich feuerte mit Automatik, darum kann man nicht sagen – man bestreicht einfach bloß das Gebiet, also kann man nicht sagen, wieviele man getötet hat, weil es so schnell ging. Also habe ich vielleicht zehn oder fünfzehn davon getötet.

Frage: Männer, Frauen und Kinder?

Antwort: Männer, Frauen und Kinder.

Frage: Auch Säuglinge?

Antwort: Auch Säuglinge.

Frage: Okay. Was war dann?

Antwort: Dann trieben wir noch mehr Leute zusammen, und wir hatten so sieben oder acht und wir wollten sie in die Grube stecken, und wir warfen eine Handgranate zu ihnen runter.

Frage: Sie trieben also noch mehr zusammen?

Antwort: Wir trieben noch mehr zusammen, und wir hatten sieben oder acht Leute. Und wir wollten sie in die Grube schmeißen, und, also, wir haben sie dorthin gesteckt und dann eine Handgranate runtergeworfen. Und jemand rief aus der Schlucht und befahl uns, sie rüber zur Schlucht zu bringen, also holten wir sie wieder raus und brachten sie rüber zur – und dann, wir hatten sie schon rübergebracht, dort hatten sie schon ungefähr siebzig, fünfundsiebzig Leute zusammengebracht. Also steckten wir unsere dazu, und Leutnant Calley befahl mir, sagte zu mir: «Soldat, wir haben noch was zu erledigen.» Und dann ging er rüber zu den Leuten und fing an, sie hinunterzustoßen und zu schießen ...

Frage: Er fing an, sie in die Schlucht zu stoßen?

Antwort: Ja, runter in die Schlucht. Es war ein Graben. Und dann fingen wir an, sie runterzustoßen, und wir fingen an, sie zu erschießen, und so haben wir alle sie alle da runtergestoßen und haben dann mit den Automatiks auf sie geschossen. Und dann ...

Frage: Wieder Männer, Frauen und Kinder?

Antwort: Männer, Frauen und Kinder.

Frage: Auch Säuglinge?

Antwort: Auch Säuglinge. Und wir fingen also an, sie zu erschießen, und jemand befahl uns, auf Einzelfeuer umzustellen, um Munition zu sparen. Also stellten wir auf Einzelfeuer und ballerten noch ein paar Kugeln rein ...

Frage: Warum taten Sie das?

Antwort: Warum tat ich das? Weil ich den Befehl dazu hatte und glaubte, es tun zu müssen, und zu der Zeit sah es für mich so aus, daß ich das Richtige tue, weil ich, wie ich schon gesagt habe, Kumpel verloren habe. Ich habe einen verdammt guten Kumpel verloren, Bobby Wilson, und das machte mir zu schaffen. Und als ich es gemacht hatte, fühlte ich mich prima, aber später am gleichen Tag ging es mir doch an die Nieren.

Frage: Sie sind verheiratet?

Antwort: Ja.

Frage: Kinder?

Antwort: Zwei.

Frage: Wie alt?

Antwort: Der Junge ist zweieinhalb, die Kleine ist anderthalb.

Frage: Offensichtlich kommt einem dabei die Frage in den Kopf ... der Vater von zwei so kleinen Kindern ... wie kann der Säuglinge erschießen?

Antwort: Die Kleine war noch nicht da. Zu der Zeit hatte ich nur den kleinen Jungen.

Frage: Aha ... Wie kommt man dazu, Säuglinge zu erschießen?

Antwort: Ich weiß es nicht. Es ist einfach passiert.

Frage: Wieviele Menschen wurden Ihrer Schätzung nach an diesem Tag umgebracht?

Antwort: Ich würde sagen, ungefähr dreihundertsiebzig.

Frage: Wie kommen Sie auf diese Zahl?

Antwort: Nur vom Zusehen.

Frage: Sie sagen, Sie glauben, daß viele Leute und auch Sie selbst verantwortlich sind für wieviele?

Antwort: Das könnte ich nicht sagen.

Frage: Fünfundzwanzig? Fünfzig?

Antwort: Ich könnte es nicht sagen. Zu viele jedenfalls.

Frage: Und wieviel Mann waren an den Erschießungen tatsächlich beteiligt?

Antwort: Also, ich kann da auch nichts Bestimmtes sagen. Es gab andere ... da war noch ein anderer Trupp dort, und ... aber ich kann einfach nicht sagen, wie viele.

Frage: Aber diese Zivilisten wurden aufgestellt und erschossen? Sie wurden nicht im Feuerwechsel getötet?

Antwort: Sie wurden nicht aufgestellt ... Sie wurden einfach in eine Schlucht gestoßen, oder saßen, hockten einfach da ... und wurden erschossen.

Frage: Was taten diese Zivilisten – besonders die Frauen, die Kinder und die alten Männer –, was taten sie? Was sagten sie zu Ihnen?

Antwort: Man sagte gar nicht viel zu ihnen. Sie wurden einfach bloß runtergestoßen, und sie taten, was man ihnen befahl.

Frage: Sie flehten also nicht, sagten nicht: «Nein ... nein», oder ...

Antwort: Doch. Richtig. Sie flehten und sagten: «Nein, nein». Und die Mütter drückten ihre Kinder an sich und ... aber sie schossen einfach immer weiter. Wir, also, wir hörten nicht auf zu schießen. Sie bewegten die Arme und flehten ... (New York Times, 25. November 1969)

Dieser Soldat wurde für sein Verhalten in My Lai nicht vor Gericht gestellt, da er zum Zeitpunkt, da das Massaker öffentliches Aufsehen erregte, nicht mehr der Militärgerichtsbarkeit unterstand.[28]

Wenn man sich die Berichte über den Vorfall in My Lai, über den Eichmannprozeß und den Prozeß des Leutnants Henry Wirz, des Kommandanten von Andersonville[29], durchliest, stößt man immer wieder auf folgende Thematik:

1. Man findet eine Gruppierung von Menschen, die ihre Aufgabe erfüllen und von einem funktionalen anstatt von einem moralischen Prinzip beherrscht sind.

2. Die jeweiligen Personen machen einen Unterschied zwischen der Vernichtung anderer als einer Angelegenheit der Pflicht und dem Ausdruck ihrer persönlichen Gefühle. Sie empfinden eine Art moralisches Gefühl in dem Maße, in dem jede ihrer Handlungen durch Befehle von seiten übergeordneter Autorität bestimmt ist.

3. Die Wertbegriffe des einzelnen wie *Loyalität, Pflichtgefühl* und *Disziplin* leiten sich von den technischen Erfordernissen der

Hierarchie her. Sie werden vom einzelnen als höchst persönliche moralische Imperative empfunden, doch auf der organisatorischen Ebene sind sie einfach nur die technische Voraussetzung für die Aufrechterhaltung des übergeordneten Systems.

4. Häufig wird der Sprachgebrauch modifiziert, damit die Aktionen nicht auf der sprachlichen Ebene mit den Moralbegriffen in Konflikt geraten, die Teil der Erziehung eines jeden Menschen sind. Euphemismen beherrschen den Sprachgebrauch – nicht aus leichtfertigen Gründen, sondern als ein Mittel, dem einzelnen die moralischen Aspekte seiner Handlungen zu ersparen.

5. Verantwortungsbewußtsein verschiebt sich in der Vorstellung des Untergebenen unweigerlich an die höhere Stelle. Oft gibt es viele Ersuchen um «Autorisation». Wiederholte Ersuchen um Autorisation sind tatsächlich ein Frühkennzeichen für eine Vermutung des Untergebenen, daß es sich um die Durchbrechung eines Moralgesetzes handelt.

6. Die Aktionen werden nahezu stets mit einer Reihe von konstruktiven Zielvorhaben gerechtfertigt und im Licht irgendeines hohen ideologischen Zwecks als edel betrachtet. In unserem Experiment dient man der Wissenschaft, indem man dem Opfer gegen seinen Willen Elektroschocks verabreicht; in Nazideutschland wurde die Ausrottung der Juden als «hygienischer» Prozeß gegen das «jüdische Ungeziefer» dargestellt (Hillberg, 1961).

7. Es tritt immer irgendwie ein Element ein, das den Widerspruch gegen den destruktiven Verlauf der Ereignisse als schlechte Manieren erscheinen läßt, oder auch schon die bloß gesprächsweise Erwähnung. So galt es etwa in Nazideutschland selbst unter Leuten, die aufs engste mit der «Endlösung» zu tun hatten, als unfein, über die Vernichtungen zu sprechen (Hillberg 1961). Unsere Versuchspersonen empfanden ihre Einwände recht häufig als peinlich.

8. Wenn die Beziehung zwischen Untergebenem und Autorität intakt bleibt, kommen psychische Anpassungen ins Spiel, die die Belastung bei der Durchführung unmoralischer Anordnungen vermindern.

9. Gehorsam nimmt nicht die Gestalt einer dramatischen Konfrontation zweier einander widerstreitender Willensäußerungen oder Weltanschauungen an, sondern ist eingebettet in einen größeren Existenzbereich, in dem soziale Bezüge, Karrierehoffnungen

und technische Routineverfahren den Ton angeben. Typisch ist nicht die heroische Gestalt, die mit ihrem Gewissen kämpft, oder der Mann mit pathologischen Aggressionen, der erbarmungslos eine Machtposition ausnutzt, typisch ist der Funktionär, dem man eine Aufgabe übertragen hat und der sich abmüht, den Eindruck zu erwecken, daß er in seiner Arbeit kompetent sei.

Kehren wir zu unseren Experimenten zurück, und versuchen wir, ihre Bedeutung noch einmal zu unterstreichen. Das Verhalten, das sich bei den hier berichteten Experimenten zeigte, ist ganz normales menschliches Verhalten. Allerdings wird es unter Bedingungen an den Tag geholt, die besonders deutlich die Gefahren, die in uns Menschen angelegt sind, für das Überleben der Menschheit aufzeigen. Was haben wir nun gefunden? Nicht Aggression, denn die Menschen, die dem Opfer Schocks versetzten, empfanden keinen Zorn, keine Rachsucht und keinen Haß. Menschen werden zornig; sie handeln haßerfüllt und platzen vor Wut gegen andere. Doch nicht in unserem Fall. Etwas weitaus Gefährlicheres kommt ans Licht: die Fähigkeit des Menschen, seine Menschlichkeit abzustreifen, ja geradezu die Unvermeidlichkeit, daß er dies tut, wenn er seine individuelle Persönlichkeit mit übergeordneten institutionalen Strukturen verbindet.

Dies ist ein fataler Defekt, den die Natur uns Menschen eingebaut hat, und auf lange Sicht läßt er unserer Art nur eine bescheidene Überlebenschance.

Es ist bittere Ironie, daß die Tugenden der Loyalität, der Disziplin und der Selbstaufopferung, die wir am einzelnen so hoch schätzen, genau die Eigenschaften sind, die eine organisierte Kriegs- und Vernichtungsmaschinerie schaffen und Menschen an bösartige Autoritätssysteme binden.[30]

Jeder Mensch hat ein Gewissen, das mehr oder weniger dazu beiträgt, die Triebbefriedigung, die anderen Schaden zufügt, zu verhindern. Doch wenn der Mensch seine Person in eine Organisationsstruktur einbringt, tritt an die Stelle des autonomen Menschen ein neues Wesen, das von seinen individuellen Moralvorstellungen nicht mehr eingeschränkt ist, das von der Behinderung durch Gebote der Menschlichkeit befreit ist und nur auf die Sanktionen seitens der Autorität achtet.

Wo liegt die Grenze derartigen Gehorsams? An vielen Punkten

versuchten wir im Experiment, einen Grenzbereich einzuführen. Wir setzten die Schreie des Opfers ein; das reichte nicht aus. Das Opfer berief sich auf einen Herzfehler; die Versuchspersonen gaben auf Befehl weiterhin Schocks. Das Opfer flehte, man solle es freilassen, auf dem Signalkasten erschienen keine Antworten mehr; die Versuchspersonen geben dennoch weiter Schocks. Zu Beginn unserer Versuchsreihe hatten wir nicht damit gerechnet, daß solch drastische Prozeduren nötig sein würden, um Gehorsamsverweigerung zu erzeugen, und so wurde jede weitere Stufe erst eingeführt, nachdem deutlich geworden war, daß die bisherigen Techniken versagt hatten. Der letzte Versuch, eine Grenze festzulegen, war die Versuchsanordnung der Berührungsnähe. Aber die allererste Versuchsperson in dieser Anordnung wandte auf Befehl Zwang an und ging bis zur höchsten Schockstufe weiter. Ein Viertel der Versuchspersonen bei dieser Versuchsanordnung verhielt sich gleichfalls so.

Die Ergebnisse, die wir im Laboratorium erlebten, sind für mich beunruhigend. Sie rufen das Gefühl hervor, daß die menschliche Natur – oder im spezielleren Fall der Charakter, den die demokratische Gesellschaft in den USA hervorbringt – keine Garantie dafür bietet, den Menschen und Bürger gegen die Möglichkeit, auf Weisung einer böswilligen Autorität brutal und unmenschlich zu handeln, zu immunisieren. Ein beachtlicher Bestandteil der Bevölkerung tut, was zu tun befohlen wird, ohne den Sinn und Gehalt der Handlung zu berücksichtigen und ohne durch das Gewissen eingeschränkt zu werden, solange der Befehl als Äußerung einer legitimen Autorität gilt.

In einem Artikel mit dem Titel «Die Gefahren des Gehorsams» schrieb Harold J. Laski: «... Zivilisation heißt vor allem, daß eine Nichtbereitschaft besteht, unnötige Schmerzen zuzufügen. Gemäß dieser Definition können jene unter uns, die gedankenlos den Befehlen einer Autorität Folge leisten, noch nicht für sich in Anspruch nehmen, als zivilsierte Menschen betrachtet zu werden... Wenn wir also ein Leben leben wollen, das nicht völlig ohne Sinn und Bedeutung ist, dann ist unsere Aufgabe die, nichts zu akzeptieren, was unserer Grunderfahrung widerspricht, auch wenn es von seiten der Tradition, der Übereinkunft oder der Autorität auf uns zukommt. Es ist leicht möglich, daß wir uns dabei irren; doch unsere Selbstverwirklichung wird fundamental vereitelt, wenn die Gewißheiten, die wir akzeptieren sollen, nicht mit den Gewißheiten übereinstimmen, die wir selbst erfahren haben. Das ist der Grund dafür, daß die Grundvoraussetzung für Freiheit in jeder Lage stets eine weitgestreute und konsequente Skepsis ist gegen die Kanons und Vorschriften, auf denen die Machthaber bestehen.»

Anhang

Anhang I
Ethische Probleme in der wissenschaftlichen Forschung

Zweck der hier dargestellten Untersuchung war es, Gehorsam und Ungehorsam gegen Autorität unter Bedingungen zu erforschen, die eine sorgfältige Durchleuchtung des Phänomens gestatteten. Einem Menschen wurde von einem Versuchsleiter befohlen, einer Reihe von zunehmend gefühllosen Befehlen zu gehorchen, und wir waren daran interessiert, festzustellen, wann dieser Mensch aufhören würde zu gehorchen. Etwas Theater war nötig, um angemessene Bedingungen zur Beobachtung des Verhaltens zu schaffen, und technische Illusionen wurden großzügig eingesetzt (so etwa die Tatsache, daß das Opfer ja nur scheinbar Schocks versetzt erhielt). Darüber hinaus bestand der Großteil der Vorgänge im Labor aus Entdekkungen, nicht aus unserer Planung.

Für einige Kritiker jedoch bestand die Abscheulichkeit des Experiments nicht darin, daß die Versuchspersonen gehorchten, sondern daß das Experiment überhaupt durchgeführt wurde. Bei den Berufspsychologen trat eine gewisse Polarisierung auf.[31] Das Experiment wurde sowohl hoch gepriesen wie scharf kritisiert. Im Jahre 1964 griff Dr. Diana Baumrind das Experiment im «American Psychologist» an, in dem ich später folgende Erwiderung publizierte:

... Vor kurzem stellte eine Kritikerin in einer Nummer des «American Psychologist» eine Reihe von Fragen über den Gehorsamsreport. Sie äußerte Besorgnis für das Wohlbefinden der Versuchspersonen, die am Experiment teilnahmen, und fragte, ob angemessene Vorkehrungen zu ihrem Schutz getroffen worden seien.

Zunächst verwechselt sie das unvorhergesehene Ergebnis eines Experiments mit seinem grundlegenden Verfahren. Sie schreibt zum Beispiel, als sei die Erzeugung von Streß bei unseren Versuchspersonen eine beabsichtigte und vorher bedachte Auswirkung der experimentellen Manipulation gewesen. Es gibt viele Laborverfahren, die spezifisch darauf abzielen, Streß zu erzeugen (Lazarus, 1964), doch das Gehorsamsbeispiel gehört nicht zu ihnen. Die extreme Spannung, die sich bei manchen der Versuchspersonen ergab, kam unerwartet. Bevor wir die Experimente durchführten, erörterten wir mit vielen Kollegen die Prozeduren, und nicht ein einziger sah die eintretenden Reaktionen voraus. Eine vorherige Kenntnis der Ergebnisse kann niemals eine unabänderliche Begleiterscheinung einer experimentellen Untersuchung sein. Die Einsicht wächst, weil wir Situationen untersuchen, deren Ende unbekannt ist. Ein Forscher, der ein solches Risiko nicht akzeptieren will, muß den Gedanken an wissenschaftliche Forschung aufgeben.

Überdies gab es vor den Experimenten allen Grund für die Erwartung, daß die Versuchspersonen sich weigern würden, die Anordnungen des Versuchsleiters über jenen Punkt hinaus zu befolgen, an dem das Opfer protestierte; viele Kollegen und Psychologen wurden hierzu befragt, und sie waren so gut wie alle der Meinung, daß dies der Fall sein werde. Um ein Experiment in die Wege zu leiten, bei dem ein kritischer Maßstab an Gehorsamsverweigerung angelegt werden soll, muß man von der Überzeugung ausgehen, daß es im Menschen gewisse spontane Fähigkeiten gibt, den Druck von seiten einer Autorität zu überwinden.

Gewiß war, nachdem eine beträchtliche Anzahl von Versuchspersonen dem Verfahren unterzogen worden war, deutlich zu erkennen, daß manche bis zum Ende der Schockstufen weitermachen und manche unter Streß geraten würden. Dies war, so scheint mir, der erste wirklich kritische Moment, bei dem man überhaupt beginnen konnte, sich zu fragen, ob man die Untersuchung aufgeben sollte. Doch momentane Aufregung ist nicht das gleiche wie Schaden. Im weiteren Verlauf des Experiments ergab sich kein Hinweis auf schädliche Folgen für die Versuchspersonen; und da diese selbst das Experiment nachdrücklich bejahten, kam ich zu dem Entschluß, es fortzusetzen.

Ist die Kritik nicht vielleicht ebensosehr auf den unvorhergesehenen Ergebnissen aufgebaut wie auf der Methodik des Experiments? Die Ergebnisse bestanden darin, daß manche Versuchspersonen sich dem Anschein nach schockierend unmoralisch verhielten. Wenn statt dessen jede Versuchsperson bei einem «leichten Schock» oder beim ersten Anzeichen von Unbehagen beim Schüler abgebrochen hätte, dann wären die Resultate angenehm gewesen, beruhigend, und wer würde dann protestiert haben?

Ein wichtiger Aspekt des Verfahrens ergab sich nach Beendigung der experimentellen Sitzung. Alle Versuchspersonen wurden nach dem Experiment sorgfältig behandelt. Wie sie im einzelnen aufgeklärt wurden, variierte von Versuch zu Versuch und entsprechend unserer zunehmenden Erfahrung. Zumindest wurde allen erklärt, daß das Opfer nicht wirklich gefährliche Elektroschocks erhalten hatte. Jede Versuchsperson hatte Gelegenheit zu einer freundschaftlichen «Aussöhnung» mit dem unbeschädigten Opfer und zu einer ausgedehnten Diskussion mit dem Versuchsleiter. Gehorsamen Versuchspersonen wurde versichert, daß ihr Verhalten vollkommen normal gewesen sei und daß andere Teilnehmer die gleichen Konflikt- und Spannungsgefühle wie sie durchgemacht hätten. Man erklärte ihnen, sie würden alle nach Abschluß der Versuchsreihe einen umfassenden Bericht erhalten. In manchen Fällen fanden mit einzelnen Versuchspersonen zusätzlich eingehende und langdauernde Diskussionen über das Experiment statt.

Nachdem die Versuchsreihe komplett war, erhielten die Versuchspersonen einen schriftlichen Bericht mit den Einzelheiten des experimentellen Verfahrens und den Resultaten. Auch hier waren ihre Rolle im Experiment und ihr Verhalten dabei auf eine rücksichtsvolle Weise dargestellt. Alle Versuchspersonen erhielten einen Anschlußfragebogen über ihre Teilnahme an dem Forschungsunternehmen, der ihnen erneut ermöglichte, ihre Gedanken und Gefühle zu ihrem Verhalten zu äußern.

Die Antworten auf den Fragebogen bestätigten meinen Eindruck, daß die Teilnehmer das Experiment positiv beurteilten. Quantitativ gesehen (siehe Tabelle 8), gaben 84 Prozent der Versuchspersonen an, sie seien froh, an dem Experiment teilgenommen zu haben; 15 Prozent gaben neutrale Gefühle, 1,3 Prozent negative Gefühle an. Solche Ergebnisse müssen zwar mit Vorsicht interpretiert werden, doch kann man sie nicht einfach außer acht lassen.

Ferner waren vier Fünftel der Versuchspersonen der Ansicht, daß weitere derartige Versuche durchgeführt werden sollten, und 74 Prozent gaben an, sie hätten als Ergebnis ihrer Beteiligung an der Untersuchung etwas für sie persönlich Wichtiges gelernt.

Das Verfahren der Anschlußbesprechung und Beurteilung wurde als selbstverständliche Routinesache durchgeführt und war durch keine Feststellung eines besonderen Risikos während der experimentellen Prozedur angeregt worden. Nach meiner Beurteilung waren die Versuchspersonen in keinem Augenblick einer Gefahr ausgesetzt, und zu keinem Zeitpunkt liefen sie das Risiko schädlicher Nachwirkungen. Wäre es anders gewesen, wäre das Experiment unverzüglich abgebrochen worden.

Die Kritikerin führt an, daß die Versuchsperson nach dem Wirken im Experiment ihr Verhalten nicht rechtfertigen könne und folglich das volle Gewicht ihrer Handlungen tragen müsse. Im großen und ganzen trifft dies aber nicht zu. Die Mechanismen, die es der Versuchsperson ermöglichen, die Handlung durchzuführen, dem Versuchsleiter zu gehorchen, statt sich ihm zu widersetzen, reichen über den Verlauf der Handlung hinaus und rechtfertigen auch weiterhin ihr Verhalten vor sich selbst. Der Standpunkt, den die Versuchsperson einnimmt, während sie die Handlungen begeht, ist der gleiche wie der, von dem aus sie später ihr Verhalten sieht, d. h. die Perspektive der «Durchführung der von einer Autoritätsperson übertragenen Aufgabe».

Da die Vorstellung, daß einem Opfer Schocks versetzt werden, abstoßend ist, besteht eine Tendenz bei denen, die von der Versuchsanordnung Kenntnis erhalten, zu sagen: «Das werden die Leute nicht tun.» Wenn dann die Resultate bekannt werden, drückt sich diese Einstellung so aus: «Wenn sie es tun, dann werden sie hinterher nicht mehr mit sich selbst leben können.» Diese zwei Arten, die Ergebnisse des Experiments zu leugnen, sind gleichermaßen unangebracht und sind Fehlinterpretationen der Tatsachen menschlichen Sozialverhaltens. Viele Versuchspersonen gehorchen eben tatsächlich bis zum Ende, und es gibt keine Hinweise auf schädliche Folgen.

Tabelle 8: Auszug aus dem Fragebogen, der im Anschluß an die Gehorsamsexperimente vorgelegt wurde

Nachdem ich den Bericht gelesen und alles erwogen habe ...	Ungehorsame	Gehorsame	Alle
1. bin ich sehr froh, an dem Experiment teilgenommen zu haben	40.0%	47.8%	43.5%
2. bin ich froh, an dem Experiment teilgenommen zu haben	43.8%	35.7%	40.2%
3. tut es mir sehr leid, an dem Experiment teilgenommen zu haben	15.3%	14.8%	15.1%
4. tut es mir leid, an dem Experiment teilgenommen zu haben	0.8%	0.7%	0.8%
5. bin ich weder froh, noch tut es mir leid, an dem Experiment teilgenommen zu haben	0.0%	1.0%	0.5%

Anmerkung: 92 Prozent der Versuchspersonen schickten den Fragebogen zurück. Die Merkmale der Einsender wurden mit denen der Nichteinsender verglichen. Unterschiede zeigten sich nur im Alter; jüngere waren in der Gruppe der Nichteinsender stärker vertreten.

Das Vermeiden von Schädigungen ist eine Minimalvoraussetzung beim Experimentieren; es kann sich jedoch durch die Beteiligung eine wichtige positive Seite ergeben. Die Kritikerin deutet an, die Versuchspersonen hätten nicht davon profitiert, sich an der Untersuchung über Gehorsam zu beteiligen, doch dies ist unrichtig. Durch ihre Äußerungen und Handlungen gaben die Versuchspersonen zu erkennen, daß sie eine ganze Menge gelernt hatten, und viele empfanden Befriedigung, an einer wissenschaftlichen Forschung teilgenommen zu haben, die sie für bedeutend hielten. Ein Jahr nach der Teilnahme schrieb eine Versuchsperson: «Dieses Experiment hat die Überzeugung in mir bekräftigt, daß der Mensch es vermeiden sollte, seinem Mitmenschen Schaden zuzufügen, selbst auf das Risiko hin, dadurch Autorität zu verletzen.»

Eine andere gab an: «Für mich unterstrich das Experiment ... das Ausmaß, in dem jeder Einzelne eine feste Grundlage haben oder finden sollte, auf der seine Entscheidungen beruhen sollten, gleichgültig, wie unwichtig sie zu sein scheinen. Ich glaube, die Menschen sollten tiefer über sich selbst und über ihre Beziehung zu ihrer Umwelt und zu anderen Menschen nachdenken. Wenn dieses Experiment dazu dient, Menschen aus ihrer behaglichen Selbstgefälligkeit wachzurütteln, dann hat es seinen Zweck erfüllt.»

Diese Äußerungen stehen erklärend für ein breites Aufgebot an beifälligen und selbstkritischen Kommentaren von Teilnehmern.

Der fünfseitige Bericht, der nach Abschluß der Versuchsreihe jeder Versuchsperson zugeschickt wurde, war speziell so abgefaßt, daß der Wert der Erfahrung für den einzelnen betont wurde. Das breitangelegte Versuchsprogramm wurde ebenso dargelegt wie seine logische Struktur. Die Ergebnisse von einem Dutzend Versuche wurden beschrieben, die Ursachen für Spannung erörtert und die mögliche Bedeutung des Experiments angedeutet. Die Versuchspersonen reagierten begeistert; viele äußerten den Wunsch, sich an weiterer experimenteller Forschung zu beteiligen. Diesen Bericht erhielten alle Versuchspersonen vor mehreren Jahren. Die Sorgfalt, mit der der Bericht abgefaßt wurde, stützt keinesfalls die Behauptung der Kritikerin, daß dem Experimentator der Nutzen, den die Versuchspersonen aus ihrer Teilnahme zogen, gleichgültig gewesen sei.

Die Kritikerin fürchtet, daß die Teilnehmer aufgrund der intensiven Erfahrung, die sie mit unseren Laborprozeduren machten, weiteren psychologischen Experimenten entfremdet worden seien. Meine eigene Beobachtung ist, daß Versuchspersonen viel häufiger mit Widerwillen auf die »leere« Laborstunde reagieren, bei der Pappdeckel-Verfahren eingesetzt werden und das einzige Gefühl beim Verlassen des Laboratoriums ist, mit einer offenkundig bedeutungslosen und nutzlosen Übung Zeit verschwendet zu haben.

Die Versuchspersonen im Gehorsamsexperiment empfanden im großen und ganzen ihre Teilnahme völlig anders. Sie betrachteten die Erfahrung als eine Gelegenheit, etwas Wichtiges über sich selbst und, mehr verallgemeinernd, über die Zusammenhänge menschlicher Handlungsweisen zu lernen.

Ein Jahr nach Abschluß des Versuchsprogramms begann ich eine zusätzliche Anschlußuntersuchung anzuregen. In diesem Zusammenhang interviewte ein unparteiischer, in ambulanter Behandlung erfahrener medizinischer Examinator 40 Versuchspersonen des Experiments. Der untersuchende Psychiater konzentrierte sich auf jene Versuchspersonen, von denen er vermutete daß sie am ehesten unter Folgen ihrer Beteiligung leiden könnten. Er gelangte zu dem Schluß, daß zwar mehrere Versuchspersonen extremen Streß durchlebt hatten, daß «jedoch der Examinator keine einzige fand, die Anzeichen einer Schädigung durch diese Erfahrung aufwies... Jede Versuchsperson scheint ihre Aufgabe (im Experiment) in einer Weise erledigt zu haben, die durchaus üblichen Verhaltensmustern entspricht. Es ergab sich kein Beweis für irgendwelche traumatischen Reaktionen.» Ein derartiges Zeugnis sollte berücksichtigt werden, ehe man das Experiment beurteilt.

Im Grunde hält es die Kritikerin für unanständig, Gehorsam in solchen Situationen zu testen, denn sie versteht sie als solche, in denen es keine vernünftige Alternative zu Gehorsam gibt. Dabei hat sie übersehen, daß ein beträchtlicher Prozentsatz der Versuchspersonen den Gehorsam verweigert hat. Bei ihnen erwies sich also Gehorsamsverweigerung als eine echte Möglichkeit, die in keiner Weise durch die allgemeine Struktur der experimentellen Situation verhindert wurde.

Die Kritikerin empfindet Unbehagen an dem hohen Gehorsamsniveau, das sich beim ersten Experiment ergab. In der Versuchsanordnung, auf die sie sich bezieht, waren 65 Prozent der Versuchspersonen bis zum Schluß gehorsam. Doch ihr Gefühl übersieht, daß im Gesamtumfang der Experimente Gehorsam von einem Versuch zum andern enorm variierte. In einigen waren 90 Prozent der Versuchspersonen ungehorsam. Es sieht also doch so aus, daß nicht allein die Tatsache eines Experiments für die Verhältniszahlen von Gehorsam und Ungehorsam maßgebend ist, sondern auch die besondere Versuchsanordnung, und diese wurde in unserem Forschungsprogramm systematisch variiert.

Wahrung von Menschenwürde beruht auf dem Respekt vor der Fähigkeit eines Menschen, moralisch zu handeln. Die Kritikerin hat den Eindruck, daß der Versuchsleiter die Versuchsperson *dazu gebracht hat,* dem Opfer Schocks zu verabreichen. Diese Vorstellung ist mir ganz und gar fremd. Der Versuchsleiter trägt der Versuchsperson auf, etwas zu tun. Doch zwischen seinem Befehl und dem Resultat gibt es eine ausschlaggebende Kraft: die handelnde Person, die gehorchen oder nicht gehorchen kann. Ich begann mit der Überzeugung, daß jede Person, die ins Laboratorium kam, die Freiheit besitze, die Befehle der Autorität zu akzeptieren oder zurückzuweisen. Diese Ansicht unterstreicht den Begriff der Menschenwürde, weil sie in jedem Menschen die Fähigkeit vermutet, sein Verhalten selbst zu wählen. Und wie sich herausstellte, wählten tatsächliche viele Versuchspersonen den Widerstand gegen die Befehle des Versuchsleiters und lieferten auf diese Weise eine entschiedene Bejahung menschlicher Ideale.

Das Experiment wurde auch mit der Begründung kritisiert, daß «es leicht eine Veränderung in der ... Fähigkeit der Versuchspersonen bewirken könnte, künftig erwachsenen Autoritätspersonen zu vertrauen» ... Doch der Versuchsleiter ist nicht irgendeine Autoritätsfigur, er ist eine Autorität, die der Versuchsperson befiehlt, grausam und unmenschlich gegen einen anderen Menschen zu verfahren. Ich würde es für höchst wertvoll halten, wenn die Teilnahme am Experiment tatsächlich Skepsis gegen eine derartige Autorität begründen könnte. Hier zeigt sich vielleicht drastisch ein Unterschied in der Weltanschauung. Die Kritikerin betrachtet die Versuchsperson als eine passive Kreatur, die vom Versuchsleiter völlig beherrscht wird. Ich ging von einem anderen Standpunkt aus. Ein Mensch, der ins Laboratorium kommt, ist ein aktiver, entscheidungsfähiger Erwachsener, der die an ihn gerichteten Handlungsvorschriften akzeptieren oder zurückweisen kann. Die Kritikerin sieht als Ergebnis des Experiments die Untergrabung von Vertrauen in die Autorität. Ich sehe als Ergebnis eine potentiell wertvolle Erfahrung, weil das Experiment den Menschen das Problem der kritiklosen Unterordnung unter Autorität bewußt macht.

Eine weitere Kritik wurde in Dannie Abses Stück «The Dogs of Pavlov» («Pawlows Hunde») geäußert, das 1971 in London herauskam und das Gehorsamsexperiment als Thema der Haupthandlung benutzt. Im Höhepunkt des Stücks setzt sich Kurt, eine der Hauptpersonen, gegen den Versuchsleiter zu Wehr, weil dieser ihn als Versuchskaninchen mißbrauche. In der Einführung zu seinem Stück verurteilt Abse besonders die beim Experiment verwendeten Täuschungen und bezeichnet den Rahmen als «Mist», als «betrügerisch» und als «Irreführung». Gleichzeitig scheint er die dramatische Qualität des Experiments zu bewundern. Er gestattete, daß meine Erwiderung im Vorwort seines Buches erschien. Ich schrieb ihm:

Ich meine, Sie gebrauchen äußerst starke Ausdrücke, um die Verwendung von Illusion in meinem Experiment zu verurteilen. Als Dramatiker ist Ihnen sicherlich bewußt, daß Illusion eine Aufklärungsfunktion haben kann, und in der Tat beruht ja die Möglichkeit des Theaters auf dem heilsamen Einsatz von Tricks.

Man könnte ja auch von einem Theaterstück behaupten, daß sein Verfasser das Publikum betrogen, getäuscht und hintergangen habe, denn er präsentiert als alte Männer Personen, die nach dem Abschminken recht jung sind; Männer, die als Ärzte vorgestellt werden und in Wirklichkeit Schauspieler sind, die von Medizin keine Ahnung haben, usw., usw. Beschuldigungen wie «Mist», «Betrug», «Irreführung» wären doch töricht, denn sie berücksichtigen nicht, wie die den Illusionen des Theaters ausgesetzten Menschen darauf reagieren. Tatsache ist, daß das Publikum die Illusion für erforderlich hält zur Unterhaltung, geistigen Bereicherung und zu all den anderen Annehmlichkeiten eines Theatererlebnisses. Es ist diese Bereitwilligkeit des Publikums, solche Prozeduren zu akzeptieren, die Sie zu den Tricks ermächtigt, auf die Sie sich stützen.

Also werde ich nicht sagen, Sie hätten Ihr Publikum betrogen, getäuscht und hintergangen. Ich möchte jedoch den gleichen Anspruch für mein Experiment erheben. Falschinformationen werden dabei verwendet, es wird von Illusion Gebrauch gemacht, um der Bühne die Enthüllung schwierig zu findender Wahrheiten zu ermöglichen, und diese Prozeduren sind nur aus einem einzigen Grund gerechtfertigt: Sie werden am Ende von den Menschen, die ihnen ausgesetzt sind, gutgeheißen ...

... Als unser Experiment den Versuchspersonen erklärt wurde, antworteten sie positiv darauf, und die meisten hielten es für eine nützlich verbrachte Stunde. Wenn es anders gewesen wäre, wenn die Versuchspersonen am Ende der Stunde bittere Vorwürfe erhoben hätten, hätte das Experiment nicht fortgesetzt werden können.

Diese Beurteilung beruht vor allem auf den zahlreichen Gesprächen, die ich mit Versuchspersonen unmittelbar nach ihrer Teilnahme am Experiment führte. Solche Gespräche können sehr viel an den Tag bringen; am meisten zeigte sich, wie bereitwillig die Erfahrung des Versuchs in den normalen Lebensrahmen hineingenommen wird. Mehr noch, die Versuchspersonen waren eher freundlich als feindlich, eher neugierig als vorwurfsvoll, und in keiner Weise durch ihre Erfahrung gedemütigt. Dies war mein allgemeiner Eindruck, und er bestätigte sich späterhin durch formale Verfahren, die wir anwendeten, um die Reaktionen der Versuchspersonen auf das Experiment festzustellen.

Die wesentliche moralische Rechtfertigung für ein Verfahren, wie es in meinem Experiment Verwendung fand, besteht darin, daß es von den Teilnehmern für gerechtfertigt gehalten wird. Überdies war es gerade die Eindringlichkeit dieser Erfahrung, die uns die wesentliche moralische Berechtigung zur Fortsetzung der Experimente lieferte.

Diese Tatsache ist entscheidend für jede ethische Bewertung des Experiments.

Stellen Sie sich ein Experiment vor, in dessen Verlauf der kleine Finger eines Menschen routinemäßig abgeschnitten wird. So etwas wäre nicht nur verwerflich: das Experiment müßte innerhalb weniger Stunden abgebrochen werden, weil empörte Teilnehmer sich bei der Universitätsverwaltung beschweren und juristische Maßnahmen erfolgen würden, um dem Experimentator in den Arm zu fallen. Wenn jemand mißhandelt worden ist, dann weiß er dies und wird sich dagegen zur Wehr setzen.

Eine Kritik, die die Billigung durch die Teilnehmer nicht in Betracht zieht, ist wertlos. Dies gilt besonders für eine Kritik an der Verwendung technischer Illusionen (oder «Täuschungen, wie die Kritiker es mit Vorliebe nennen), die vergißt, dieses Detail zur zentralen Tatsache in bezug zu setzen, daß die Versuchspersonen es annehmbar finden. Noch einmal, nicht dem außenstehenden Kritiker, sondern dem Teilnehmer steht hier das letzte Urteil zu.

Wenn manche aus dem Experimentator eine Figur konstruieren, die mit Täuschung, Manipulation und Schikane handelt, so ist es – wie Sie gewiß zugeben werden – auch möglich, ihn als Dramatiker zu sehen, der erhellende Szenen schafft und die Teilnehmer in sie einbezieht. Also sind wir in unser beider Tätigkeit vielleicht gar nicht so weit voneinander entfernt. Ich gebe zu, daß ein wichtiger Unterschied darin besteht, daß das Publikum Ihres Theaterillusionismus erwartet, Illusionen zu begegnen, wogegen meine Versuchspersonen nicht vorgewarnt sind. Ob es jedoch unethisch ist, die Wahrheit mit Hilfe *meiner* dramaturgischen Einrichtung zu suchen, kann abstrakt nicht beantwortet werden. Es hängt einzig und allein von der Reaktion derer ab, die solchen Prozeduren ausgesetzt werden.

Noch ein weiterer Punkt: Die gehorsame Versuchsperson gibt sich nicht selbst die Schuld an den Schocks, die das Opfer erhält, da die Aktion nicht ihrem Selbst entspringt. Sie hat ihren Ursprung in der Autoritätsperson, und das Negativste, was die gehorsame Versuchsperson von sich selbst sagt, ist, daß sie in Zukunft lernen müsse, der Autorität wirksamer Widerstand entgegenzusetzen.

Daß das Experiment manche Versuchspersonen zu dieser Überlegung angeregt hat, ist für mich eine befriedigende ... Konsequenz der Untersuchung. Die Erfahrungen eines jungen Mannes, der 1964 an einer Wiederholung des Gehorsamkeitsexperiments in Princeton teilnahm, liefern ein gutes Beispiel. Er war völlig gehorsam. Am 27. Oktober 1970 schrieb er mir:

«Die Teilnahme an dem ‹Schock-Experiment› ... war von großem Einfluß auf mein Leben ...

Als Versuchsperson 1964, und obwohl ich überzeugt war, daß ich jemandem Schmerzen zufügte, war ich völlig unwissend, warum ich dies tat. Nur wenige werden sich jemals darüber klar, wann sie gemäß eigenen Überzeugungen handeln und wann sie sich lammfromm einer Autorität unterordnen ... Mich zum Militärdienst einziehen zu lassen unter der Voraussetzung, daß ich mich den Befehlen einer Autorität unterordne, die von mir etwas Schlechtes verlangt, das würde mich mit Furcht vor mir selbst erfüllen ... Ich bin absolut bereit, ins Gefängnis zu gehen, wenn ich nicht als Kriegsdienstverweigerer aus Gewissensgründen anerkannt werde. Tatsächlich ist dies der einzige Weg, den ich einschlagen kann, wenn ich meiner Überzeugung treu bleiben will. Meine einzige Hoffnung ist, daß die Mitglieder der Musterungskommission gleichfalls nach ihrem Gewissen handeln ...»

Er erkundigte sich, ob auch andere Teilnehmer ähnlich reagiert hätten und ob meiner Meinung nach die Teilnahme an dem Experiment dies bewirkt habe.

Ich antwortete: «Natürlich befaßt sich das Experiment mit dem Dilemma, in dem Menschen stehen, wenn sie den widersprüchlichen Forderungen einer Autorität und ihres Gewissens begegnen, und ich freue mich, daß Ihre Teilnahme an unserem Experiment Ihnen persönlich ein tieferes Verständnis dieser Probleme vermittelt hat. Ich habe von mehreren Teilnehmern erfahren, daß ihre Empfindlichkeit in bezug auf das Problem der Unterordnung unter Autorität durch ihre Erfahrung im Experiment größer geworden ist. Wenn das Experiment Ihre Wachsamkeit für das Problem blinder Unterordnung unter Autorität geschärft hat, dann hat es eine wichtige Rolle gespielt. Wenn Sie fest glauben, daß es falsch ist, andere Menschen im Dienst des eigenen Landes zu töten, dann sollten Sie zweifellos mit Nachdruck Ihre Anerkennung als Kriegsdienstverweigerer betreiben, und ich hoffe zutiefst, daß Ihre Aufrichtigkeit in dieser Sache anerkannt wird.»

Einige Monate darauf schrieb mir der junge Mann erneut. Er berichtete zunächst, daß die Musterungskommission von den Folgen seiner Teilnahme am Experiment nicht sehr beeindruckt gewesen, daß er jedoch als Kriegsdienstverweigerer anerkannt worden sei. Er schrieb:

«Die Erfahrung bei dieser Anhörung hat meine Überzeugung nicht verringert, daß das Experiment einen bedeutenden Einfluß auf mein Leben ausgeübt hat ...

... Sie haben eine der wichtigsten Ursachen für all das Elend in der Welt entdeckt ... Ich bin dankbar dafür, daß ich Ihnen ein Stück der für diese Entdeckung nötigen Information liefern durfte. Ich bin froh, daß ich durch meine Weigerung, Militärdienst zu leisten, so gehandelt habe, wie Menschen handeln müssen, wenn diese Probleme gelöst werden sollen.

Mit aufrichtigem Dank für den Beitrag, den Sie zu meinem Leben geleistet haben ...»

In einer Welt, in der Aktion so oft durch Zweideutigkeit undurchsichtig wird, fühle ich mich nichtsdestoweniger genötigt, diesem jungen Teilnehmer an unserem Experiment größere Beachtung zu schenken als einem außenstehenden Kritiker. Denn nicht abstraktes Moralisieren ist hier entscheidend, sondern ausschließlich die menschliche Reaktion derer, die am Experiment teilnahmen. Und diese Reaktion bestätigt nicht nur die angewandten Verfahren, sondern fordert mit größtem Nachdruck eingehendere Untersuchungen, um die entscheidenden Fragen von Gehorsam und Gehorsamsverweigerung zu klären.

Im Lauf der Jahre wurden zahlreiche Stellungnahmen publiziert, die das Experiment guthießen.

Dr. Milton Erikson, ein bekannter Psychologe, schrieb:

«Daß die Pionierarbeit [Milgrams] auf diesem Gebiet als unmoralisch, nicht zu rechtfertigen, informatorisch wertlos oder mit anderen abfälligen Äußerungen angegriffen wurde, war zu erwarten, einfach deshalb, weil die Menschen vor unerwünschtem Verhalten gern die Augen schließen und es vorziehen, das Gedächtnis zu erforschen, indem sie sinnlose Wörter lernen lassen ...

Milgram liefert einen gewichtigen und gehaltvollen Beitrag zu unserem Wissen vom menschlichen Verhalten ... Als Milgrams erste Studie erschien, wußte er bereits sehr wohl, daß damit ein Gebiet wissenschaftlicher Forschung betreten wurde, das zu Anschuldigungen und Verdammungen führen würde ... Sich mit Untersuchungen zu befassen wie die, die Milgram unternahm, das erfordert starke Männer mit starker wissenschaftlicher Überzeugung und einer Bereitschaft, zu entdecken, daß die Verantwortung für und die Kontrolle über inhumane Handlungen beim Menschen selbst liegt, und nicht beim ‹Teufel›.» (*International Journal of Psychiatry,* Oktober 1968, S. 278 f.)

Dr. Amitai Etzioni, Professor für Soziologie an der Columbia University, schrieb:

«... Milgrams Experiment erscheint mir als eines der bestdurchgeführten in dieser Generation. Es beweist, daß der oft behauptete Gegensatz zwischen verstehender, beteiligter Humanforschung und exakter, empirisch-quantitativer Forschung unrichtig ist: Beide Perspektiven können zu wechselseitigem Nutzen kombiniert werden ...» (*International Journal of Psychiatry,* Oktober 1968, S. 278 f.)

Professor Herbert Kelman hatte einen gedankenreichen Artikel über ethische Probleme in der experimentellen Forschung veröffentlicht unter dem Titel «Human Use on Human Subjects: The Problem of Deception in Social Psychological Experiments». Und Dr. Thomas Crawford, Sozialpsychologe in Berkeley, schrieb:

«Kelman bezieht den Standpunkt, daß experimentelle Manipulationen legitim seien, vorausgesetzt, sie vergrößern die Wahlfreiheit des Individuums ... Ich gebe zu erwägen, daß Milgrams Forschungen ... haargenau darauf abzielen, dieses bewundernswerte Ziel zu erreichen, das Kelman uns setzt. Man kann wohl kaum diese Studie lesen, ohne für analoge Konflikte im eigenen Leben sensibilisiert zu werden.» («Zur Verteidigung der Gehorsams-Forschung: Eine Erweiterung der Kelman-Ethik», in *«The Social Psychology of Psychological Research»*, hg. von Arthur G. Miller, New York, The Free Press, 1972.)

Dr. Alan Elms von der University of California in Davis schrieb:

«Durch die Erforschung der Bedingungen, die eine derart destruktive Gehorsamsbereitschaft hervorrufen, und der psychologischen Prozesse, die zu derartigen Versuchen des Verzichts auf Verantwortung führen, hat Milgram meiner Meinung nach eine der moralisch signifikantesten Forschungsarbeiten der modernen Psychologie geleistet.» (Aus *«Social Psychology and Social Relevance»*, Little, Brown & Co., 1972.)

Anhang II
Strukturelle Muster bei den Versuchspersonen

Um unser Verständnis dafür zu erweitern, warum manche Menschen dem Versuchsleiter gehorchen und andere sich ihm widersetzen, führten wir mit den Versuchspersonen eine Reihe von Einzeltests durch. Um festzustellen, ob gehorsame und ungehorsame Versuchspersonen unterschiedliche Begriffe von Verantwortung haben, wurde Versuchspersonen aus unseren ersten vier Versuchsanordnungen eine «Verantwortlichkeits-Uhr« vorgelegt. Sie bestand aus einer Scheibe, auf der man mit drei Zeigern Segmente bilden konnte. Nach der Teilnahme am Experiment wurde die Versuchsperson gebeten, «Tortenstücke abzuschneiden, im Verhältnis zur Verantwortlichkeit der drei Teilnehmer am Experiment (Versuchsleiter, Versuchsperson, Opfer). Wir fragten: «Wieviel Verantwortung trägt jeder von uns dafür, daß dieser Mann gegen seinen Willen Elektroschocks erhielt?» Der Versuchsleiter las die Ergebnisse direkt von der Rückseite der Scheibe ab, die eine Teilung von 360 Winkelgraden besaß.

Im großen und ganzen fiel es den Versuchspersonen nicht sehr schwer, die Aufgabe zu erfüllen. Die Resultate für 118 Teilnehmer, die diesen Test durchführten, finden sich in Tabelle 9.

Tabelle 9: Zuschreibung von Verantwortung durch ungehorsame und gehorsame Versuchspersonen

	n	Versuchs-leiter	Versuchs-person	Schüler
Ungehorsame Versuchspersonen	61	38.0%	48.4%	12.8%
Gehorsame Versuchspersonen	57	38.4	36.3	25.3

Hauptergebnis ist, daß die ungehorsamen Versuchspersonen *sich selbst* als hauptsächlich verantwortlich für die Schmerzen des Opfers betrachten und sich 48 Prozent der Gesamtverantwortung zuschreiben, dem Versuchsleiter dagegen nur 39 Prozent. Das verschiebt sich leicht bei den gehorsamen Versuchspersonen, die sich selbst nicht mehr Verantwortung zuschreiben als dem Versuchsleiter und in der Tat nur zu einer etwas geringeren Übernahme von Verantwortung bereit sind. Größere Unterschiede ergeben sich bei der Bemessung der Verantwortlichkeit des Schülers. Die gehorsamen Versuchspersonen weisen ihm einen etwa doppelt so hohen Anteil an der Verantwortung zu wie die ungehorsamen. Darüber befragt, verweisen sie auf die Tatsache, daß der Schüler sich freiwillig für das Experiment zur Verfügung gestellt habe und daß sein Lernerfolg nicht sehr gut gewesen sei.

Also schreiben sich ungehorsame Versuchspersonen häufiger als gehorsame die primäre Verantwortung selbst zu, und sie messen dem Schüler weniger Verantwortlichkeit zu. Diese Angaben erhielten wir natürlich erst nach der Teilnahme der Versuchspersonen am Experiment, und wir wissen nicht, ob sie ständige Prädispositionen der gehorsamen und ungehorsamen Personen darstellen oder ob sie nachträgliche gedankliche Rechtfertigungen sind.

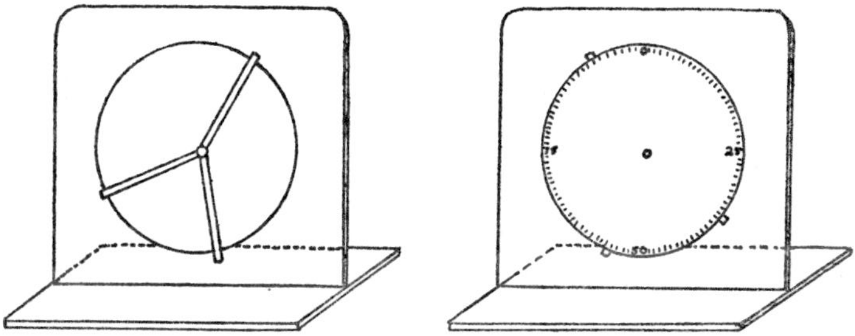

Abb. 16: Verantwortlichkeits-Uhr

Dr. Alan Elms unternahm mit etwa zwanzig gehorsamen und zwanzig ungehorsamen Versuchspersonen, die in der Berührungsnähe-Reihe mitgewirkt hatten, eine Reihe von psychologischen Tests. Sein Hauptergebnis war die Feststellung eines Zusammenhangs zwischen Gehorsamsbereitschaft im Experiment und der Bewertung auf der «*F-Skala*». Diese Skala wurde von Adorno und seinen Mitarbeitern (1950) entwickelt, um faschistische Tendenzen zu messen, und Elms fand heraus, daß jene Versuchspersonen, die gehorsam gewesen waren, auch einen höheren Grad an Autoritätsgläubigkeit (einen höheren F-Wert) aufwiesen als jene, die den Gehorsam verweigert hatten. Auf Anhieb erscheint dies gewissermaßen als Tautologie, doch Elms erläutert:

«... Der Zusammenhang zwischen Gehorsam und einigen Bestandteilen der Autoritätsgläubigkeit scheint relativ stark zu sein, und man darf dabei nicht vergessen, daß als Maß für Gehorsam das Maß der tatsächlichen Unterwerfung unter Autorität gelten muß, und nicht nur, was ein Mensch von sich behauptet wahrscheinlich tun zu werden. In der Erforschung der Autoritätsgläubigkeit wurde zuviel ... im Bereich von Papier-und-Bleistift-Erhebungen gearbeitet, aus denen nicht unbedingt auf Verhalten geschlossen werden kann. Doch hier haben wir Menschen, die entweder den Forderungen der Autorität gehorchen oder sie zurückweisen, und dies in einer realistischen und äußerst beunruhigenden Situation. ... So sieht es aus, als hätten jene Forscher zu Ende der vierziger Jahre etwas gefunden, etwas, das übersetzt werden kann aus abstrakten Tendenzen in tatsächliches autoritätsgläubiges Verhalten: die Unterordnung unter einen Befehlshaber, die Bestrafung des schwächeren Untergebenen (A. C. Elms, *«Social Psychology and Social Relevance»*, 1972, S. 133).

Der Zusammenhang zwischen den Werten der F-Skala und dem Verhalten im Experiment ist zwar einleuchtend, doch nicht sehr eng, was teilweise, glaube ich, auf die Unvollkommenheit der Papier-und-Bleistift-Methode zurückzuführen ist. Es ist schwierig, Verhalten in Relation zu Persönlichkeit zu bringen, denn wir wissen wirklich nicht sehr viel darüber, wie man Persönlichkeit messen kann.

Ein weiterer Versuch, Vergleichsdaten zu Gehorsam zu finden, wurde von Dr. Lawrence Kohlberg, einem meiner Kollegen an der Yale University, unternommen. Kohlberg hatte eine Skala für moralische Entwicklung aufgebaut, die auf der Theorie beruht, daß der Einzelne im Verlauf der Reifung eine Reihe von moralischen Urteilsstufen durchläuft. Kohlberg benutzte eine Gruppe von 34 Yale-Studenten, die bei unseren Vorversuchen mitgearbeitet hatten, und er fand heraus, daß die ungehorsamen auf einer höheren moralischen Entwicklungsstufe standen als die gehorsamen. Auch hier sind die Ergebnisse einleuchtend, doch nicht sehr beweiskräftig (Kohlberg, 1965).

Außerdem hatte ich unmittelbar nach ihrer Beteiligung am Experiment Material über die Lebensumstände unserer Versuchspersonen gesammelt. Die Ergebnisse, wenn sie auch im allgemeinen blaß sind, wiesen in folgende Richtungen. Republikaner und Demokraten waren im Gehorsamsniveau nicht signifikant verschieden; Katholiken waren gehorsamer als Juden oder Protestanten. Menschen mit höherem Bildungsgrad waren stärker ungehorsam als solche mit niedrigerem. Menschen in «moralischen» Berufszweigen wie Rechtswesen, Medizin und Erziehung bewiesen größere Bereitschaft zu Gehorsamsverweigerung als solche in mehr technischen wie etwa Ingenieurwesen und Naturwissenschaften. Je länger jemand beim Militär gedient hatte, desto höher war seine Gehorsamsbereitschaft – mit der Ausnahme, daß ehemalige Offiziere – ungeachtet der Länge ihrer Dienstzeit – weniger gehorsam waren als einfache Mannschaftsgrade. Dies waren die Ergebnisse der Untersuchung bei den ersten vier Versuchsbedingungen (der Raumnähe-Reihe). Viele dieser Ergebnisse «verblichen», wenn weitere Versuchsbedingungen hinzukamen, und die Gründe dafür waren für mich etwas rätselhaft. (Es trifft natürlich zu, daß die Bedeutung von Gehorsam und Gehorsamsverweigerung sich von einer Bedingung zur andern wandelt.) Meine Gesamtreaktion jedenfalls war Verwunderung darüber, wie wenig Vergleichbares es zu Gehorsam und Gehorsamsverweigerung gab und wie schwach der Zusammenhang mit beobachtetem Verhalten war. Ich bin sicher, daß es eine komplexe Persönlichkeitsbasis für Gehorsam und Gehorsamsverweigerung gibt. Aber ich weiß, daß wir sie noch nicht gefunden haben.

Auf jeden Fall wäre es jedoch ein Fehler, zu glauben, daß irgendeine einzelne Gemütseigenschaft mit Gehorsamsverweigerung zusammenhängt, oder die naive Behauptung aufzustellen, daß freundliche und gute Menschen Gehorsam verweigern, während grausame gehorchen. Bei den in Frage stehenden Prozessen gibt es einfach zu viele Punkte, in denen verschiedene Persönlichkeitskomponenten eine komplizierte Rolle spielen können, als daß allzu einfache Verallgemeinerungen erlaubt wären. Überdies ist möglicherweise die Einstellung, mit der jemand in das Experiment eintritt, von viel geringerer ursächlicher Bedeutung, als die meisten Leser annehmen möchten. Die Sozialpsychologie unseres Jahrhunderts enthüllt uns nämlich eine wichtige Lehre: Es ist oft nicht so sehr die Wesensart eines Menschen, die seine Handlungsweise bestimmt, wie die Eigenart der Situation, in der er sich befindet.

Anmerkungen

1 *Vorbereitender und regulärer Durchgang.* Vorversuche ergaben, daß die Prozedur des Vorlesens und der Schockverabreichung einige Praxis erforderte, ehe sie glatt verlief. Darum erhielt der Lehrer unmittelbar vor dem regulären Durchlauf eine vorbereitende Gruppe von zehn Wörtern, die er dem Schüler vorzulesen hatte. Es gab in dieser Übungsreihe drei neutrale Wörter (d. h. Wörter, die der Schüler richtig beantwortete), so daß also für sieben Wörter Schocks verabreicht wurden, wobei die maximale Schockstufe 105 Volt betrug (mäßiger Schock). Nahezu alle Versuchspersonen beherrschten das Verfahren nach dem vorbereitenden Durchgang.

Dann erhalten die Versuchspersonen eine zweite Liste, und man erklärt ihnen, daß das Verfahren das gleiche sei wie bei der ersten; der Versuchsleiter fügt jedoch hinzu:

«Wenn Sie am Ende der Liste angekommen sind, fangen Sie wieder von vorne an, und geben Sie weiter Schocks, bis der Schüler alle Wortpaare richtig gelernt hat.»

Der Versuchsleiter trägt der Versuchsperson auf:

«Beginnen Sie mit 15 Volt und gehen Sie jeweils eine Schockstufe höher, wenn der Schüler eine falsche Antwort gibt.»

2 Keine Versuchsperson, die bis Schockhöhe 30 ging, weigerte sich, sie weiter zu benutzen.

3 David Mark Mantell, The Potential for Violence in Germany, in: *Journal of Social Issues*, Bd. 27 No. 4 (4. November 1971), S. 101 ff. (Deutsch: Das Protokoll zur Gewalt in Deutschland – Eine Replikation und Erweiterung des Milgramschen Experiments, in: *Der Nervenarzt*, 42. Jg., Heft 5, 1971, S. 252 ff.)

4 Im letzten Jahrzehnt sind die Auswirkungen von physischer Nähe auf Verhalten kritisch untersucht worden, siehe etwa Edward T. Hall, *The Hidden Dimension*, New York, Doubleday, 1966.

5 Vor kurzem habe ich gehört, daß andere Forscher (Sheridan und King, 1972) die Gehorsamsexperimente wiederholt haben, allerdings mit einem Unterschied: Anstatt eines menschlichen Opfers verwendeten sie ein echtes Opfer, einen jungen Hund, dem wirklich Elektroschocks versetzt wurden und der kläffte, heulte und herumrannte, wenn er sie be-

kam. Als Versuchspersonen dienten Männer und Frauen, und die beiden Autoren fanden heraus, daß die Frauen willfähriger waren als die Männer. Sie schreiben sogar: «Ohne Ausnahme unterwarfen sich die weiblichen Versuchspersonen dem Befehl, den jungen Hund bis zum Ende der Skala zu schocken.» (Siehe auch Kilham und Mann, 1972.)

6 Dies bestätigt sich in der Untersuchung des Materials über angegebene Nervosität. Am Ende ihres Versuchsdurchgangs gab jede Versuchsperson auf einer Skala genau an, wie gespannt oder nervös sie zum Zeitpunkt ihrer höchsten Gespanntheit gewesen war. Diese Daten gibt es für 21 Versuche, darunter den vorliegenden; gehorsame weibliche Versuchspersonen bekunden dabei einen höheren Gespanntheitsgrad als irgendeine der 20 Gruppen gehorsamer männlicher Versuchspersonen. Dies mag entweder darauf zurückzuführen sein, daß die Frauen nervöser waren als die Männer, oder darauf, daß sie einfach ungehemmter davon berichteten. Jedenfalls überstieg bei gehorsamen Frauen die berichtete Spannung jede der anderen 20 Versuche. Dies trifft jedoch nicht zu für die ungehorsamen Frauen. Ihre Angaben über Nervosität liegen etwa in der Mitte der Streuung der männlichen ungehorsamen Versuchspersonen.

7 Siehe die Studie von Hofling u. a. über das Unvermögen von Krankenschwestern, die Anordnung einer Überdosis von Medikamenten in Zweifel zu ziehen. Charles K. Hofling, E. Brotzman, S. Dalrymple, N. Graves, C. Pierce, An Experimental Study in Nurse-Physician Relationships, in: *The Journal of Nervous and Mental Disease*, Bd. 143, No. 2 (1966), S. 171 ff.

8 Die Vermutung, daß der Inhalt des Befehls möglicherweise weitgehend für die Auswirkungen verantwortlich sein könnte, ist nicht grundlos. Zahlreiche Untersuchungen auf dem Gebiet der Sozialpsychologie zeigen, welche Wirkungen Gleichrangige ohne besondere Autorität auf den einzelnen ausüben können (Asch, 1951; Milgram, 1964).

9 Konformität ist, wie de Tocqueville scharfsinnig bemerkt, das logische Regulativ demokratisierter Beziehungen unter Menschen. «Demokratisieren» heißt hier, daß der Druck, der ausgeübt wird, den Menschen nicht besser oder schlechter machen soll als jene, die den Druck ausüben, sondern nur ihnen gleich.

Gehorsam entsteht aus Ungleichheiten in menschlichen Beziehungen und verewigt sie, und ist auf diese Weise – in seiner extremsten Ausprägung – das ideale Regulativ für den Faschismus. Es ist nur logisch, daß eine Staatsphilosophie, deren Kriterium die Ungleichheit der Menschen ist, auch den Gehorsam zur absoluten Tugend erhebt. Gehorsames Verhalten wird in das Gewebe einer hierarchischen Sozialstruktur eingeführt, und seine Folge ist der Unterschied im Verhalten des Vorgesetzten und des Untergebenen. Nicht zufällig war das besondere Merkmal des Dritten Reichs, großes Gewicht auf die Vorstellung von (rassisch) höher- bzw. minderwertigen Gruppen zu legen, ebenso wie auf zackigen, eindrucksvollen und stolzen Gehorsam mit

Hackenknallen und prompter Ausführung von Befehlen.

10 Ich habe zu stark vereinfacht. Wenn es auch zutrifft, daß die Natur reich an hierarchischen Organisationsformen ist, so bedeutet dies doch nicht, daß Menschen zu allen Zeiten nur innerhalb von solchen funktionieren müssen. Eine isolierte Gehirnzelle kann getrennt von ihrem umfassenderen Organsystem nicht überleben. Doch die relative Autonomie einer Person befreit sie von der Abhängigkeit von übergeordneten sozialen Systemen. Der Mensch besitzt sowohl die Fähigkeit, durch Übernahme von Rollen in einem derartigen System aufzugehen, wie die, sich von ihm zu trennen. Diese Fähigkeit zur Doppelfunktion verleiht der menschlichen Art ein Höchstmaß an Anpassungsvorteilen. Sie garantiert die Macht, die Sicherheit und die Effizienz, die sich aus Organisation ergeben, ebenso wie das Erneuerungspotential und die flexible Reaktion des Einzelnen. In der Sicht des Überlebens der Art heißt dies zwei Fliegen mit einer Klappe schlagen.

11 Forscher, die sich mit der Entwicklung des Kindes befassen, haben längst erkannt, daß «die erste soziale Beziehung darin besteht, die Beeinflussung durch Autorität anzuerkennen und sich ihr zu beugen» (English, 1961, S. 24). Seine anfänglichen Umstände totaler Abhängigkeit lassen dem Kind in dieser Sache kaum eine andere Wahl. Und Autorität präsentiert sich dem Säugling im allgemeinen in einer gütigen und hilfreichen Form. Nichtsdestoweniger hat man allgemein beobachtet, daß das Kleinkind im Alter von zwei oder drei Jahren in eine Periode hemmungsloser Negation eintritt, in der es die Autorität ständig in Frage stellt und selbst die freundlichsten Ansinnen ablehnt. Stogdill (1936) berichtet, daß Eltern das schwerwiegendste aller Verhaltensprobleme in der sozialen Anpassung im Ungehorsam sehen. Häufig ergibt sich zu diesem Zeitpunkt ein heftiger Konflikt zwischen Kind und Eltern, und Reifeprozesse, unterstützt von der Hartnäckigkeit der Eltern, bewegen dann das Kind gewöhnlich zu einer nachgiebigeren Haltung. *Der unbegrenzte Ungehorsam des Kindes – so sehr er auch eine Zurückweisung von Autorität und eine Selbstbehauptung darstellt – unterscheidet sich vom Ungehorsam des Erwachsenen insofern, als er im Kind ohne die geringste Vorstellung von individueller Verantwortlichkeit auftritt.* Im Gegensatz zu Formen von Ungehorsam, die wir an Erwachsenen vielleicht schätzen lernen, ist der kindliche Ungehorsam eine unkritische, rein expressive Form von Widerstand, der nicht in moralischen Bereichen verankert ist.

12 Das technische Problem, wie Autorität ihre Legitimität mitteilt, ist ernsthaftes Nachdenken wert. Man bedenke etwa: Wenn ein junger Mann einen Brief erhält, in dem behauptet wird, er komme von seiner Musterungsstelle, welchen Beweis gibt es, daß es sich nicht nur um einen übertriebenen Streich handelt? Und wenn wir das noch weiterspinnen wollen, welchen Beweis gibt es, wenn der Junge sich in einer ihm von der Musterungskommission zugewiesenen Kaserne einfindet, daß die Männer in Uniform wirklich das Recht haben, über sein Le-

ben zu bestimmen? Vielleicht ist das alles nur ein Riesenschwindel, den eine Gruppe von Schauspielern ohne Engagement durchführt? Weil die echte Autorität erkennt, wie leicht der Anschein von Autorität herzustellen ist, muß sie äußerst wachsam gegen gefälschte Autorität sein, und die Strafen für angemaßte Autorität sind hart.

13 Man stelle sich einen Experimentator vor, der in einer reinen Wohngegend von einem Haus zum andern fährt und dort mit Einwilligung der Besitzer seine Experimente in den Wohnzimmern durchführt. Die Aura seiner Autorität, die normalerweise seine Position stützt, wäre ohne die Laboratoriumsstaffage schwächer.

14 Zum Begriff «Indifferenzzone», siehe Herbert A. Simon, *Administrative Behaviour: A Study of Decisions-Making Processes in Administrative Organizations, New York, The Free Press, 1965.*

15 *«The Caine Mutiny»* von Herman Wouk (1952, «Die ‹Caine› war ihr Schicksal») illustriert diese Situation gut. Eine Autoritätsperson kann durchaus stupide sein. Viele Autoritätspersonen funktionieren äußerst gut, auch wenn sie inkompetent sind. Ein Problem entsteht nur, wenn eine Autoritätsperson ihre Stellung ausnützt und ihre kompetenteren Untergebenen zwingt, einen falschen Kurs einzuschlagen. Stupide Autoritätspersonen können zuweilen sehr erfolgreich sein und sogar von ihren Untergebenen geliebt werden, solange sie Verantwortung an die begabten Untergebenen delegieren. *«Die ‹Caine› war ihr Schicksal»* beleuchtet zwei weitere Punkte. Erstens, wie schwierig es ist, sich der Autorität zu widersetzen, selbst wenn diese inkompetent ist. Erst nach großem innerem Streß und Aufruhr übernahmen Willie und Keith die *«Caine»*, obwohl sie wegen der Unfähigkeit Queegs in Gefahr war, versenkt zu werden. Zweitens, obwohl es praktisch unbedingt notwendig schien, daß die Meuterei stattfand, war doch die Bindung an Autoritätsprinzipien so stark, daß der Autor in einem dramatischen Umschwung der Ereignisse in der Person Greenwalds die moralische Grundlage der Meuterei in Zweifel ziehen mußte.

16 In *«Massenpsychologie und Ichanalyse»* (1921) weist Freud darauf hin, daß der Mensch die Funktionen seines Über-Ich unterdrückt und dem Führer alle Rechte einräumt, zu entscheiden, was gut oder schlecht sei.

17 Koestler notiert in seiner brillanten Analyse gesellschaftlicher Hierarchien, er habe wiederholt betont, daß die egoistischen Triebe des Menschen eine bei weitem geringere Gefahr in der Geschichte darstellen als seine Neigung zur Integration. Der Einzelne, der sich ein Übermaß an aggressiver Selbstbehauptung gestatte, verfalle den Strafmaßnahmen der Gesellschaft – er ächte sich selbst, er löse sich von der Hierarchie. Der wahre Gläubige dagegen werde stärker mit ihr verflochten; er gehe in einem «Ganzen» von Kirche, Partei oder sonst dergleichen auf und überantwortete ihm seine Identität. (Arthur Koestler, *The Ghost in the Machine,* New York, The Macmillan Company, 1967, Teil III, «Disorder», S. 246).

18 Eine Interpretation, die mit der Theorie von der kognitiven Dissonanz übereinstimmt. Siehe L. Festinger, 1957.

19 Siehe Erving Goffman, Embarrassment and Social Organization, in: *The American Journal of Sociology*, Bd. 62 (November 1956), S. 264 ff; auch Andre Modigliani, Embarrassment and Embarrassability, in: *Sociometry*, Bd. 31, Nr. 3 (September 1968), S. 313 ff, und Embarrassment, Facework, and Eye Contact: Testing a Theory of Embarrassment, in: *Journal of Personality and Social Psychology*, Bd. 17, No. 1 (1971), S. 15 ff.

20 Wenn Verlegenheit und Scham wichtige Kräfte sind, die den Menschen in seiner Gehorsamsrolle festhalten, dann müßten wir ein drastisches Absinken der Gehorsamsbereitschaft feststellen können, wenn die Voraussetzungen für das Erleben dieser Gefühle beseitigt werden. Genau dies geschah in Experiment 7, wenn der Versuchsleiter das Laboratorium verließ und seine Befehle durchs Telefon gab. Ein Gutteil des Gehorsams, den unsere Versuchspersonen bewiesen, wurzelte in der «Aug-in-Auge»-Natur des sozialen Anlasses. Manche Arten von Gehorsam – etwa der Gehorsam eines Soldaten, der allein zu einem Einsatz hinter den feindlichen Linien abkommandiert wird – erfordern ein längerdauerndes Einwirken der Autorität und Übereinstimmung zwischen den Wertbegriffen des Untergebenen und denen seiner vorgesetzten Autoritätsperson.

Sowohl die Untersuchungen von Garfinkel wie das vorliegende Experiment lassen darauf schließen, daß die vorausgesetzte Struktur des sozialen Lebens durchbrochen werden muß, wenn Gehorsamsverweigerung eintreten soll. Es treten die gleiche Peinlichkeit, Verlegenheit und Schwierigkeit auf, den Gehorsam zu verweigern, wie in Garfinkels (1964) Demonstrationen, bei denen Menschen aufgefordert wurden, Voraussetzungen des Alltagslebens zu durchbrechen.

21 Die Unfähigkeit, die Umwandlung in den Agens-Zustand zu begreifen, und das unvollkommene Verständnis der Kräfte, die jemand in diesem Zustand festhalten, sind die Ursache, daß es nahezu unmöglich ist, das fragliche Verhalten vorherzusagen. Wer die Situation beurteilt, denkt, es handle sich um den gewöhnlichen Menschen, dessen gesamtes moralisches Gewicht wirksam wird, wenn eine Vorhersage über das Ausscheiden aus dem Experiment gegeben wird. Doch dabei wird nicht im geringsten die grundlegende Umorganisierung berücksichtigt, die im psychischen Leben eines Menschen aufgrund seines Eintritts in ein Autoritätssystem stattfindet.

Am raschesten kann man die irrigen Vorhersagen von Leuten, die die Ergebnisse des Experiments nicht kennen, korrigieren, indem man erklärt: «Der Aktionsgehalt ist nicht halb so wichtig, wie Sie glauben; die Beziehung der Akteure zueinander ist doppelt so wichtig. Stützen Sie Ihre Vorhersage nicht auf das, was die Teilnehmer sagen oder tun, sondern darauf, wie sie sich zueinander im Sinn einer sozialen Struktur verhalten.»

Es gibt einen weiteren Grund dafür, warum Menschen das Verhalten nicht richtig vorhersagen. Die Gesellschaft fördert die Theorie, daß die Handlungen des Einzelnen seinem Charakter entspringen. Diese Ideologie hat die praktische Folge, daß die Menschen dazu angeregt werden, zu handeln, *als ob* sie allein über ihr Verhalten bestimmten. Dies ist jedoch ein stark verzerrtes Bild von den Determinanten menschlichen Handelns und gestattet keine genaue Vorhersage.

22 Konrad Lorenz beschreibt die Störung der Hemmungsmechanismen, die durch die Einschaltung von Werkzeugen und Waffen bewirkt wird: «Die Entfernung, auf die alle Schußwaffen wirken, schirmt den Tötenden gegen die Reizsituationen ab, die ihm anderenfalls die Gräßlichkeit der Konsequenzen sinnlich nahebringen würde. Die tiefen gefühlsmäßigen Schichten unserer Seele nehmen es einfach nicht mehr zur Kenntnis, daß das Abkrümmen eines Zeigefingers zur Folge hat, daß unser Schuß einem anderen Menschen die Eingeweide zerreißt.» Konrad Lorenz, Das sogenannte Böse, Wien 1963, S. 324.

23 Siehe: N. J. Lerner, Observer's Evaluation of a Victim: Justice, Guilt, and Veridical Perception, in: *Journal of Personality and Social Psychology*, Bd. 20, Nr. 2 (1972), S. 127 ff.

24 In Princeton: D. Rosenhan, Obedience and Rebellion: Observations on the Milgram Three-Party Paradigm (in Vorbereitung).

In München: D. M. Mantell, siehe Anm. 3.

In Rom: Leonardo Ancona und Rosetta Pareyson, Contributo alle studie della aggressione: La dinamica della obbedienza distruttiva, in: *Archiva di psicologia, neurologia e psichiatria*, Jg. XXIX (1968), Heft IV.

In Australien: W. Kilham und L. Mann, Level of Destructive Obedience as a Function of Transmittor and Executor Roles in the Milgram Obedience Paradigm, in: *Journal of Personality and Social Psychology* (1973).

25 Siehe zum Beispiel M. I. Orne und C. C. Holland und meine Replik in: A. G. Miller (Hg.), *The Social Psychology of Psychological Research*, New York, The Free Press, 1972.

26 Wir dürfen uns jedoch in diesem Punkt nicht naiv stellen. Wir alle haben gesehen, wie Regierungen mit ihrer Herrschaft über den Propagandaapparat unweigerlich ihre Ziele in moralisch günstigem Licht malen; wie in unserem Land, den Vereinigten Staaten, die Vernichtung von Männern, Frauen und Kindern in Vietnam mit dem Hinweis gerechtfertigt wurde, die Freie Welt müsse gerettet werden, usw. Wir erkennen gleichfalls, wie leicht derartige Verkündigungen als Legitimation für Ziele angenommen werden. Diktatoren neigen dazu, die Massen zu überreden, indem sie ihre Vorhaben als überlieferte Werte und somit als gerechtfertigt anbieten. Nicht einmal Hitler sagte, er wolle die Juden ausrotten, weil er sie hasse, sondern weil er die arische Rasse reinigen und eine höhere Zivilisation schaffen wolle, die frei von «Ungeziefer» wäre.

27 Bierstedt weist ganz richtig darauf hin, daß das Phänomen Autorität fundamentaler sei als sogar das Phänomen Herrschaft: «... Das Problem der Autorität ist geradezu die Grundlage einer angemessenen Theorie der Sozialstruktur ... selbst Herrschaft ist in einem gewissen Sinn nicht einfach ein politisches Phänomen, sondern grundlegend und hauptsächlich ein soziales, und ... schon der Nährboden, auf dem Herrschaft erwächst, besitzt eine Ordnung und eine Struktur. Wenn Hierarchie das Gegenteil von staatlicher Herrschaft ist, so ist Anomie (Gesetzlosigkeit) das Gegenteil von Gesellschaft. Autorität, mit anderen Worten, ist also keineswegs ein rein politisches Phänomen im engen Sinn des Wortes. Denn sie tritt nicht nur in der politischen Organisation der Gesellschaft auf, sondern in allen gesellschaftlichen Organisationsformen. Jede Vereinbarung innerhalb einer Gesellschaft – gleichgültig wie klein oder wie kurzfristig sie sein mag – hat ihre eigene Autoritätsstruktur.» (R. Bierstedt, in: M. Berger u. a., *Freedom and Control in Modern Society*, New York, Van Nostrand 1954, S. 68 f.)

28 Leutnant William Calley, der den Massaker ausführenden Trupp befehligte, berief sich jedoch auf «höheren Befehl».

Der Ankläger vor dem Militärgericht lehnte Calleys Berufung auf höheren Befehl ab. Interessanterweise bestritt der Ankläger nicht die grundsätzliche Pflicht des Soldaten, Befehlen zu gehorchen, sondern beschuldigte Calley, er habe ohne höheren Befehl gehandelt und sei demzufolge an dem Massaker schuldig. Calley wurde für schuldig erklärt.

Kelman und Lawrence untersuchten die Reaktionen der US-amerikanischen Öffentlichkeit (1972) auf den Calley-Prozeß, und was sie dabei herausfanden, ist nicht sehr beruhigend. 51 Prozent der Stichprobe gaben an, sie würden einem Befehl gehorchen, sämtliche Bewohner eines vietnamesischen Dorfes abzuknallen. Kelman kommt zu dem Schluß:

«Gewiß empfindet nicht jedermann die Forderungen scheinbar legitimer Autoritätspersonen in gleichem Maße als zwingend. In Milgrams Experimenten versetzten nicht alle Versuchspersonen ihrem Opfer Schocks auf der höchsten Voltstufe. Ebensowenig gehorchten alle Soldaten unter dem Kommando Calleys seinen Befehlen, unbewaffnete Zivilisten zu töten. Wer unter solchen Umständen sich weigert, hat es offenbar fertiggebracht, sich den Rahmen persönlichen Handelns und eigener Verantwortlichkeit zu bewahren, in dem wir in unserem normalen Leben bleiben.

Und doch weisen unsere Daten darauf hin, daß viele Amerikaner das Gefühl haben, sie besäßen nicht das Recht, sich den Befehlen von Autoritätspersonen zu widersetzen. Sie betrachten die Handlungsweise Calleys in My Lai als normal, ja sogar als wünschenswert, weil er sie (wie sie glauben) im Gehorsam gegen eine legitime Autorität an den Tag legte.»

Wir müssen uns fragen, warum Kelmans Testpersonen glauben, sie würden sich gleichfalls einer militärischen Autorität wie der in My Lai ausgeübten beugen (wo doch nur wenige – wenn überhaupt eine – Unterordnung unter die Autorität des Versuchsleiters vorausgesagt hätten).

Zunächst einmal spiegelten diese Interview-Ergebnisse, gesammelt, während die USA in Vietnam Krieg führten, die Einstellung zum Krieg selbst wider und sind ein Anzeichen für generelle Unterstützung der Regierungspolitik. Wenn die gleichen Fragen in Friedenszeiten gestellt worden wären, hätte ein höherer Prozentsatz Gehorsamsverweigerung vorausgesagt. Die Antworten drückten außerdem Solidarität mit einem US-amerikanischen Soldaten aus, der nach Meinung der Mehrheit der US-Bürger nicht vor Gericht hätte gestellt werden dürfen. Zweitens, wenn man die Frage des Gehorsams in einem militärischen Zusammenhang erhebt, dann stellt man sie automatisch in einen Rahmen, der dem Durchschnittsbürger sehr vertraut ist: Er weiß, daß man von einem Soldaten Befehlsgehorsam erwartet, und seine Antwort im Interview sickert aus der Volksweisheit, aus Sekundärberichten und aus seinen eigenen Erfahrungen mit dem Komplex Militär nach oben. Doch dies bedeutet noch nicht, daß man es hier überhaupt mit einem Verständnis der allgemeinen Prinzipien des Gehorsams zu tun hat, die nur durch exakte Anwendung in einem neuen Zusammenhang aufgezeigt werden können. Die Leute haben Verständnis dafür, daß Soldaten massakrieren, doch es gelingt ihnen nicht, zu sehen, daß eine Aktion, die wie diese routinemäßig durchgeführt wird, das logische Ergebnis von Prozessen ist, die in weniger deutlicher Form überall in der Gesellschaft am Werk sind. Schließlich bieten die Reaktionen einen Maßstab dafür, bis zu welchem Grad die Bürger der Vereinigten Staaten sich den Standpunkt der Autorität bei der Bewertung des Vietnamkriegs zu eigen machten. Das Volk war durch die Regierungspropaganda gründlich indoktriniert worden (und Propaganda ist auf gesellschaftlicher Ebene das Mittel, eine offizielle Definition der Situation zu verbreiten). In dieser Hinsicht befanden sich die Beantworter von Kelmans Frage nicht völlig außerhalb des Autoritätssystems, zu dem ihre Meinung erbeten wurde, sondern waren bereits von diesem Autoritätssystem beeinflußt worden.

29 Henry Wirz, *Trial of Henry Wirz* (Kommandant von Andersonville), Repräsentantenhaus, 40. Kongreß, 2. Sitzung, Ed. Doc. No. 23. Brief des Secretary of War Ad Interim vom 17. Dez. 1867 als Antwort auf einen Beschluß des Hauses vom 16. April 1866, in dem eine Zusammenfassung des Verfahrens gegen Henry Wirz überreicht wird. (1974 veröffentlicht.)

30 Es könnte den Anschein haben, als sei das Argument der Anarchisten zugunsten einer weltweiten Aufhebung politischer Institutionen eine überzeugende Möglichkeit, das Problem der Autorität zu lösen. Doch die Probleme der Anarchie sind gleichermaßen unlösbar. Erstens, das

Vorhandensein von Autorität führt zwar manchmal zu erbarmungslosen und unmoralischen Handlungen, aber das Nichtvorhandensein von Autorität schafft Opfer gleicher Handlungen von solchen, die besser organisiert sind. Würden die Vereinigten Staaten jede Form politischer Autorität aufgeben, das Ergebnis wäre völlig klar. Die Bürger der Vereinigten Staaten würden bald Opfer ihrer eigenen Desorganisation werden, denn besser organisierte Gesellschaftssysteme würden sofort die Möglichkeiten erkennen, die diese Schwäche bietet, und dementsprechend handeln.

Überdies wäre es eine grobe Vereinfachung, sich ein edles Individuum in beständigem Ringen mit einer bösartigen Autorität vorzustellen. Offenkundig ist eher, daß ein Großteil der Werte, die ein Mensch gegen eine schlechte Autorität einsetzt, selbst von Autorität abgeleitet ist. Für jeden, der auf Befehl einer Autorität brutal handelt, gibt es einen anderen, der von einer Autorität gehindert wird, dies zu tun.

31 Siehe Jay Katz, *Experimentation with Human Beings: The Authority of the Investigator, Subject, Professions, and State in the Human Exprimentation Process*, New York, Russell Sage Foundation, 1972. Dieses 1159 Seiten starke Quellenwerk enthält Kommentare über die vorliegenden Experimente von Baumrind, Elms, Kelman, Ring und Milgram. Es enthält außerdem die Feststellungen von Dr. Paul Errera, der eine Reihe von Teilnehmern am Experiment interviewte (S. 400). Sorgfältigere Auseinandersetzungen mit den ethischen Problemen meiner Arbeit findet man in A. Miller, *The Social Psychology of Psychological Research*, und in A. Elms, *Social Psychology and Social Relevance*.

Bibliographie

ABSE, D.: The Dogs of Pavlov. London: Mitchell & Co., Ltd. im Druck

ADORNO, T. u. a.: The Authoritarian Personality. New York: Harper & Row 1950

ARENDT, H.: Eichmann in Jerusalem; ein Bericht von der Banalität des Bösen. München: Piper 1964

ASCH, J. E.: Effects of Group Pressure upon the Modification and Distortion of Judgement. In: H. Guetzkow (ed.): Groups, Leadership, and Men. Pittsburgh: Carnegie Press 1951

ASHBY, W. R.: An Introduction to Cybernetics. London: Chapman and Hall Ltd. 1956

BAUMRIND, D.: Some Thoughts on Ethics of Research: After Reading Milgram's ‹Behavioral Study of Obedience›. In: American Psychologist 19 (1964), S. 421–23

BERKOWITZ, L.: Aggression: A Social Psychological Analysis. New York: McGraw-Hill 1962

BETTELHEIM, B.: Aufstand gegen die Masse. München: Szczesny 1964

BIERSTEDT, R.: The Problem of Authority. In: Berger, M. u. a.: Freedom and Control in Modern Society. Kap. 3. New York: Van Nostrand 1954, S. 67–81

BLOCK, J.: An Interpersonal Experiment on Reactions to Authority. In: Human Relations 5 (1952), S. 91–98

BUSS, A. H.: The Psychology of Aggression. New York: Wiley 1961

CANNON, W. B.: The Wisdom of the Body. New York: Norton 1932

CARTWRIGHT, D. (ed.): Studies in Social Power. Ann Arbor: Univ. of Michigan Press 1959

COMFORT, A.: Authority and Delinquency in the Modern State: A Criminological Approach to the Problem of Power. London: Routledge and K. Paul 1950

CRAWFORD, T.: In Defense of Obedience Research: An Extension of the Kelman Ethic. In: A. G. Miller (ed.): The Social Psychology of Psychological Research. New York: The Free Press 1972, S. 179–86

DICKS, H. V.: Licensed Mass Murder: A Socio-Psychological Study of Some S. S. Killers. New York: Basic Books 1972

ELMS, A. C.: Acts of Submission. In: Elms: Social Psychology and Social

Relevance. Kap. 4. Boston: Little, Brown 1972
ENGLISH, H. B.: Dynamics of Child Development. New York: Holt, Rinehart & Winston 1961
ERIKSON, M.: The Inhumanity of Ordinary People. In: International Journal of Psychiatry 6 (1968), S. 278–79
ETZIONI, A.: A Model of Significant Research. In: International Journal of Psychiatry 6 (1968), S. 279–80
FEINBERG, I.: Sex Differences in Resistance to Group Pressure. Unveröffentlichte Magisterarbeit, Swarthmore College, Swarthmore, Pa.
FESTINGER, L.: A Theory of Cognitive Dissonance. New York: Harper & Row 1957
FRANK, J. D.: Experimental Studies of Personal Pressure and Resistance. In: Journal of Genetic Psychology 30 (1944), S. 23–64
FRENCH, J. R. P.: A Formal Theory of Social Power. In: Psychological Review 63 (1956), S. 181–94
DERS., MORRISON, H. W. und LEVINGER, G.: Coercive Power and Forces Affecting Conformity. In: Journal of Abnormal and Social Psychology 61 (1960), S. 93–101
DERS. und RAVEN, B. H.: The Bases of Social Power. In: D. Cartwright (ed.): Studies in Social Power. Ann Arbor: University of Michigan Press 1959, S. 150–67
FREUD, S.: Totem und Tabu. 3. Aufl. Frankfurt a. M.: S. Fischer 1961. (Freud: Gesammelte Werke. Bd. 9)
DERS.: Zeitgemäßes über Krieg und Tod. 4. Aufl. Frankfurt a. M.: S. Fischer 1967. (Freud: Gesammelte Werke. Bd. 10)
DERS.: Massenpsychologie und Ich-Analyse. 5. Aufl. Frankfurt a. M.: S. Fischer 1967. (Freud: Gesammelte Werke. Bd. 13)
FROMM, E.: Die Furcht vor der Freiheit. 2. Aufl. Frankfurt a. M.: Europ. Verlagsanstalt 1968. (Sammlung «res novae», Bd. 34)
GARFINKEL, H.: Studies of the Routine Grounds of Everyday Activities. In: Social Problems 11 (Winter 1964), S. 225–50
GLASSER, R. J.: 365 Days. New York: George Braziller 1971
GOFFMAN, E.: Wir alle spielen Theater. München: Piper 1969
DERS.: Embarrassment and Social Organization. In: The American Journal of Sociology 62 (November 1956), S. 264–71
HALBERSTAM, DAVID: Vietnam oder Wird der Dschungel entlaubt? Reinbek b. Hamburg: Rowohlt 1965. (rororo Taschenbuch Ausgabe 840)
HALL, E. T.: The Hidden Dimension. New York: Doubleday 1966
HILLBERG, R.: The Destruction of the European Jews. Chicago: Quadrangle Books 1961
HOBBES, THOMAS: Leviathan oder Stoff, Form und Gewalt eines bürgerlichen und kirchlichen Staates. Neuwied u. Berlin: Luchterhand 1966 (Politica. Bd. 22)
HOFLING, C. K. u. a.: An Experimental Study of Nurse-Physician Relations. In: The Journal of Nervous and Mental Disease 143, 2 (1966), S. 171–80

HOMANS, G. C.: Elementarformen sozialen Verhaltens. Köln, Opladen: Westdeutscher Verl. 1968

KATZ, J.: Experimentation with Human Beings: The Authority of the Investigator, Subject, Professions, and State in the Human Experimentation Process. New York: Russell Sage Foundation 1972

KELMAN, H.: Human Use of Subjects: The Problem of Deception in Social Psychological Experiments. In: Psychological Bulletin 67 (1967), S. 1–11

DERS. und LAWRENCE, L.: Assignement of Responsibility in the Case of Lt. Calley: Preliminary Report on a National Survey. In: Journal of Social Issues 28, 1 (1972)

KIERKEGAARD, S.: Die Krankheit zum Tode. Furcht und Zittern. Frankfurt, Hamburg: Fischer-Bücherei 1959. (Fischer-Bücherei 267)

KILHAM, W., und MANN, L.: Level of Destructive Obedience as a Function of Transmittor and Executant Roles in the Milgram Obedience Paradigm. In: Journal of Personality and Social Psychology, im Druck.

KOESTLER, Arthur: Das Gespenst in der Maschine. 2. Aufl. Wien, München, Zürich: Molden 1968

KOHLBERG, L.: Development of Moral Character and Moral Ideology. In: Hoffman, M. L., und Hoffman, L. W. (eds.): Review of Child Development Research. Vol. 1. New York: Russell Sage Foundation 1964, S. 383–431

DERS.: Relationships Between the Development of Moral Judgement and Moral Conduct. Paper presented at Symposium on Behavioral and Cognitive Concepts in the Study of Internationalization at the Society for Research in Child Development, Minneapolis, Minnesota, 26. März 1956

LASKI, H. J.: The Dangers of Obedience. In: Harper's Monthly Magazine 159 (1919), S. 1–10

LAZARUS, R.: A Laboratory Approach to the Dynamics of Psychological Stress. In: American Psychologist 19 (1964), S. 400–411

LEAVITT, S.: The Andersonville Trial. In: Bennett A. Cerf (comp.): Four Contemporary American Plays. New York: Random House 1961

LERNER, M. J.: Observer's Evaluation of a Victim: Justice, Guilt and Veridical Perception. In: Journal of Personality and Social Psychology 20, 2 (1971), S. 127–35

LEWIN, K.: Feldtheorie in den Sozialwissenschaften. Bern, Stuttgart: Huber 1963

LIPPETT, R.: Field Theory and Experiment in Social Psychology: Autocratic and Democratic Group Atmosphere. In: American Journal of Sociology 45 (1939/40), S. 25–49

LORENZ, K.: Das sogenannte Böse. Wien: G. Borotha-Schoeler 1963

MANTELL, D. M.: The Potential for Violence in Germany. In: Journal of Social Issues 27, 4 (1971), S. 101–112. Dt. Übers. u. d. T.: Das Potential zur Gewalt in Deutschland. Eine Replikation und Erweiterung des Milgramschen Experiments. In: Der Nervenarzt 5 (1971), S. 252–57

MARLER, P.: Mechanisms of Animal Behavior. New York: Wiley & Sons 1967
MILGRAM, S.: Behavioral Study of Obedience. In: Journal of Abnormal Psychology 67 (1963), S. 371–78
DERS.: Dynamics of Obedience: Experiments in Social Psychology. Vervielfältigter Bericht, National Science Foundation, 25. Januar 1961
DERS.: Group Pressure and Action Against a Person. In: Journal of Abnormal and Social Psychology 69 (1964), S. 137–43
DERS.: Issues in the Study of Obedience: A Reply to Baumrind. In: American Psychologist 19 (1964), S. 848–52
DERS.: Liberating Effects of Group Pressure. In: Journal of Personality and Social Psychology 1 (1965), S. 127–34
DERS.: Obedience (ein verfilmtes Experiment). Zu beziehen bei «The New York University Film Library». Copyright 1965
DERS.: Some Conditions of Obedience and Disobedience to Authority. In: Human Relations 18, 1 (1965), S. 57–76
DERS.: Interpreting Obedience: Error and Evidence; A Reply to Orne and Holland. In: A. G. Miller (ed.): The Social Psychology of Psychological Research. New York: The Free Press 1972
MILLER, A. G. (ed.): The Social Psychology of Psychological Research. New York: The Free Press 1972
MILLER, N.: Experimental Studies of Conflict. In: M. J. Hunt (ed.): Personality and Behavior Disorders. New York: Ronald Press 1944, S. 431–65
MODIGLIANI, A.: Embarrassment and Embarrassability. In: Sociometry 31, 3 (Sept. 1968), S. 313–26
DERS.: Embarrassment, Facework, and Eye Contact: Testing a Theory of Embarrassment. In: Journal of Personality and Social Psychology 17, 1 (1971), S. 15–24
ORNE, M. T., und Holland, C. C.: On the Ecological Validity of Laboratory Deceptions. In: International Journal of Psychiatry 6, 4 (1968), S. 282–93
ORWELL, G.: Selected Essays. London: Penguin Books 1957
RAVEN, B. H.: Social Influence and Power. In: I. D. Steiner und M. Fishbein (eds.): Current Studies in Social Psychology. New York: Holt, Rinehart & Winston 1965
DERS. und FRENCH, J. R. P.: Group Support, Legitimate Power, and Social Influence. In: Journal of Personality 26 (1958), S. 400–409
RESCHER, N.: The Logic of Commands. New York: Dover Publications 1966
ROSENHAN, D.: Some Origins of Concerns for Others. In: P. H. Mussen, J. Langer und M. Covington (eds.): Trends and Issues in Developmental Psychology. New York: Holt, Rinehart & Winston 1969, S. 134–53
DERS.: Obedience and Rebellion: Observations on the Milgram Three-Party Paradigm. In Vorbereitung
ROSENTHAL, R., und ROSNOW, R. L.: Volunteer Subjects and the Results of

Opinion Change Studies. In: Psychological Reports 19 (1966), S. 1183
SCOTT, J. P.: Aggression. Chicago: Univ. of Chicago Press 1958
SHERIDAN, C. L., und KING, R. G.: Obedience to Authority with an Authentic Victim. Proceedings of the Eightieth Annual Convention of the American Psychological Association. 1972, S. 165–66
SHERIF, M.: The Psychology of Social Norms. New York: Harper & Row 1936
SHIRER, W. L.: Aufstieg und Fall des Dritten Reiches. Köln, Berlin: Kiepenheuer & Witsch 1961
SIDIS, B.: The Psychology of Suggestion. New York: Appleton 1898
SIMON, H. A.: Administrative Behavior: A Study of Decision-Making Processes in Administrative Organizations. New York: The Free Press 1965
SNOW, C. P.: Either-Or. In: Progressive, Febr. 1961, S. 24
SOPHOKLES: Antigone. Wiesbaden: Insel Verl. 1959. (Insel-Bücherei 27)
STOGDILL, R. M.: The Measurement of Attitudes Toward Parental Control and the Social Adjustment of Children. In: Journal of Applied Psychology 20 (1936), S. 259–67
TAYLOR, T.: Nürnberg und Vietnam. München: Praeger 1971
THOREAU, Henry David: Widerstand gegen die Regierung. Hamburg: Aktionskreis für Gewaltlosigkeit 1959 (Texte zur Gewaltlosigkeit. 2.)
TINBERGEN, N.: Tiere untereinander. 2. Aufl. Berlin, Hamburg: Parey 1967
TOCQUEVILLE, ALEXIS DE: Über die Demokratie in Amerika, Frankfurt a. M.: Fischer 1956. (Fischer-Bücherei 138)
TOLSTOI, L.: Tolstoy's Writings on Civil Disobedience and Non-violence. New York: New American Library 1968
WEBER, M.: Wirtschaft und Gesellschaft. Halbbd. 1. 2. Aufl. Tübingen: Mohr 1925 (Grundriß der Sozialökonomik. Abt. 3.)
WOUK, H.: Die Caine war ihr Schicksal. Hamburg: W. Krueger 1952

Ferner herangezogene Literatur

ADAMS, J. Stacy, und ROMNEY, A. Kimball: A Functional Analysis of Authority. In: Psychological Review 66, 4 (Juli 1959), S. 234–51
ARONFREED, Justin: Conduct and Conscience: The Socialization of Internalized Control over Behavior. New York: Academic Press 1968
BERKOWITZ, Leonard, und LUNDY, R.: Personality Characteristics Related to Susceptibility to Influence by Peers or Authority Figures. In: Journal of Personality 25 (1957), S. 306–16
BINET, A.: La Suggestibilité. Paris: Schleicher 1900
COHN, Norman: Protokolle der Weisen von Zion. Köln, Berlin: Kiepenheuer & Witsch 1969
EATHERLY, Claude: Off limits für das Gewissen. Der Briefwechsel zwischen dem Hiroshima-Piloten Claude Eatherly und Günther Anders.

Reinbek b. Hamburg: Rowohlt 1961. (Rowohlt Paperback 4.)
ELKINS, Stanley M.: Slavery: A Problem in American Institutional and Intellectual Life. Chicago: Univ. of Chicago Press 1959
FRIEDLÄNDER, Saul: Kurt Gerstein oder die Zwiespältigkeit des Guten. Gütersloh: Bertelsmann 1967
FRIEDRICH, C. J.: Authority. Cambridge: Harvard Univ. Press 1958
GAMSON, William: Power and Discontent. Homewood, Ill.: Dorsey Press 1968
GAYLIN, W.: In the Service of Their Country: War Resisters in Prison. New York: Viking Press 1970
GOLDHAMMER, H., und Shils, E.: Types of Power and Status. In: American Journal of Sociology 45 (1939), S. 171–78
GRAZIA, Sebastian de: What Authority Is Not. In: The American Political Science Review 3 (Juni 1959)
GURR, Ted Robert: Rebellion. Düsseldorf, Wien: Econ-Verl. 1972
HALLIE, Philip P.: The Paradox of Cruelty. Middletown, Conn.: Wesleyan Univ. Press 1969
HAMMER, Richard: The Court Martial of Lt. Calley. New York: Coward, McCann & Geoghegan 1971
HEYDECKER, J. J., und LEEB, J.: Der Nürnberger Prozeß. 6. Aufl. Köln, Berlin: Kiepenheuer & Witsch 1962
HOWTON, F. William: Functionaries. Chicago: Quadrangle Books 1969
HUNTINGTON, Samuel P.: The Soldier and the State: The Theory and Politics of Civil-Military Relations. New York: Vintage Books 1964
LASSWELL, H. D., und KAPLAN, A.: Power and Society. New Haven, Conn.: Yale Univ. Press 1950
LAUMAN, Edward O., SIEGEL, Paul M., und HODGE, Robert W. (eds.): The Logic of Social Hierarchies. Chicago: Markham Publishing C. 1970
MISES, Ludwig von: Bureaucracy. New Haven, Conn.: Yale Univ. Press 1944
NEUAMNN, Franz: Demokratischer und autoritärer Staat. Frankfurt: Europ. Verl. Anst.; Wien: Europa-Verl. 1967
PARSONS, T.: The Social System. New York: The Free Press 1951
REICH, Wilhelm: Die Massenpsychologie des Faschismus. Köln, Berlin: Kiepenheuer & Witsch 1971
RING, K., WALLSTON, K., und COREY, Mode of Debriefing as a Factor Affecting Subjective Reaction to a Milgram-Type Obedience Experiment: An Ethical Inquiry. In: Representative Research in Social Psychology 1 (1970), S. 67–88
ROKEACH, M.: Authority, Authoritarianism, and Conformity. In: I. A. Berg und B. M. Bass (eds.): Conformity and Deviation, New York: Harper & Row 1961, S. 230–57
RUSSELL, Bertrand: Macht und Persönlichkeit. Stuttgart, Berlin, Köln, Mainz: Kohlhammer 1967
SACK, John: Lt. Calley: His Own Story. New York: Viking Press 1970
SPEER, Albert: Erinnerungen. 4. Aufl. Berlin: Propyläen Verl. 1969

TILKER, H. A.: Socially Responsible Behavior as a Function of Observer Responsibility and Victim Feedback. In: Journal of Personality and Social Psychology 14,2 (Febr. 1970), S. 95–100

WHYTE, L. L., WILSON, A. G., und WILSON, D. (eds.): Hierarchial Structures. New York: American Elsevier Publishing 1969

WOLFE, D. M.: Power and Authority in the Family. In: D. Cartwright (ed.): Studies in Social Power. Ann Arbor: Univ. of Michigan Press 1959, S. 99–117

Personen- und Sachregister

Abbruchpunkt (Tabelle) 74
– Prognosen über 45
Abse, Dannie 226
Administrative Behaviour: A Study of Decisions-Making Processes in Administrative Organizations 239
Adorno, Theodor W. 13, 233
Agens-Zustand 156, 161, 163, 165, 167, 171, 172, 181, 202, 210, 240
Aggression 91, 216
– als Erklärung 192
Aggressionsinstinkt 89
Aggressionszuwachs 194
Allport, Gordon W. 14, 205
The American Journal of Sociology 240
American Psychological Association 14
American Psychologist 221
Analyse 145
Anarchie 243
Anarchisten 243
Ancona, Leonardo, und Pareyson, Rosetta 241
Andersonville 203, 214
Angst 177
Angstzustände 177
Anomaliefaktor 163
Anpassung 238
–, psychische 215
Anpassungsmechanismen 24, 210
Anpassungsverhalten 168
Anschluß-Fragebogen 199, 223
Anschlußinterviews 61
Archiva di psicologia, neurologia e psichiatria 241
Arendt, Hannah 13, 22
Asch, S. E. 13, 237
Ashby, W. R. 147, 150
Auswege 186, 188
Automat 209
«Automaton» 148
autonomer Mensch 216
Autonomie 156, 179, 209, 238
Autorisation 215
Autorität 9, 66, 67, 204, 207, 209, 215, 222, 224, 226, 229, 238, 239, 243
–, doppelte 125
–, Gehorsam und Ungehorsam gegen 221
–, Gehorsamsprozesse gegenüber 201
–, hierarchische Strukturen der 133
–, Individuen in Konfrontation mit 60, 92
–, konkurrierende 209
–, Koordination von Befehl und Funktion der 164
–, Nähe der (Experiment 7) 77
–, Phänomen 242
–, politische 244
–, Sanktionen seitens der 216
–, schlechte 244
–, unpersönliche 160
–, Wahrnehmung der 162
Autoritätsbereich, Freiwilligkeit beim Eintritt in den 164
«Autoritätsgehabe« 162
Autoritätsgläubigkeit 233
Autoritätsstruktur 18, 145
Autoritätssystem 181, 240
–, bösartiges 216
–, Eintritt in das 163
–, militärisches 209

Banalität des Bösen 22
Batta, Bruno (in Experiment 4) 61
Baumrind, Diana 221, 244
Befehl(e) 9
– als Äußerung einer legitimen Autorität 217

– gewöhnlicher Mensch erteilt B. (Experiment 13) 113
Befehlsgehorsam 10, 243
Befehlskomponente 113
Befehlssequenz 31
Belohnung 209
– für pflichtgemäße Unterordnung 161
Berkowitz, L. 194
Berührungsnähe 50, 53, 62, 217, 233
Bettelheim, Bruno 184
Bierstedt, Robert 13, 242
Bindungsfaktoren 23, 172, 180, 184
Bindungskräfte 176
Block 13
Böse, das gesellschaftlich organisierte 28
Brandt, Gretchen (in Experiment 8) 104
Braverman, Morris (in Experiment 2) 69
Bridgeport (Experiment) 86
Brotzman, E. 237
Brown, Roger 14
Bürokratie 143
Buss, A. H. 194

The Caine Mutiny (Die ‹Caine› war ihr Schicksal) 239
Calley, Leutnant William 212, 213, 242
Calley-Prozeß 242
Cannons homöostatisches Modell 149
Cartwright, D. 13
Comfort, Alex 13
Crawford, Thomas 230

Dalrymple, S. 237
Delacroix, Eugène 134
Destruktion 206
destruktiv 143
Diamond, Rhea Mendoza 14
Dicks, H. V. 205
Diskontinuität 183
Dissens 188, 189
–, unwirksamer 188
Dissonanz, kognitive 240
Disziplin 214, 216
Dontz, Karen (in Experiment 8) 96
«Dr. Seltsam, oder: Wie ich lernte, die Bombe zu lieben» 24
Drittes Reich 237
Drohung 190

Eichmann, Adolf 22, 28, 72, 202
«Eichmann-Experiment» 205
«Eichmann in Jerusalem» 22
Eichmannprozeß 214
Einstimmungsprozeß 168
Elges, Emil 13
Elms, Alan 13, 231, 233, 234, 244
«Endlösung» 215
Englander, Mary 14
English, H. B. 238
Entscheidungsfreiheit 136
Erikson, Milton 14, 230
Erinnerungsvermögen und Lernfähigkeit, Untersuchung über 19
Errera, Paul 244
Etzioni, Amitai 230
Experiment, Grenzbereich im 217
–, Position, Status und Aktion im 109, 110
Experiment Nr. 1 48
– Nr. 2 50, 66, 67, 69, 200
– Nr. 3 50, 64
– Nr. 4 50, 61
– Nr. 5 73, 74, 89, 92
– Nr. 6 76
– Nr. 7 105, 186, 240
– Nr. 8 81, 96, 99, 104
– Nr. 9 82
– Nr. 10 85
– Nr. 11 89, 193, 194
– 12 110
– 13 113
– Nr. 13a 117
– Nr. 14 119, 131
– Nr. 15 126, 131
– Nr. 16 129, 131
– Nr. 17 137

– Nr. 18 143
Experimenteller Aufbau 19 ff

F-Skala 234
F-Wert 233
Familie 158
Faschismus 237
Feinberg, I. 81
Feind 209
Fernaggression 183
Fernraum-Anordnung 52
Fernraum-Experiment 54
Fernrückkopplung 48
Festinger, L. 240
Form, äußere 189
Frank, J. D. 13
Freiwilligkeit 197
French, I. R. P. 13
Freud, Sigmund 134, 154, 239
Fromm, E. 13

Gandhi, Mahatma 134
Garfinkel, H. 240
Gaskammer 28
Gegen-Anthropomorphismus 25
Gehorsam(s) 9, 69, 145, 180, 225, 234, 235
–, Definition von 30
– gegenüber Gruppenautorität 205
–, Parallelen des 203
– als Verhaltensdeterminante 17
– und der Vietnamkrieg 208
–, Wesensmerkmale des 11
Gehorsamsbegabung 147
Gehorsamsbereitschaft 9, 21, 240
– gegenüber Autorität 43
Gehorsamsexperiment 194
Gehorsamsniveau 81
Gehorsamsverweigerung 56, 67, 71, 75, 161, 175, 180, 189, 190, 217, 222, 225, 234, 235, 240, 243
Gehorsamsvorgang 158
Vorbedingungen 158
Konsequenzen 158
Bindungsfaktoren 158
Gesetzlosigkeit 189
Gestapo 205
Gewissen 171, 192, 217
–, individuelles 18
– oder Über-Ich 150
The Ghost in the Machine 239
Gino, Pasqual (in Experiment 7) 105
Glasser, R. I. 208
Gleichrangiger gibt die Schocks (Experiment 18) 143
Goffman, Erving 174, 175, 240
Graves, N. 237
Gruppenbildung, beginnende 55
Gruppeneffekte 134
Gruppenideal 154
gruppenkonform 136
Guggenheim-Fellowship-Stipendium 14

Halberstam, David 208
Hall, Edward T. 236
Handlungsablauf(s), konsequenter Charakter des 174
Helfer, Verhalten der 138
Hemmfaktor 59, 149
Hemmungen 22, 210
–, psychologische 183
Hemmungsmechanismen 241
Herrschaftsstrukturen 145
Hershkowitz, Aaron 14
«Herzfehler» 73, 74, 75, 83, 102, 104, 111, 217
Hierarchie 135, 179, 202
– Wert der 145
hierarchische Strukturierung 151
hierarchisches System 179
Higgins-Fonds 14
Hillberg, R. 215
Hilu, Virginia 14
Hitler, Adolf 153, 181, 203, 241
– Deutsche unter 205
Hitlerdeutschland 105
Hobbes, Thomas 18
Hofling, Charles K. 237
Holland, C. C. 241
Hollander, Paul 14

Homans, G. C. 142
Humanqualität 28

Ich-Funktionen 192
Ichideal(s), Aufgabe des 154
Ideologie und Propaganda 169
Illusion 227
Imitation 135
Imperativ, moralischer 20
Indifferenzzone 239
Individualität 209
Indoktrination 204
Inkongruität des Handelns 182
Inquisition 166
Institute of Jewish Affairs 14
institutioneller Zusammenhang (Experiment 10) 85
International Journal of Psychiatry 230

Janis, Irving L. 13
The Journal of Nervous and Mental Disease 237
Journal of Personality and Social Psychology 240, 241
Journal of Social Issues 236
Juden 184

Katz, Jay 244
Kaufmann, Harry 14
Kelman, Herbert 230, 231, 242, 243, 244
Kriegsdienstverweigerer aus Gewissensgründen 229
Kriegsverbrecherprozesse 203
Kriegs- und Vernichtungsmaschinerie, organisierte 216
Kilham, W., und Mann, L. 237, 241
Koestler, Arthur 13, 239
Kohlberg, Lawrence 234
kollektives Unterrichten und Strafen 138
Konfliktniveau 81
Konformität 205, 237
Unterscheidung zwischen K. und Gehorsam 134
Konzentrationslager 27, 28
Krogh, Katheryn 14
Kurdika, Nijole 14
Kybernetik 148
kybernetischer Gesichtspunkt 147

Laski, Harold I. 217
Lawrence 242
Lazarus, R. 221
Legitimität 238
Lerner, N. J. 241
Lern- und Gedächtnisprozeß 203
Lerntest 19
Leugnung 184, 185, 188, 201
Leugnungsmechanismus 54
Leventhal, Howard 14
Lewin, K. 13
Lippitt 13
Lorenz, Konrad 241
Loyalität 214, 216
Luchins 13
Lydall, Eileen 14

Mann, Leon 14
Mantell, David Mark 198, 236, 241
March, Mr. 121, 241
Marler, P. 145
Massenpsychologie und Ichanalyse 239
McDonough, James 13
Menschenwürde 226
methodologische Probleme 196
Miller, Arthur G. 231, 241, 244
Miller, James 14, 58
minderwertig 204
Minimalgehorsam 188
Mißverhalten, soziales 175
Mitchell, Sergeant 211
Modigliani, André 14, 240
Modus, autonomer 155
–, systemgebundener 155
Moralordnung 23
Motivationssystem der in der sozialen Hierarchie Höherstehenden 193
Murata, Taketo 13
My-Lai 214, 242
My-Lai-Massaker 204, 211

Nachdrücklichkeit 135
Napalm 183, 207, 208, 211
National Science Foundation 14
Nazi 105, 204, 206
Nazideutschland 203, 204, 207, 215
Nazizeit 184
Der Nervenarzt 236
New York Times 214
Nürnberg 204
Nürnberger Prozesse 24

Offizierskorps, deutsches 18
Operationslinie, Neuordnung der (Experiment 5) 73, 74
Opfer(s) 19, 204
–, Abwertung des 26
–, Anwesenheit des 56
–, Autoritätsperson als (Experiment 14) 119
–, Beschuldigung des 188
–, Diskriminierung des 187
–, die eingeschränkte Verpflichtung des (Experiment 9) 82
–, Nähe des 48
–, Rückkopplung vom 39
Organisation, soziale 146
Organisationsformen, hierarchische 238
Orne, M. T. 241
Orwell, George 29

Pflichtgefühl 214
Pierce, C. 237
Platon 18
Pozi, Fred (in Experiment 5) 92
Propaganda 25, 241, 243

Rahmen, institutioneller 160
–, übergeordneter ideologischer 165
Rangordnung 133
Raumnähe 50
Raumnähe-Anordnungen 54
–, reziproke Bereiche bei 54
Raumnähe-Versuch 53
Raven, B. H. 13
Reaktionen 140
Reaktionstendenz 58
Rechtfertigung, psychologische 26
Ring 244
Rensaleer, Jan (in Experiment 2) 67
Ressentiment 210
Rollenwechsel 109, 195
Rosenblum, Elinor (in Experiment 8) 99
Rosenhan, David 14, 200, 241
Rosenthal, R., und Rosnow, R. L. 197
Ross, J. Michel 14
Rückkopplung, akustische 50, 53, 200
– vom Opfer 39
– zum Versuchsleiter 38

Schmerzniveau 198
Schock, der Schüler bittet um (Experiment 12) 110
Schockgenerator 19
Scott 55
Segal, Eloise 14
Selbstaufopferung 216
Selbststeuerung 12
Sheridan, C. L., und King, R. G. 236
Sherif, M. 13
Shirer, William 17
Sidis, Boris 13
Silver, Maury 14
Simon, Herbert A. 239
Snow, C. P. 17
The Social Psychology of Psychological Research 231, 241
Social Psychology and Social Relevance 231
Sociometry 240
Sophokles 18
Soziale Absicherung, Suche nach 188
Sozialisation des Individuums 177
Spannung 57, 58, 180, 187, 189, 198, 211
–, Auflösung von 184
– als Antrieb 59
– und Stoßdämpfer 183
Spannungsursachen 181
Sprachgebrauch, modifizierter 215

SS 205
Stalin 181
Statuskomponente 113
Sternberg, Wendy 14
Stogdill, R. M. 238
Stoßdämpfer 211
Strafe 209
Streß 21, 59, 187, 221, 225
Struktur, totalitäre 181
Symptome, physische 187
System, destruktives bürokratisches 144
–, hierarchisches 179

Tabelle 75, 77, 81, 88, 112, 114, 118, 124, 131, 139
Taylor, T. 208
Tinbergen, Nikolaas 145
Tocqueville, Alexis de 237
Toleranzzeit 40
Trobriander 166

Über-Ich 171, 192
Überleben 145, 150, 210
Überlebenschance 216
Überlebensvorteile 154
Umwandlung, physische 188
Ungehorsam(s) 10, 22, 23
–, Akt des 10, 30
– und Spannung 179
Unterwerfung 17
Urteil, moralisches 23

Variabilität 153
Verantwortung 24, 25, 28, 63, 67, 68, 69, 96, 107, 187, 203, 232
–, persönliche 186
–, Schwund der 170
«Verantwortlichkeits-Uhr» 232
Vergeltungsdrohung 182
Verhaltensdeterminante 85
Verinnerlichung der Gesellschaftsordnung 161
Verkrampftheit 71
Vermeidung 184, 188
Vernichtung der Juden 18, 26
Verpflichtungen, situationsbedingte 174
Versuchsperson (in Experiment 3) 64
–, Frauen als (Experiment 8) 81
– als nichtbeteiligter Zuschauer (Experiment 13a) 117
– kann die Schockhöhe selbst wählen (Experiment 11) 89
–, strukturelle Muster bei 232
Vietnam 193, 207, 210, 241, 243
Vietnamkrieg 209, 211, 243

Wallace, Mike 97, 211
Washington, Jack (in Experiment 2) 66
Waters, Judith 14
Wayland, Jon 13
Weber, M. 13
Wechsel des Personals (Experiment 6) 76
Weigerung 17
Weiss 81
Widerstand 185, 204
–, geistiger oder innerer 27
–, passiver 134
Wiederholung der Experimente in Princeton, München, Rom, Südafrika, Australien 197
Wiener 148
Williams, John 13
Wirz, Henry, Leutnant 214, 243
Wouk, Herman 239

Yale Interaction Laboratory 73
Yale School of Psychiatry 61
Yale University 13, 14, 18, 31, 83, 85, 88, 197
Zielvorhaben, konstruktives 215
Zwang 11, 12
Zwei Autoritätspersonen: widersprüchliche Befehle (Experiment 15) 126
–: eine davon Opfer (Experiment 16) 129
Zwei Gleichrangige lehnen sich auf (Experiment 17) 137
Zweifel, innerer 189
Zyklon-B 28

Friedrich Hacker

Aggression

Die Brutalisierung der modernen Welt

Die Brutalisierung der modernen Welt hat ein Ausmaß erreicht, das uns alle zu Betroffenen macht. Um so mehr ist die wissenschaftliche Beschäftigung mit Aggression und Gewalt eine Aufgabe von existentieller Bedeutung. Friedrich Hacker, einer der bekanntesten in den USA wirkenden Psychiater und vielbeschäftigter Sachverständiger an US-Bundesgerichten, analysiert in seinem vielbeachteten Bestseller pathologische Fehlfunktionen der Aggressivität an Beispielen wie dem Mordfall Sharon Tate, dem Massaker von My Lai oder dem Harakiri-Phänomen und stellt sie in einer umfassenden Untersuchung den arterhaltenden Leistungen des Aggressionstriebs gegenüber.
rororo sachbuch 6807

Materialien zum Thema Aggression

Mit seinem vielbeachteten Bestseller «Aggression» hat Friedrich Hacker der Diskussion über Ursachen, Formen und Kontrollen der Gewalt eine Fülle neuer Denkanstöße gegeben. Hier nun, im Dialog mit Adelbert Reif und Bettina Schattat, faßt er seine Ansichten zu zentralen Fragen der Aggressionsforschung nochmals systematisch zusammen und formuliert sie unter Berücksichtigung kritischer Einwände vielfach präziser. Vernunft und Brutalität, Biologie und Soziologie der Aggression, Aggression und Sexualität, Familienstruktur, Erziehung, Massenmedien, Verbrechen und Gesellschaft, Aggression in Sozialismus, Kapitalismus und Totalitarismus, Soziologie und Psychoanalyse sind einige der angeschnittenen Themen.
rororo sachbuch 6850

Rowohlt

Morton Schatzman

Die Angst vor dem Vater

Langzeitwirkung einer Erziehungsmethode. Eine Analyse am Fall Schreber

Daniel Gottlob Moritz Schreber (1808–1861), ebenso bekannt als Begründer des «Schrebergartens» wie als Erfinder des «Schreberschen Geradhalters», war es, der in theoretischen Schriften wie praktischen Ratgebern – pädagogischen Bestsellern der Zeit – jenes ausgeklügelte System einer perfekten Unterdrückung des Kindes von Geburt an entwickelt hat, dessen oberstes Ziel, der totale Gehorsam gegenüber dem Vater, durch die permanente Angst vor dem Vater erreicht werden sollte. Welchen psychischen Effekt aber haben derartige repressive Erziehungspraktiken?

Der junge, in London praktizierende Psychiater Morton Schatzman, Autor dieser Untersuchung, ist in der so einmaligen wie glücklichen Lage, die *Wirkung* dieser Erziehungsmethode an dem konkreten Fall eines ihrer *Opfer* überprüfen und analysieren zu können: an dem sogenannten «Fall Schreber», jenem seit Freuds berühmter Abhandlung aus dem Jahre 1911 in der Psychiatrie viel zitierten klassischen Fall einer Paranoia. Jener Daniel Paul Schreber (1842–1911) war niemand anders als der Sohn des «großen Volkserziehers». Dieser hochintelligente Mann, Landgerichtsdirektor und spätere Senatspräsident, lebte mit Unterbrechungen seit seinem 42. Lebensjahr in einer Heilanstalt.

In einem mit der Akribie des Analytikers durchgeführten Vergleich zwischen den Schriften des Vaters und des Sohnes weist Schatzman nach, daß das gesamte Erziehungssystem des Vaters Schreber in allen Einzelheiten vom Sohn Schreber in seiner Krankheit wiedererlebt wurde. Das väterliche Erziehungssystem ist zu einem alptraumartigen Netz geworden, aus dem es kein Entrinnen gibt: Der «Seelenmord» ist perfekt.

So dient Schatzman der «Fall Schreber» als Warnung und Mahnung zugleich: Die Familie, der wichtigste Sozialisationsraum des Kindes, muß vor allen bewußt und unbewußt tradierten repressiven Einflüssen bewahrt werden. Der Verfasser läßt auf dem Negativ der Familie Schreber jene andere Möglichkeit familiären Zusammenlebens durchscheinen, in dem es keine Ängste vor Vätern und keine Unterdrückung durch Väter gibt.

240 Seiten mit 8 Abb. im Text. Brosch.

Rowohlt